AF329748

ORIGINES, CONDITIONS ET EFFETS

DE LA CASSATION

PAR

Émile CHÉNON

DOCTEUR EN DROIT
LAURÉAT DE LA FACULTÉ DE DROIT DE PARIS ET DE L'ACADÉMIE
DE LÉGISLATION DE TOULOUSE,
ANCIEN ÉLÈVE DE L'ÉCOLE POLYTECHNIQUE

MÉMOIRE COURONNÉ PAR LA FACULTÉ DE DROIT DE PARIS
(CONCOURS DE DOCTORAT DE 1881, PREMIÈRE MÉDAILLE D'OR)

PARIS

L. LAROSE ET FORCEL

LIBRAIRES-ÉDITEURS
22, RUE SOUFFLOT, 22

1882

ORIGINES, CONDITIONS & EFFETS

DE LA CASSATION

DU MÊME AUTEUR

Notice historique sur Châteaumeillant (Cher) *depuis ses origines jusqu'à la Révolution* (octobre 1877); dans les *Mémoires de la Société des Antiquaires du Centre*, Bourges, Pigelet, in-8°, VII° volume (1878), pp. 1-234.

Notes archéologiques sur Châteaumeillant et ses environs, Première série (octobre 1878), *ibidem*, VIII° volume (1879), pp. 25-38; Deuxième série (octobre 1880), *ibidem*, IX° volume (1881), pp. 11-22; Troisième série, *sous presse*.

Étude sur les controverses entre les Proculéiens et les Sabiniens, *sous les premiers empereurs de Rome* (avril 1880), Paris, L. Larose et Forcel, 1881, in-8°, 108 pp. — *Mémoire couronné par l'Académie de législation de Toulouse* (*Prix de l'Académie*).

Le Tribunal des Centumvirs (décembre 1880), Paris, L. Larose et Forcel, 1881, in-8°, 100 pp.

Les Démembrements de la propriété foncière en France, *avant et après la Révolution* (mai 1881), Paris, L. Larose et Forcel, 1881, in-8°, 178 pp.

TOURS. — IMPRIMERIE ROUILLÉ-LADEVÈZE

DE LA CASSATION

PAR

Émile CHÉNON

DOCTEUR EN DROIT
LAURÉAT DE LA FACULTÉ DE DROIT DE PARIS ET DE L'ACADÉMIE
DE LÉGISLATION DE TOULOUSE,
ANCIEN ÉLÈVE DE L'ÉCOLE POLYTECHNIQUE

MÉMOIRE COURONNÉ PAR LA FACULTÉ DE DROIT DE PARIS

(CONCOURS DE DOCTORAT DE 1881, PREMIÈRE MÉDAILLE D'OR)

PARIS

L. LAROSE ET FORCEL

LIBRAIRES-ÉDITEURS

22, RUE SOUFFLOT, 22

1882

EXTRAIT DU RAPPORT

SUR LES CONCOURS DE LA FACULTÉ DE DROIT DE PARIS

POUR L'ANNÉE 1881

Par M. Henry MICHEL, Agrégé

———

« *Concours de doctorat.* — Le sujet proposé pour le concours du doctorat était : *Des origines, des conditions et des effets de la Cassation dans le droit civil et dans le droit criminel français.*

« Il est peu de questions capables de fournir, au même degré, à nos licenciés ou à nos jeunes docteurs l'occasion de prouver qu'ils sont déjà des jurisconsultes, c'est-à-dire qu'ils savent dégager les principes au moyen de l'analyse, en tirer logiquement toutes les conséquences et les suivre sans hésitation jusque dans leurs applications les plus lointaines.

« A toute époque, le respect pour la chose jugée a été considéré comme essentiel à la bonne administration des États ; mais en même temps cette bonne administration a toujours exigé que la loi fût partout appliquée. Permettre aux tribunaux de faire un choix dans les formes exigées par le législateur ; laisser impunément aux juges le droit d'appliquer ou de ne pas appliquer la loi, de la violer directement ou indirectement, ce serait autoriser l'envahissement du domaine législatif par le pouvoir judiciaire. La cassation a pour but de maintenir chaque chose à sa place et de réprimer les entreprises des tribunaux sur un terrain qui doit toujours leur être fermé.

« La Cour de cassation, saisie par le pourvoi, juge l'arrêt ou le jugement qui lui est déféré, mais elle ne juge pas le litige ; elle examine si les formes requises ont été observées, si la loi a été appliquée ou bien interprétée, mais c'est tout ; elle n'entre pas dans l'examen des faits. Le principe de la cassation repose donc sur une distinction très délicate entre le droit et le fait. Dès lors, il ne faut pas nous étonner que ce principe n'ait pu que fort lentement pénétrer dans notre législation. Rechercher dans l'histoire du droit français les premiers germes de la cassation, telle est l'étude qui tout d'abord devait être faite par les concurrents.

« Cette première partie du travail n'en est pas la moins intéressante ; je n'ose dire qu'elle en est la plus facile. Il faut en effet un esprit très ingénieux pour distinguer, entre les divers recours contre les jugements, admis successivement et à diverses époques, ceux qui reposent sur l'idée de cassation.

« Cette étude historique ne constitue que l'une des faces de la question ; les concurrents devaient au même titre faire porter leur examen sur les origines de la cassation et sur les règles qui gouvernent ce principe dans la législation moderne. Pour éviter la critique, il fallait donc prendre soin d'établir une exacte proportion entre les deux parties du sujet ; ne pas se laisser entraîner par l'attrait des études historiques au point de s'y attarder et de sacrifier tous les autres points de vue. L'examen des conditions et des effets de la cassation dans la législation qui nous régit devait encore fournir aux concurrents de nombreuses occasions d'exercer leur sagacité. Ce n'est pas en effet chose facile, que d'indiquer avec précision les différentes hypothèses où il y a ouverture à cassation ; de définir les décisions judiciaires contre lesquelles le pourvoi peut être dirigé ; de déterminer les personnes qui ont le droit de le former ou d'y défendre ; d'exposer, enfin, les effets de l'arrêt de cassation ou les conséquences du rejet.

« Telles sont les études auxquelles la Faculté conviait les jeunes docteurs et les licenciés ; elles sont de celles qui sont dignes d'exciter l'émulation ; cependant deux concurrents seulement se sont senti assez de courage pour affronter la lutte. Ils ont été bien inspirés de ne pas désespérer de leurs forces. Les deux mémoires déposés ne sont pas à l'abri de toute critique, mais ce sont des travaux sérieux, dignes des récompenses décernées par la Faculté. Aussi formons-nous les vœux les plus ardents pour que les succès aussi brillants que mérités de MM. Chénon et Petiet viennent réveiller la confiance de leurs condisciples et couper court à cette funeste tendance qui les pousse à déserter le champ de bataille, sans même essayer d'engager le combat.

« La première médaille a été attribuée à M. Chénon ; M. Petiet a été jugé digne de la seconde. Il me sera facile de justifier ces récompenses grâce à l'excellent rapport fait par mon collègue, M. Ripert.

« M. Chénon (1), l'auteur du mémoire portant le n° 1, est un vétéran de nos concours. Du jour où, quittant l'École Polytechnique, il s'est livré, dans cette Faculté, à l'étude du droit, il a compris toute l'utilité qu'il pourrait retirer de ces luttes pacifiques. En 1879, il prenait part aux concours de la licence, et il y remportait un premier prix de droit romain. Ce succès ne fit qu'exciter son ardeur au travail ; loin de se reposer sur ses premiers lauriers, il se remit immédiatement à l'ouvrage, et consacra les loisirs des mois de vacances à la préparation

____

(1) Devises : *Felix qui potuit rerum cognoscere causas !*
Tout historien devrait être jurisconsulte, tout jurisconsulte devrait être historien.

d'une étude historique et juridique sur les Proculiens et les Sabiniens. Ce travail terminé, il le soumit à l'appréciation de l'Académie de législation de Toulouse ; pour la seconde fois, le succès vint récompenser les efforts de notre lauréat ; son mémoire fut en effet couronné par l'Académie de législation, dans la dernière fête organisée par elle en l'honneur de Cujas.

« Ce qui caractérise surtout la manière du lauréat, c'est un remarquable talent d'exposition ; dans son œuvre, tout s'enchaîne méthodiquement, et chaque chose est mise à la place qui lui convient. Il divise son étude en deux parties : dans la première, il traite des origines de la cassation ; dans la seconde, des conditions et des effets de la cassation. Comme les deux parties ont la même importance, il s'est bien gardé de sacrifier l'une à l'autre, les deux sont traitées dans la bonne mesure.

« Définissant la cassation : *L'annulation, pour contravention à la loi et par une autorité compétente, d'un jugement rendu en dernier ressort*, il fait tous ses efforts pour mettre en relief les différences qui séparent la cassation de la requête civile et de la révision, recours fondés l'un et l'autre sur des erreurs de fait. Le temps qu'il consacre à sa définition n'est point perdu, car une fois ses principes posés, il lui est facile de déterminer l'origine historique de la cassation. Suivant notre auteur, c'est au début du xvi⁰ siècle que la cassation proprement dite se constitue et se sépare de la proposition d'erreur. Ce point d'histoire éclairci, il nous montre comment le principe s'est peu à peu développé, grâce aux empiètements du Conseil du roi, malgré les résistances des Parlements. Dans la seconde partie du mémoire, nous retrouvons les mêmes qualités que dans la première : l'exposition est toujours aussi nette, la langue aussi correcte, le style aussi précis.

« Je ne dirai pas cependant que l'œuvre est parfaite ; ce serait trahir la mission qui m'a été confiée, pour m'éviter l'ennui de mêler quelques critiques à l'éloge. Je reprocherai d'abord à M. Chénon, et je m'empresse de le dire, le reproche s'adresse également à M. Petiet, de s'être attaché un peu trop strictement aux termes de la question proposée. Il s'est en effet borné à étudier la cassation en tant qu'elle est prononcée par la Cour de cassation. Il ne mentionne même pas les pouvoirs qui appartiennent au Conseil d'Etat en matière administrative ; et s'il indique que les décisions des conseils de guerre ne peuvent être attaquées devant la Cour de cassation, si ce n'est pour cause d'incompétence, il n'a pas pris soin d'ajouter que les conseils de révision jouent à leur égard le rôle de tribunaux de cassation. La question pouvait être comprise d'une manière un peu plus large ; il fallait étudier la cassation au point de vue législatif ; rechercher, par exemple, l'influence exercée sur cette voie de recours par le système admis en matière d'organisation judiciaire, et aussi passer en revue les divers moyens organisés à l'étranger pour remédier aux erreurs de droit commises par le juge.

« Voici, sur un point spécial, une seconde critique, qui ne saurait atteindre que M. Chénon : son travail nous donne un très long récit des discussions qui précédèrent, à l'Assemblée constituante, le vote du décret du 27 novembre 1790; cet exposé est un hors-d'œuvre inutile; la question, objet de cette digression, est étrangère au sujet, puisqu'il fallait étudier la cassation et non les tribunaux chargés de l'appliquer.

« Enfin, si M. Chénon était là pour m'entendre, s'il avait pu quitter le régiment d'artillerie dont il fait partie comme officier de réserve, pour venir assister à cette séance solennelle, je lui conseillerais de revoir son mémoire avant de le publier. Cette reprise de l'œuvre est nécessaire pour compléter les indications relatives à la jurisprudence. Sans doute M. Chénon connaît bien tous les grands arrêts qui ont tant contribué à édifier la théorie; mais, à lire son étude, on pourrait croire que depuis de longues années toutes les difficultés ont disparu, ou du moins que la Cour de cassation n'a plus été appelée á se prononcer. En réalité, il n'en est pas ainsi, et je suis persuadé que l'ouvrage couronné gagnera en autorité, lorsque le tableau de la jurisprudence sera complété. »

(Séance publique du 1er août 1881.)

Désireux de déférer au conseil et aux critiques, que nous adresse M. l'agrégé H. Michel avec une bienveillance dont nous ne saurions trop le remercier, nous avons revu notre mémoire, et nous lui avons fait subir plusieurs modifications, dont voici les principales :

1° Nous avons supprimé, dans l'exposé des discussions qui précédèrent à l'Assemblée constituante le vote du décret du 27 novembre 1790, tout ce qui avait trait à l'organisation du Tribunal de cassation, et conservé seulement ce qu'il est indispensable de connaître pour bien comprendre la transformation, à la fois théorique et pratique, qui se produisit à cette époque dans l'institution même de la cassation;

2° Le tableau de la jurisprudence, laissé inachevé faute de temps, a été complété jusqu'à l'année 1881 inclusivement;

3° Enfin un appendice a été consacré à l'étude de la cassation en matière militaire et administrative.

PRÉFACE

La Faculté de droit de Paris a proposé pour le concours de doctorat de 1881 la question suivante : *Des origines, des conditions et des effets de la cassation, en droit civil et criminel français*. Le présent mémoire est le développement de ce sujet. Il est divisé en deux parties : l'une historique, l'autre juridique.

La première, qui pourrait être intitulée *la Cassation autrefois*, est consacrée à l'étude des *Origines de la cassation,* dont elle renferme en réalité l'historique complet. C'est qu'en effet la cassation en France n'est pas née en un jour. Elle s'est lentement développée à travers les siècles, mêlée d'abord à d'autres voies de recours dont elle ne s'est dégagée que peu à peu, et qu'il nous a fallu à cause de cela étudier avec quelque détail ; puis vivant d'une vie propre, avec ses conditions, sa procédure et ses effets particuliers, se modifiant parfois avec l'organisation même de la juridiction chargée de l'appliquer, jusqu'au jour où la Révolution ayant créé un tribunal spécial de cassation, son caractère s'est transformé pour la dernière fois, et le système moderne est entré en vigueur. Il est donc impossible de traiter des origines de la cassation en France, sans en conduire l'histoire jusqu'au moment où la Cour de cassation a été définitivement constituée. C'est ce que nous avons tenté de faire dans la première partie de ce mémoire. Nous avons suivi d'aussi près que possible l'ordre chronologique, en nous attachant à préciser pour chaque époque à quel degré de la marche ascendante qu'il a suivie, le système de la cassation est arrivé, soit au point de vue de son fondement théorique, soit au point de vue de sa réalisation pratique. Principes, conditions, procédure, effets, organisation des juridictions de cassation, nous avons dû tout étudier, au moins brièvement, de manière à donner sur la cassation des notions générales, et comme une théorie d'ensemble, nécessaires à l'intelligence complète de ses conditions et de ses effets actuels.

C'est dans la seconde partie, *la Cassation aujour-d'hui,* que sont exposés ces *Conditions et Effets.* Arrivé à ce point de notre travail, où l'histoire est abandonnée pour le droit, nous avons changé de méthode en changeant de terrain. Nous avons classé dans l'ordre didactique qui nous a semblé le meilleur, d'abord les conditions, puis les effets de la cassation, sans séparer de plan préconçu, pour éviter des redites fastidieuses, les règles souvent semblables de la cassation des jugements civils et de la cassation des jugements criminels. Sur chaque matière particulière, nous avons cherché à dégager d'abord le principe général; à en faire ensuite quelques applications, presque toujours choisies dans la jurisprudence ; à indiquer enfin les exceptions et les particularités qui s'y rattachent. — Il est difficile de traiter de matières de droit sans rencontrer sur son chemin des controverses : nous avons signalé les principales qui se sont présentées à nous, mais en évitant d'y insister ; car la discussion d'une controverse juridique offre à nos yeux (outre celui d'exister) le grave inconvénient de prendre souvent plus de place que l'exposé des principes, et d'introduire ainsi un défaut de proportion dans l'étendue des développements que comporte leur importance relative.

Enfin, pour compléter cette étude sur la cassation, il fallait encore rechercher dans quelle mesure et sous quelle forme elle est admise, en dehors du droit civil et du droit criminel. Ce serait en effet une erreur de croire, que dans notre législation actuelle la Cour de cassation soit seule investie du pouvoir de casser des jugements souverains, et que toutes les juridictions lui soient soumises. Elle n'a qu'une autorité exceptionnelle en ce qui concerne les tribunaux militaires, et aucune autorité en ce qui concerne les tribunaux administratifs. Les uns et les autres cependant sont soumis à un contrôle. Au-dessus d'eux, il existe des juridictions supérieures, chargées, comme la Cour suprême et en quelque sorte en son lieu et place, du soin d'annuler les jugements qui contreviendraient à la loi, sans pouvoir connaître du fond des affaires. Ces juridictions supérieures sont en matière militaire les Conseils de révision, et en matière administrative le Conseil d'État. Devant les Conseils de révision sont portés des recours dits de révision, et devant le Conseil d'État des recours dits en cassation pour violation de la loi, et en annulation pour excès de pouvoir. Ces divers recours, le premier surtout, sont assez semblables à la cassation de droit commun, pour mériter d'être étudiés dans un *Appendice* qui forme comme une troisième partie de ce mémoire. Ils ne procèdent pas, il est vrai, des mêmes idées; mais ils s'inspirent en partie des mêmes principes. Aussi nous sommes-nous bornés dans bien des cas à renvoyer pour plus amples renseignements à des développements précédemment fournis, nous contentant d'insister sur les différences. Pour faciliter les comparaisons, nous avons d'ailleurs suivi le même ordre que dans le cours du mémoire, c'est-à-dire que nous avons étudié successivement, pour la révision militaire d'abord, et pour l'annulation administrative ensuite, leurs origines, leurs conditions, et leurs effets.

Paris, 25 mars 1882.

PREMIÈRE PARTIE

—

DES ORIGINES DE LA CASSATION

CHAPITRE I

LA CASSATION DANS L'ANCIEN DROIT FRANÇAIS

Section I. — Les Précédents de la Cassation, jusqu'à la fin du XV° siècle.

1. — *De la requête civile, de la révision, et de la cassation.* — « Bien qu'à toute époque la stabilité des jugements et le respect pour la chose jugée aient été considérés comme essentiels à la bonne administration des États, néanmoins des voies exceptionnelles ont toujours été ouvertes pour obtenir la réformation des jugements en dernier ressort entachés d'erreur ou rendus contre le droit (1). » La législation française offre aujourd'hui aux parties, contre les jugements rendus en dernier ressort, trois voies de recours ainsi marquées de ce caractère exceptionnel : la requête civile, la révision, et le pourvoi en cassation (2).

---

(1) Hiver, *Hist. crit. des instit. judiciaires de la France de* 1789 *à* 1848, Paris, Durand, 1851, in-8°, p. 277.

(2) On range encore au nombre des voies de recours extraordinaires, comme l'ont fait, du reste, les rédacteurs du Code de procédure, la tierce opposition et la prise à partie. Mais la tierce opposition, étant la *seule* voie ouverte aux tiers contre les sentences qui leur préjudicient, et pouvant être intentée contre un jugement rendu seulement en *premier* ressort, ne peut, à aucun titre, être qualifiée d'extraordinaire. Il faut donc la séparer des voies de recours que nous venons d'énumérer, et qui sont à nos yeux les voies extraordinaires par excellence, c'est-à-dire compétant aux parties, et contre des jugements qui sans cela conserveraient un caractère définitif. Quant à la prise à partie, elle est moins une voie de recours qu'une action en dommages-intérêts exercée contre un magistrat ou un tribunal, accusé de fraude, de concussion, ou de déni de justice.

La requête civile, restreinte à certaines hypothèses où les juges ont été trompés, ou se sont trompés, ou ont omis des formalités prescrites à peine de nullité (articles 480, 481, Code de procéd. civ.), est un moyen donné aux parties de faire réparer cette erreur ou cette omission. Elle est portée devant le tribunal même qui a statué. Comme elle suppose, en effet, un acte involontaire de la part des juges, il n'y a aucun inconvénient à la leur soumettre. Il est probable qu'ils s'empresseront de rectifier une erreur, qui dans certains cas ne leur est même pas imputable, si elle résulte par exemple de la fraude de l'un des plaideurs. Cette voie de recours est spéciale aux juridictions civiles.

La révision, au contraire, est particulière aux matières criminelles et correctionnelles. Comme la requête civile, elle est admissible quand les juges ont commis une erreur de fait. Cette erreur, il faut la reconnaître et la rétracter. Après avoir tout fait pour l'éviter, la justice doit tout faire aussi pour la réparer. La révision toutefois deviendrait un véritable danger social, si elle n'était pas organisée avec une extrême prudence ; aussi la loi ne la permet que dans trois cas limitativement déterminés (art. 43 nouveau du Code d'instr. crim.). La demande en révision est adressée au garde des sceaux, qui donne l'ordre au procureur général près la Cour de cassation d'en saisir la chambre criminelle de cette Cour. Si la demande est fondée, la Cour de cassation annule tout ce qui a été fait précédemment, et renvoie devant une juridiction de même nature et du même degré que celle qui a rendu la décision attaquée. Devant cette juridiction, il est procédé à de nouveaux débats et statué au fond. Si ces débats sont devenus impossibles, notamment en cas de décès des condamnés, la Cour de cassation constate cette impossibilité et statue sans renvoi.

Beaucoup plus large que la requête civile ou la révision, le pourvoi en cassation permet de déférer à un tribunal suprême, unique, institué à cet effet, tout jugement en dernier ressort dont on demande la rescision pour une des causes suivantes : violation ou omission des formalités substantielles, incompétence ou excès de pouvoir, violation ou

fausse interprétation de la loi, contrariété de jugements émanés de tribunaux différents (1). En un mot, la cassation peut
être définie : l'annulation, pour contravention à la loi et par
une autorité compétente, d'un jugement rendu en dernier
ressort. Commune aux matières civiles et aux matières criminelles, « cette voie de recours est ouverte : soit au gouvernement dans un intérêt abstrait et d'ordre public, soit au
ministère public dans l'intérêt de l'action qui lui est confiée
par la société, soit aux justiciables dans leur intérêt particulier (2). » Elle a ce double effet de ramener perpétuellement
à l'exécution de la loi les diverses parties de l'ordre judiciaire qui tendraient à s'en écarter (3), et d'assurer, grâce à
l'autorité morale qu'a su conquérir la Cour de cassation, l'unité
de jurisprudence en France, unité aussi désirable que l'unité
de législation et sans laquelle cette dernière deviendrait
promptement illusoire. — Il est facile de voir quelle est la
principale différence de nature entre le pourvoi en cassation
et les autres voies extraordinaires de recours que nous avons
définies : c'est que la requête civile et la révision sont toutes
les deux fondées sur des erreurs de fait; le recours en cassation est fondé au contraire sur une erreur de droit. En outre
(autre différence saillante), la requête civile est portée devant
le tribunal même qui a rendu la décision attaquée; et le
pourvoi en cassation devant une juridiction spéciale, dont
l'office n'est pas de juger au fond, mais seulement de casser
le jugement qui lui est déféré, et de renvoyer ensuite la
cause à un autre tribunal qui sera chargé de l'examiner à
nouveau.

2. — *La cassation inconnue en droit romain.* — Ainsi définie
comment la cassation s'est-elle introduite dans notre droit ?
A-t-elle pour point de départ historique quelque institution

(1) Glasson, *Éléments du Droit français*, Paris, Durand, 1875, in-12,
t. II, p. 294-296, 475-477, *passim.*
(2) Dalloz, *Répertoire de législation, doctrine et jurisprud.*, tome VII,
1847, vº *Cassation*, pr.
(3) Décret des 29 sept. — 21 oct. 1791 (dans Dalloz, *loc. cit.*, p. 24,
note 7).

du moyen âge? ou nous a-t-elle été léguée par le droit romain, l'élément le plus ancien du droit français? La première opinion paraît de prime abord la plus vraisemblable, mais la seconde a été soutenue également. — On invoque à l'appui quelques textes, et en premier lieu, un passage de la Novelle CXIX de Justinien, ainsi conçu : « Parce que nos lois décident que, quand les très glorieux préfets des prétoires impériaux ont rendu une sentence, on ne peut relever contre elle aucun appel, — nous déclarons que, toutes les fois qu'une sentence des très glorieux préfets d'une région quelconque sera rendue, si par hasard l'un des plaideurs pense être lésé, il aura la liberté d'adresser une demande aux glorieux préfets qui ont rendu la sentence, ou à leurs conseillers, etc...(1) ». Cette demande, — la rubrique du chapitre (*De retractationibus sententiarum P. prætorio*) et la suite du texte l'indiquent, — est une demande de *rétractation*. C'est qu'en effet ce n'est pas à une autorité supérieure que le plaignant s'adresse, c'est au juge même qui a statué, et qui devra rétracter, s'il y a lieu, sa sentence. Nous nous trouvons donc en face d'un cas de requête civile, et non pas de cassation.

En revanche, Suétone mentionne un fait qui se rapproche davantage de cette dernière institution : « Domitien, dit-il, rescinda comme entachées de brigue plusieurs sentences des Centumvirs (2). » Ici nous voyons bien des jugements rendus en dernier ressort annulés par une autorité supérieure (ou tout au moins se déclarant telle) au tribunal qui a statué. Deux des conditions de la cassation moderne se trouvent donc remplies; mais il en est deux autres qui ne le sont pas :

---

(1) Novelle CXIX, ch. v : « Quia enim nostræ leges decernunt, si quando gloriosissimi præfecti sacrorum prætoriorum sententiam protulerint, nullam appellationem adversus eam offerri : sancimus, quoties sententia gloriosissimorum præfectorum cujuscumque regionis proferatur, et unus forsan litigantium putaverit se gravari, habere eum licentiam petitionem offerre gloriosissimis præfectis qui sententiam protulerunt, aut eorum consiliariis, etc... »

(2) Suétone, *Domit.*, 8 : « Plerumque et in foro, pro tribunali, extra ordinem ambitiosas Centumvirorum sententias rescidit (Domitianus). »

les décisions centumvirales n'ont pas été cassées comme ayant contrevenu à la loi, mais pour un fait personnel de vénalité des juges, fait réel ou supposé, peu importe. En outre Domitien, qui ne pouvait d'ailleurs renvoyer les affaires à une juridiction équivalente, puisque le tribunal des Centumvirs était unique, Domitien ne paraît pas avoir substitué d'autres sentences à celles qu'il rescindait. Nous croyons donc qu'il faut voir dans ses actes un obstacle apporté à l'exécution des sentences centumvirales et comme l'exercice d'une sorte de droit de *veto*, plutôt qu'une véritable cassation. Si l'on admet que l'empereur, évoquant les causes par-devant lui, ait statué au fond, nous nous éloignons encore plus de l'idée moderne de la cassation, qui exige que le tribunal de cassation et le tribunal de renvoi soient entièrement distincts (1).

Un dernier texte, qui semble au premier abord plus significatif, est invoqué par M. Serrigny (2). Il s'agit d'une Novelle de Théodose le Jeune de l'an 439, qui permet de recourir à l'empereur par voie de *supplication* contre les décisions des préfets du prétoire rendues contrairement au droit (*contrà jus*). Voici comment s'exprime Théodose : « Nous accordons aux parties qui plaident devant le très considérable tribunal de la préfecture du prétoire, si elles affirment être lésées contre le droit, la liberté, non d'appeler, mais de supplier, que la sentence ait été rendue pour la curie, ou dans une vue quelconque d'utilité publique, ou pour toute autre cause ; car il n'y a pas d'intérêt public à refuser aux particuliers le secours des lois. Ainsi donc, qu'elles aient la faculté d'adresser à notre divinité des supplications contre les décisions judiciaires de la préfecture du prétoire, dans un délai de deux ans, qui doit être compté à partir du remplacement du juge (3). » Avons-nous

____

(1) Mais on se rapproche de l'idée de l'appel ; et l'on comprend ainsi que l'empereur ait fini par s'arroger le droit de connaître sur appel des causes centumvirales. Cfr. sur cette question controversée notre étude : *Le Tribunal des Centumvirs*, Paris, Larose et Forcel, 1881, in-8°, p. 91-93.

(2) Serrigny, *Droit public et adm. romain*, Paris, Durand, 1862, in-8°, t. I, nᵒˢ 67 et 178.

(3) Code, VII, 42, const. unica : « Litigantibus in amplissimo præto-

là cette fois le germe de la cassation ? Pas encore ; car cette supplication, en réalité, n'est qu'un appel. Sans doute l'empereur évite de lui donner ce nom ; mais c'est qu'il ne veut pas heurter le droit existant, et on peut même dire la logique des idées. Un de ses prédécesseurs, en effet, avait interdit d'appeler des sentences des préfets du prétoire, considérant que ceux que l'empereur avait nommés à un poste aussi élevé à cause de leur mérite personnel ne pouvaient pas juger autrement qu'il ne jugerait lui-même (1). C'était clairement mettre le préfet du prétoire au lieu et place de l'empereur Une telle fiction écartait l'idée d'un appel, au moins le mot, sinon la chose ; car on n'appelle pas d'un juge à ce même juge. Mais, dans la réalité, le préfet du prétoire et l'empereur étaient deux êtres parfaitement distincts. Aussi quand une époque fut venue où la rigueur n'exista plus dans les théories juridiques, époque où l'on était depuis longtemps habitué à considérer le *numen imperatoris* comme la ressource suprême en toute matière, on admit sans répugnance qu'on pouvait se plaindre à l'empereur des jugements rendus par les préfets du prétoire. Seulement, par un dernier reste d'exactitude instinctive ou de respect pour la théorie ancienne, cette voie de recours à laquelle il donna toutes les règles de l'appel, l'empereur n'osa pas lui en donner le nom ! Au fond il y

rianæ præfecturæ judicio, si contra jus se læsos affirment, [non provocandi, sed] supplicandi licentiam ministramus : licet pro curia, vel qualibet publica utilitate, [seu ulla causa] dicatur prolata sententia : nec enim publice prodest singulis legum adminicula denegari ; ita videlicet, ut intra biennium tantum nostro numini contra cognitionales, sedis prætorianæ præfecturæ sententias post successionem judicis numerandum, supplicandi eis tribuatur facultas.» Cfr. Novell. Theodos. tit. 13 (édit. Hænel).

(1) Digeste, I, 11, loi unique, § 1 : « His cunabulis præfectorum auctoritas initiata in tantum meruit augeri, ut appellari a præfectis prætorio non possit. Nam cum ante quæsitum fuisset an liceret a præfectis prætorio appellare, et jure liceret, et exstarent exempla eorum qui provocaverint : postea publice sententia principali lecta, appellandi facultas interdicta est. Credidit enim princeps eos qui, ob singularem industriam, explorata eorum fide et gravitate, ad hujus officii magnitudinem adhibentur, non aliter judicaturos esse, pro sapientia ac luce dignitatis suæ, quam ipse foret judicaturus. »

avait identité; et ce n'est qu'en raffinant sur l'idée que le
préfet du prétoire représentait l'empereur, que les plus rigides
jurisconsultes auraient pu qualifier de *petitio ad retractationem*
la *supplicatio* de Théodose. Mais, que cette supplication soit
un appel ou une requête civile, le point important pour nous,
c'est qu'elle n'est pas un pourvoi en cassation.

Nous croyons donc pouvoir arriver à cette conclusion négative : qu'il ne faut pas chercher en droit romain les origines
de la cassation, telle que nous l'entendons aujourd'hui. Loin
de nous la pensée de prétendre que l'idée en fût alors complètement inconnue ! Il devait plaire aux empereurs du Bas-Em-
pire de s'ériger ainsi en tribunal souverain, et de comprendre
dans le pouvoir législatif dont ils s'étaient investis jusqu'au
droit d'annuler des sentences judiciaires devenues définitives.
Mais s'ils l'ont fait, ce n'a pas été en vertu du jeu normal d'une
institution, mais seulement par un abus de leur puissance. Or
ce que nous cherchons, ce que nous voulons, comme point de
départ de la cassation, ce n'est, pas la manifestation inter-
mittente et irrégulière de cette conception juridique, c'est sa
réalisation dans une voie de recours légale, exceptionnelle
sans doute, mais permanente. — Nous ne l'avons pas trouvée
en droit romain; la trouverons-nous dans notre ancien droit
français ?

3. — *Constitution générale de Clotaire Ier ; capitulaires carlo-*
vingiens. — A l'époque où les Franks s'établirent en Gaule,
ils y trouvèrent en vigueur, entre autres textes, les Novelles
Théodosiennes. La supplication à l'empereur, instituée par
Théodose, était notamment usitée comme voie de recours
extraordinaire contre des jugements rendus en dernier ressort. L'Église, héritière pour partie des traditions juridiques
romaines, paraît avoir fait maintenir ce système, tout en le
modifiant. On lit, en effet, dans une Constitution générale de
Clotaire Ier, donnée vers l'an 560 et respirant l'influence
ecclésiastique, cette disposition très remarquable : « Si un
juge a condamné injustement quelqu'un *contre la loi*, qu'il soit
châtié en notre absence par les évêques, afin qu'il ait soin de
corriger, après un nouvel examen plus attentif, ce qu'il a

faussement jugé (1). » Clotaire donne donc à la partie qui se croit condamnée injustement et contre la loi, la faculté de recourir au roi, ou en son absence à l'évêque. Le roi ou l'évêque châtiera le juge, et lui ordonnera d'examiner avec plus de soin l'affaire. N'y a-t-il pas là une véritable cassation, suivie d'un renvoi à fin de statuer à nouveau? M. Pardessus l'a pensé (2), et, en effet, l'analogie est grande. Il semble, pour que nous arrivions au système moderne, qu'il n'y ait plus qu'un pas à faire : renvoyer à un juge autre que celui qui a rendu la décision contraire à la loi. Mais ce pas ne sera point de longtemps franchi ; et bien loin de perfectionner l'institution ébauchée par leur prédécesseur, les successeurs de Clotaire 1er commenceront par la copier, l'altèreront ensuite, et finiront par l'oublier (3).

(1) *Chlotarii I regis Constit : generalis, data circa DLX* : « Si judex aliquem contra legem injuste damnaverit, in nostra absentia ab episcopis castigetur ; ut quod perpere judicavit, versatim melius, discussione habita, emendare procuret. » (Dans dom Bouquet, *Recueil des histor. des Gaules*, Paris, 1741, in-f°, t. IV, p. 116.)

(2) Pardessus, *Essai hist. sur l'org. judiciaire*, Paris, Durand, 1851, in-8°, p. 151.

(3) On rapproche parfois de cette constitution de Clotaire Ier le passage suivant de la loi salique, que nous donnons d'après le texte considéré par M. Pardessus comme le plus ancien : « Si vero illi rachineburgii sunt et non secundum legem judicaverunt, is contra quem sententiam dederint causa sua agat et potuerit adprobare quod non secundum legem judicassent, DC denarios, qui faciunt solidos XV, quisque illorum culpabilis judicetur. » (Dans Pardessus, *Loi salique*, Paris, Impr. royale, 1843, in-4°, p. 32, *premier texte*, LVII, § 3). Le rapprochement ne nous paraît pas fondé. En y regardant de près, on s'aperçoit que ce passage est loin d'établir une voie de recours semblable à la cassation. Que dit-il en effet ? qu'une partie lésée par un jugement rendu contre la loi peut se plaindre, et que les rachimbourgs, auteurs du jugement, seront condamnés à une amende. C'est tout. Il n'est question ici ni d'une correction du jugement, ni d'un renvoi à fin de statuer à nouveau, comme dans la constitution de Clotaire Ier. Nous ne pouvons donc voir dans le § 3 de la loi salique « l'existence d'un appel pour mal jugé, assez semblable à notre procédure de cassation » (Marcel Fournier, *Essai sur l'hist. du droit d'appel*, Versailles, Aubert, 1881, in-8°, p. 101). Si l'on veut absolument la comparer à l'une de nos institutions actuelles, il nous paraîtrait plus logique de la rapprocher de la prise à partie.

Deux siècles plus tard, en effet, nous retrouvons la même disposition, déjà moins nettement formulée, dans deux capitulaires de Pépin le Bref, des années 755 et 756. Voici ce que dit l'article 29 du premier, rendu après le synode de Vernon : « Que ceux qui se plaignent qu'on ne les ait pas jugés selon la loi aient la liberté de venir au palais du roi pour cette cause ; et s'ils peuvent prouver que le comte et les rachimbourgs n'ont pas appliqué la loi, que le jugement soit corrigé selon la loi (1). » Le second capitulaire, rendu après le synode de Metz, ne fait en notre matière que reproduire le précédent (2). — En 806, un capitulaire de Charlemagne, prévoyant la même hypothèse dans un de ses articles, s'exprime ainsi : « Que celui qui voudra dire qu'il a été injustement jugé vienne alors en notre présence ; mais autrement qu'il ne cherche pas à venir en notre présence, pour retarder la justice (3). » Dans les capitulaires de Charles le Chauve, existent des déclarations analogues (4). — On peut constater qu'à mesure que le temps marche, les termes deviennent moins précis : c'est qu'en même temps les idées perdent de leur netteté. La confusion qui apparaît dans les mots, elle est dans les choses. L'idée de la cassation, presque dégagée par Clotaire 1er, s'obscurcit de nouveau ; et dans le chaos de la féodalité nous ne la découvrons plus.

A cette époque, en un temps où les justices seigneuriales se partageaient le sol et où l'influence du roi était à peu près nulle, il ne pouvait être question de recours de ce genre. Jusqu'au règne de saint Louis, le seul qui fût possible

(1) Capit synodi Vermensis, 755 : « XXIX... Et si reclamáverint quod legem eis non judicassent, tunc licentiam habeant ad palatium venire pro ipsa causa. Et si ipsos convincere potuerint quod legem eis non judicassent, secundum legem hoc emendare faciat... » (Dans dom Bouquet, *op. cit.*, t. V, p. 641.)

(2) Capit. synodi Metensis, 756; *ibid.*, p. 642.

(3) Capit. de 806 : « VII. Et si aliquis voluerit dicere quod juste ei non judicetur, tunc in præsentiam nostram veniat : aliter vero non præsumat in præsentiam nostram venire pro alterius justitia dilatanda. » (*Ibid.*, p. 676.)

(4) Capit. de 845, ch. 3; — et de 869, ch. 2.

était l'appel : mais quel appel ! Avec quelles formes brutales !
La partie mécontente d'un jugement rendu contre elle en
cour de baronnie ne pouvait qu'une chose : le *fausser*, c'est-
à-dire accuser les juges de l'avoir rendu *déloyaument*, comme
faux, traîtres et menteurs. On n'admettait pas en ces temps
d'ignorance que le juge pût se tromper; on admettait de préférence qu'il pût mentir à sa conscience ! Le jugement mal
rendu était nécessairement déloyal, *faux*; et l'appel ne pouvait se traduire que par une prise à partie, une provocation
à un combat judiciaire, adressée non pas seulement aux juges
qui avaient voté contre l'appelant, mais à ceux mêmes dont
le suffrage lui avait été favorable. S'il ne le faisait pas,
après avoir osé fausser le jugement, les *Assises de Jérusalem*
voulaient qu'il fût à l'instant décapité (1). S'il le faisait, il
courait encore grand risque de la vie; car il devait combattre
les pairs provoqués un à un, et s'il ne les vainquait tous en
un jour, il était pendu (2). S'il triomphait, le jugement était
reconnu mauvais, et son procès était gagné (3) ! S'il était
vaincu, il avait la tête coupée, la langue arrachée, attachée
derrière la tête, et portée avec elle au bout d'une lance par
un homme à cheval, précédé d'un crieur qui devait crier :
« Gardès-vous de dire teil outrage come teil home dist qui
appela la haute Cour de mon seignor fause, qui est bone et
leiale, car teil est la justice de mon seignor (4). » — Ces
peines barbares des *Assises de Jérusalem* ne sont pas men-
tionnées dans les auteurs français. Sauf dans quelques cas
spéciaux, par exemple s'il s'agissait d'une affaire capitale,
tout s'y réglait par des amendes, et le *fausseur* ne courait que
les risques du duel lui-même, mais ces risques étaient de
nature à décourager les plus hardis (5).

Une telle organisation mettait obstacle à toute autre voie

(1) *Assises de Jérusalem, Haute Cour*, Ibelin, ch. CXII.
(2) *Assises, ibid.*, ch. CX . «... tant qu'il les ait toz vencu en un jor, et
se il ne les vainc toz en un jor, il deit estre pendu. ».
(3) *Assises, ibid.*, ch. CXI.
(4) *Assises, Haute Cour*, Navarre, ch. 87.
(5) Henrion de Pansey, *De l'autorité judic. en France*; Paris, Barrois,
1827, in-8°, t. I, p. 27; — et Marcel Fournier, *op. cit.*, p. 143-162.

de recours. En effet, comme le remarque Montesquieu, d'après Beaumanoir (1), « la nature de la décision par le combat judiciaire, étant de terminer l'affaire pour toujours, n'était point compatible avec un nouveau jugement et de nouvelles poursuites. » On ne pouvait guère concevoir un recours au suzerain que pour *defaute de droit*, c'est-à-dire quand le seigneur refusait de juger, quand il commettait, dirions-nous aujourd'hui, un déni de justice (2).

4. — *Ordonnance de* 1260 *; la supplication au roi.* — Tout cela changea à partir de Louis IX. En 1260, le saint roi, par une ordonnance datée de l'octave de la Chandeleur, abolit le combat judiciaire dans tous ses domaines, et « en place des batailles mit preuves par témoins (3) ». Les § 8 et 9 de cette ordonnance, traitant des appels pour faux jugement ou defaute de droit, en règlent ainsi les formes nouvelles : « Se aucun veut fausser jugement, ou païs ou il appartient que jugement soit faussé, il n'i aura point de bataille, mes les claims, et les respons, et les autres destrains de plet seront apportez en nostre court, et selon les erremens du plet, len fera depécier le jugement, ou tenir, et cil qui sera trouvé en son tort l'amendera selon la costume de la terre. — Se aucuns veut appeller son seigneur de deffaute de droit, il convendra que la deffaute soit prouvée par tesmoins, non pas par bataille. Ainsi que si la deffaute n'est prouvée, cil qui appelera le seigneur de la deffaute, il aura tel dommage

____

(1) Montesquieu, *Esprit des lois*, XXVIII, 27 ; — Beaumanoir, II, 30 : « Car en le cort où on en va par reson d'apel por les gages maintenir, se le bataille est fete, la querele est venue à fin, si ques il n'i a mestier de plus d'apiax. »(Ed. Beugnot, Paris, Renouard, 1842, in-8°, t. I, p. 60.)

(2) En ce cas, il ne paraît pas y avoir eu de combat judiciaire, car on ne pouvait pas provoquer le seigneur. — Beaumanoir, LXI, 53 (Ed. Beugnot, II, p. 396) : « Li apel qui sunt fet par defaute de droit ne sunt pas ne ne doivent estre demené par gages de bataille, mes par monstrer resons par quoi le defaute de droit soit clere. » — Cfr. Marcel Fournier, *op. cit.*, p. 163-168.

(3) V. § 1 et 12 de l'ordon., dans Isambert, *Recueil général des anciennes Lois françaises*, t. I, p. 284 et suiv.

comme il doit, par l'usage du païs. Et se la deffaute est prouvée, li sire l'amendera, et perdra ce que len li doit, par la
coutume del païs, et de la terre. » — Dix ans plus tard, le
coutumier connu sous le nom d'*Établissements de saint Louis*
constatait le droit existant en reproduisant presque identi-
quement ces termes de l'ordonnance de 1260 (livre I, ch. 6).
Beaumanoir, en 1283, observe à son tour « qu'il sunt deus
manieres de jugemens fausser, desqueles li uns des apias se
doit demener par gages, quant on ajouste aveques l'apel vi-
lain cas; l'autre se doit demener par erremens sor quoi li
jugemens fu fes (1) ».

La réforme de saint Louis était donc d'une grande importance, puisque elle eut pour effet d'introduire une nouvelle forme
d'appel. Ce résultat toutefois ne fut pas atteint dès l'origine,
par suite d'une double restriction apportée à l'ordonnance
royale. En premier lieu, cette ordonnance n'était applicable
que dans l'étendue des domaines du roi. Mais les seigneurs
ne tardèrent pas à se l'approprier et à la faire exécuter sur
leurs terres. Elle devint ainsi le point de départ d'une véritable révolution. En second lieu, elle ne concernait que les
justices seigneuriales. Dans les *cours-le-roy*, le régime était
différent. On considérait, en effet, que l'appel contenait *félonie
et iniquité ;* aussi le respect pour le roi, dont ces cours étaient
les organes, interdisait de *fausser* leurs jugements. La voie
d'appel n'était pas admissible, et la sentence était rendue en
dernier ressort (2). Est-ce à dire qu'il n'y avait aucun moyen
d'en obtenir la réformation ? Non ; et ici nous allons voir ap-
paraître l'influence du droit romain, dont l'action commence
à cette époque à se faire singulièrement sentir. Comme autrefois l'empereur pour les sentences des préfets du prétoire,
le roi de France, pour les jugements des cours-le-roy, admet-
tra une voie spéciale de recours : la *supplication*. Cette voie
porte le même nom qu'en droit romain, c'est qu'en réalité
elle est la même. Les *Établissements de saint Louis* la fondent en
effet sur les mêmes textes : « Souplication doit estre faicte

____

(1) Beaumanoir, LXVII, 8 (édit. Beugnot, t. II, p. 459).
(2) Cfr. Marcel Fournier, *op. cit.*, p. 203-210.

en cort le roy, et non appel, car appel contient félonnie et iniquité ; selon droit escrit en Code... en la loi unique qui commence : *Litigantibus*, el Code *De sententiis præfectorum prætorio* et en la Digeste *De minoribus*, en la loi *Præfecti*, où il est escrit de cette matere, que l'en doit souploier au Roy que il le jugement voye ou face voir, et se il n'est contre droit que il le fasse tenir et enteriner par la costume du païs (II, 15). » La loi *Litigantibus* dont parle l'auteur des *Établissements* est la Novelle de Théodose que nous avons précédemment analysée (*supra* n° 2). Étrange chose de voir ainsi appliquer des textes du droit romain à des situations qu'ils ne pouvaient prévoir ; car il y a loin de l'idée juridique qui fit prohiber l'appel des décisions des préfets du prétoire à l'idée féodale qui empêcha l'appel des sentences des cours-le-roy ! Quoi qu'il en soit, la supplication fut admise, et, bien qu'inspirée par des motifs différents, son caractère ne fut pas changé. C'était le roi de France qui révisait lui-même le procès en son Conseil ; ainsi faisait l'empereur romain.

D'après les termes du passage des *Établissements* que nous venons de citer, il y avait lieu à supplication quand le jugement était rendu *contre droit* ; la loi *Litigantibus* disait, en effet, *contrà jus*. Mais l'expression *contre droit* sous la plume du traducteur nous paraît avoir un tout autre sens que l'expression *contrà jus* en droit romain. Le *contre droit* des *Établissements*, on peut l'induire d'autres passages (not. I, 80), ne fait pas allusion à des erreurs de droit plutôt qu'à des erreurs de fait. Il ne s'agit pour l'auteur que d'un jugement injuste, méritant réformation : à quel titre ? Peu importe. Nous verrons plus loin que la distinction n'était pas encore faite au xvᵉ siècle, et pour quels motifs il était difficile qu'elle le fût (1). —

(1) A côté de la supplication adressée au roi, on admettait aussi une supplication adressée au juge lui-même, semblable à celle que Justinien avait établie pour les préfets du prétoire. Mais cette supplication devait être présentée le jour même du prononcé du jugement. « Nus hons, disent les *Établissements* (I, 80), ne puët demander amandement de jugement en la court le roy se ce n'est le jor meisme que li jugement sera fès, car l'en doit maintenant appeler, selon l'usage de la court laie. » Passé ce délai, on ne pouvait plus que *supplier* le roi. Mais c'était tou-

La supplication, en somme, était, sous saint Louis comme
sous Théodose, un véritable appel ; et la théorie de la cassation, réserves faites de la constitution oubliée de Clotaire Ier,
n'avait pas fait un pas depuis l'an 439.

5. — *Ordonnances de 1302 et 1320 ; les lettres de grâce de dire
contre arrêt.* — Au début du XIVe siècle, il y eut un changement important dans l'ordre de choses établi. Les cours-le-
roy perdirent leur prérogative du dernier ressort, et il fut
dès lors permis d'appeler de leurs sentences, comme de celles
des justices seigneuriales. L'appel devait être porté devant
le Parlement, récemment démembré du conseil du roi, et devenu à peu près sédentaire à Paris vers le milieu du règne
de saint Louis, d'ambulatoire qu'il semble avoir été jusque-
là (1). Depuis une ordonnance célèbre de Philippe le Bel, du
23 mars 1302, qui avait déclaré ses arrêts en dernier ressort,

jours la même supplication, tendant à révision du procès, et ne diffé-
rant de l'autre qu'au point de vue du délai et des formes. Nous ne pouvons admettre, ainsi qu'Henrion de Pansey le répète plusieurs fois
(*op. cit..* t. I, p. 66 ; t. II, p. 166, 168 et 190), que la supplication au roi
portait sur une erreur de droit, la supplication au juge sur une erreur
de fait, comme la cassation et la requête civile aujourd'hui. Henrion de
Pansey invoque la comparaison des deux passages des *Établissements*
de saint Louis que nous venons de voir : II, 15 et I, 80, dont le premier
parle des sentences rendues *contre droit*. Mais le second dit aussi que
les juges réviseurs devront connaître « se li amandement i est, ou non...,
selon le droit et l'usage de Baronnie. » Ainsi l'on rencontre dans les
deux textes la même expression, vague et compréhensive, ne s'appliquant spécialement ni aux erreurs de droit, ni aux erreurs de fait. La
comparaison est donc défavorable à l'opinion d'Henrion de Pansey. —
M. Dalloz combat, comme nous, cette opinion (*Répert.*, v° Cass., n° 4) ;
mais son argumentation porte à faux, car les textes qu'il oppose à
Henrion de Pansey sont tous relatifs non à la supplication au roi, mais
à la proposition d'erreur, qui ne se développa que plus tard (*infra* n° 6)
Adde Delangle, *Cour de cassat.*, n° 6, dans l'*Encyclop. du Droit* de
Sebire et Carteret, t. VII, p. 226.

(1) Cfr. Pardessus, *Organisat. judic.*, *op. cit.*, p. 99 et suiv. ; — Klim-
ath, *Trav. sur l'hist. du Droit français* (édit. Warnkœnig), Paris, Joubert, 1843, in-8°, t. II, p. 87 et suiv. ; — Fayard, *Aperçu historique sur le
Parlement de Paris*, Lyon, Scheuring, in-8°, t. I (1876), p. 88 ; —
etc...

le Parlement se trouvait être « la seule court capitale et souveraine du royaume », selon l'expression d'une ordonnance du 28 octobre 1446. Toutefois le roi, prévoyant que ce tribunal suprême, quelle que fût son autorité et malgré le soin avec lequel il était composé, pourrait se tromper comme les autres, et rendre des arrêts entachés d'obscurité ou d'erreur, s'était réservé, par le § 12 de l'ordonnance précitée, un certain contrôle sur ses décisions : « Nous voulons, déclarons et même ordonnons que les jugements, arrêts et sentences, qui proviendraient de notre cour ou de notre conseil commun (1) soient maintenus et mis à exécution sans aucun appel. Mais s'ils paraissent contenir quelque ambiguïté ou erreur, qui les fasse avec raison soupçonner, qu'on sache que leur correction, interprétation, révocation ou déclaration appartient à nous ou à notre conseil, soit à une plus grande partie de notre conseil, soit à l'examen attentif de notre délégué spécial, et qu'elle porte avec notre permission spéciale sur toutes choses préalablement demandées (2) ». Cette permission donnée par le roi de rouvrir les débats s'appelait *lettre de grâce de dire contre arrêt*, dénomination inspirée par le respect qu'on avait dès lors pour l'autorité de la chose jugée. L'ordonnance ne disait pas si ce serait dans certains cas déterminés que la cause serait soumise au roi, et dans certains autres renvoyée au Parlement, ou si dans toutes les circonstances on pourrait indifféremment s'adresser à l'un ou à l'autre. Dans les premiers temps, la question ne souleva point de difficultés ; car des ordonnances postérieures nous apprennent que dans tous

---

(1) C'est-à-dire ici du Parlement.

(2) Ord. du 23 mars 1302, § 12 : « Item volumus, sancimus et etiam ordinamus quod judicata, arresta et sententiæ quæ de nostra curia sive nostro communi consilio processerint, teneantur et sine appellatione aliqua executioni mandentur. Et si aliquid ambiguïtatis vel erroris continere viderentur, ex quibus merito suspicio indiceretur, correctio, interpretatio, revocatio vel declaratio eorumdem ad nos vel nostrum commune consilium spectare noscantur, vel ad majorem partem consilii nostri, vel providam deliberationem specialis mandati nostri, et de nostra licentia speciali super omnia antea requisita servetur. » (*Ordonnances des rois de France*, Paris, in-f°, t. I (1723), p. 359.)

les cas l'affaire était tranchée par le Parlement sous la présidence du roi. En fait, cette mesure conciliait tous les intérêts ; la justice était rendue, et l'autorité judiciaire n'était point ébranlée (1). En droit, elle imprimait à la lettre de grâce de dire contre arrêt le caractère presque pur et simple de la requête civile (2).

Mais ce caractère devait bientôt se modifier, par suite d'un abus qui ne tarda pas à s'introduire. Profitant du défaut de précision des termes de l'ordonnance de 1302, les maîtres des requêtes de l'Hôtel-le-roi, chargés de la rédaction des lettres de grâce, imaginèrent de renvoyer les affaires les plus importantes à l'examen du Conseil du roi, et le Conseil commença à réviser les jugements rendus par le Parlement, comme si le prince lui en eût donné le droit par une attribution spéciale (3). C'était reconnaître au Conseil du roi une sorte de suprématie sur le Parlement. Celui-ci, blessé dans ses prérogatives de cour souveraine, impatient de tout joug, entama contre le Conseil une lutte qui dura aussi longtemps que l'ancien régime, et dont les ordonnances royales vont marquer les principales péripéties. — Dès 1320, à la suite de vives réclamations du Parlement, Philippe le Long fut obligé d'ordonner aux maîtres des requêtes de son conseil de renvoyer aux cours qui avaient statué les lettres de grâce de dire contre arrêt. L'article de l'ordonnance mérite d'être cité ; il montre bien l'étendue de l'abus : « Les diz poursuianz ne deliverront ne ne passeront nulles requestes qui touchent nostre parlement, nostre chambre des comptes, ou nostre trésor, ainsoiz iceuls requeranz renvoiront aus lieux, là où il appartiendra chacun en droit soy. Et pour ce que moult de requestes ont souvent esté faites à nos prédécesseurs et à nous, qui passées ont esté fraudeussement, sous l'ombre d'aucune couleur de raison, lesquelles, se discutées eussent esté, pardevant ceux qui sont instruiz, et ont connaissance des be-

---

(1) Henrion de Pansey, *op. cit.*, t. II, p. 168.

(2) Cfr. Glasson, *Les sources de la procéd. civile française,* dans la *Nouvelle Revue historique de droit,* année 1881, p. 410 et 479.

(3) Henrion de Pansey, *loc. cit.,* p. 169.

soignes, n'eussent pas esté passées, comme de moult de genz qui requerrent recompensacion de services, restitutions de domages, *grâce de dire contre arrez donnés en nostre Parlement,* et plusieurs autres choses semblables, où moult de fraudes et déceptions ont esté faittes, ou temps passé, de toutes icelles requestes nous doivent les poursuians, qui avec nous seront, à aviser, affin qu'elles ne passent, et qu'elles soient ranvoyées chascune en droit soy, aus lieux là où il appartiendra chacun en droit soy (1). »

6. — *Ordonnances de* 1331 *et* 1344 ; *les lettres de proposition d'erreur.* — Peu de temps après cette ordonnance de 1320, les lettres de grâce de dire contre arrêt perdent leur nom, on ignore pour quel motif, et prennent celui de *lettres de proposition d'erreur.* A la faveur de cette nouvelle dénomination, l'abus se reproduisit, et les lettres de proposition d'erreur furent prodiguées. Pour en diminuer le nombre, Philippe de Valois, par un édit de 1331, décida que nul ne pourrait les obtenir qu'après avoir donné caution de payer une double amende au roi et des dommages-intérêts à la partie adverse si l'on ne trouvait pas dans l'arrêt les erreurs invoquées (2). — Cela ne suffit pas. En 1344, l'article 9 d'une longue et importante ordonnance du même roi règlementa la matière à nouveau et réprima les entreprises de son Conseil. Après avoir rappelé le droit antérieur et s'être plaint des abus qui avaient cours, Philippe de Valois loue d'abord l'usage de ses prédécesseurs de toujours assister aux révisions des arrêts attaqués, ou de s'y faire représenter par des personnes spécialement désignées à cet effet. Il dispose ensuite (3) : qu'à l'avenir nul ne pourra se pourvoir directement ou indirectement, expressément ou tacitement, contre

(1) Ord. de décembre 1320, § 3; dans Isambert, *op. cit.*, t. III, p. 261.

(2) Edit. de 1331 ; *ibid.*, t. IV, p. 401 ; — c'est l'origine de la consignation d'amende qui doit encore aujourd'hui accompagner le pourvoi en cassation ; cfr. *infra* n° 38.

(3) Cfr. Henrion de Pansey, *loc. cit.*, p. 173 et 174. — Voir le texte, trop long pour être reproduit, dans Isambert, *op. cit.*, t. IV, p. 495-496.

un arrêt du Parlement sans avoir obtenu des lettres de proposition d'erreur ; que ces lettres ne pourront être expédiées que sur une requête exposant les erreurs que le réclamant prétend opposer à l'arrêt, afin que les gens du Conseil du roi puissent juger du mérite de ses griefs ; qu'il ne pourra en articuler d'autres que ceux consignés en cette requête ; qu'à cet effet elle sera attachée sous le contre-scel des lettres royales; que ces lettres seront toujours adressées au Parlement, qui pourra seul réformer ses arrêts ; qu'il n'en sera point donné contre les jugements interlocutoires, et qu'enfin elles ne seront plus un motif de surseoir à l'exécution des arrêts, toujours présumés conformes à la justice (1).

Quelles sortes d'erreurs devaient être alléguées pour obtenir des lettres royales ? Etaient-ce des erreurs de fait ou des erreurs de droit? La question est importante ; car, suivant la réponse, la proposition d'erreur se rapprochera plus ou moins de la cassation. Nous verrons plus tard les auteurs affirmer comme une règle qui a toujours existé, qu'il fallait « proposer erreur, non de droit, parce que la cour ne peut errer, mais de fait » (2) : à vrai dire, la question ne se pose pas encore au milieu du XIVe siècle. Les auteurs ne distinguent pas entre l'erreur de droit et l'erreur de fait ; et si l'on réfléchit à l'état de la législation à cette époque, on ne peut en être surpris. Il était presque impossible en effet, que le Parlement commît des erreurs de droit, c'est-à-dire rendît des jugements contraires à la loi ; car la loi, où était-elle ? Il restait à peine un souvenir des prescriptions législatives des rois des deux premières races, et les rois de la troisième n'avaient guère eu d'action que sur leur propre domaine. A part quelques ordonnances relatives à l'administration, aux finances, à l'organisation judiciaire, à divers points de procédure et aux fonctions des avocats, il n'existait pas de textes ayant force de loi. Succes-

_____

(1) Cette dernière règle subsiste encore aujourd'hui pour le pourvoi en cassation en matière civile et administrative; cfr. *infra* n°s 56 et 78.

(2) Duret, *Traicté des peines et amendes*, Lyon, Arnoullet, 1610, in-12, p. 142.

sions, testaments, donations, substitutions, obligations, communauté entre époux, capacité des femmes mariées, régime féodal, sur tous ces points, « les cours de justice n'avaient d'autre régulateur que les principes du droit romain, des souvenirs, et leur propre jurisprudence (1). » Le droit s'était formé tout entier par la coutume, et la coutume, on la prouvait par *enquête*. Si donc les tribunaux y contrevenaient en croyant l'appliquer, ils ne commettaient point d'erreur de droit, mais une simple erreur de fait sur les résultats de l'enquête. Ils ne violaient aucune loi, en interprétant mal les dépositions des témoins. La très grande majorité des jugements en dernier ressort ne pouvaient donc être attaqués que pour erreur de fait. L'idée d'une cassation pour contravention *à la loi*, c'est-à-dire de la cassation proprement dite, ne se dégage pas encore.

7. — *Les évocations par le Conseil du roi ; ordonnance de 1453.* — Vers la fin du XIVe siècle, au milieu de l'anarchie et des troubles qui désolèrent la France sous le règne de Charles VI, l'ordonnance de 1344 fut souvent transgressée. Le roi abandonna d'abord l'usage de concourir avec le Parlement au jugement des propositions d'erreur. Ce n'était pas une abdication, loin de là. Sur ces arrêts auxquels il ne participait plus, certes le roi entendait conserver la haute main. Le grand Conseil (2), devenu l'instrument de domination de chaque faction qui l'emportait, ressaisit l'occasion de casser arbitrairement les arrêt souverains du Parlement. Il fit plus : il *évoqua* les affaires par-devant lui. « Pour entendre ceci, dit Pasquier, il faut savoir que le grand conseil du roy, du commencement, n'était fondé en juridiction contentieuse ; car telles matières étaient réservées pour la connaissance de la cour de parlement, ains seulement connaissait de la police

____

(1) Henrion de Pansey, *loc. cit.*, p. 193.

(2) C'est un des noms variés qui furent donnés jadis au Conseil du roi, appelé aussi conseil secret, conseil étroit, conseil d'en haut, conseil d'État, etc... Le nom de grand Conseil se spécialisa par la suite pour désigner un autre corps (*infra*, n° 8).

générale de France concernant ou le fait des guerres, ou l'institution des édits dont la vérification appartenait au parlement. Et dura longuement tel ordre, c'est-à-dire jusque sur le commencement des factions qui intervinrent entre les maisons de Bourgogne et d'Orléans, auquel temps tout ainsi que toutes les choses de France se trouvèrent étrangement brouillées et en grand désarroi; aussi ceux qui avaient la force et puissance par devers eux, pour gouverner toutes choses à leur appétit, faisaient évoquer les négoces qu'il leur plaisait par devers le conseil du roi, qui était composé ou de Bourguignons ou d'Orléanais, selon que les uns ou les autres des deux factions avaient le crédit en la cour du roi Charles VI, qui lors était mal disposé de son bon sens ; et par cette voie frustraient ceux de la cour de parlement des causes qui leur étaient affectées... Et à peu dire, toutes et quantes fois que les seigneurs qui gouvernaient avaient envie d'égarer quelques matières en faveur des uns ou des autres, ils en usaient de cette manière » (1). — Dans de tels désordres, il devait être rarement question de la proposition d'erreur. A quoi bon s'arrêter à rechercher minutieusement si un arrêt renferme des causes suffisantes de rétractation, quand on peut procéder par la voie plus courte et préférée de l'évocation ? Cependant la proposition d'erreur n'avait pas disparu; car l'auteur du Grand Coutumier de France, Jacques d'Ableiges, bailli d'Evreux, *qui écrivait vers* 1388, y fait allusion en ces termes : « Qui impetrera lettre contre noz arrests de parlemêt, il payera 60 liures, s'il ne l'a impetrée de nostre grâce espécial, et qu'il ait eu de nous côgé de *proposer erreur* sur certaine forme contenue en l'article (2).»

(1) Pasquier, *Recherches de la France*, II, 6, *Œuvres*, Amsterdam, 1723, in-f°, t. I, col. 82.

(2) *Grand Cout. de France*, III, 72 (édit. Laboulaye, Paris, Durand, 1868, in-8°, p. 451). — L'auteur du *Grand Coutumier* et la date de sa composition sont restés longtemps inconnus. M. Léopold Delisle a retrouvé le nom de l'auteur dans la préface d'un manuscrit du *Grand Coutumier*, qui forme à la Bibliothèque nationale le n° 10816 du fonds français, et a pu déterminer la date avec une précision suffisante. Jacques d'Ableiges, dont le nom appartient désormais à l'histoire de la

Charles VII essaya de mettre un frein à ces abus par sa grande ordonnance de Montils-lez-Tours de 1453. Constatant que l'importunité des requérants arrachait souvent à ses chancelleries « des lettres, mandemens et impétrations, par quoy les parties sont souventes foys mises en grands involutions de procez », il déclare, plus formellement que ne l'avaient fait ses prédécesseurs, que les juges ne devront obtempérer à ces lettres que s'ils les trouvent *civiles et raisonnables*. « Nous voulons, dit-il, que les parties les puissent débattre et impugner de subreption, obreption et incivilités, et qu'à ce les juges, tant en nostre court de parlement, qu'autres, les oyent et reçoivent, et que si les juges trouvent lesdictes lettres estre subreptices, obreptices ou inciviles, que par leurs sentences ils les déclairent subreptices, obreptices et inciviles, ou telles qu'ilz les trouveront estre en bonne justice ; et si les juges, soit en nostredit parlement ou autres, trouvent que par dol, fraude ou malice, ou par cautelle des parties, lesdictes lettres ayent esté impétrées pour délayer la cause, qu'ilz punissent et corrigent les impétrans, selon ce qu'ils verront au cas appartenir (1). »

Ces sages paroles furent bientôt démenties par les faits. Louis XI recommença à pratiquer les évocations, et à nommer des commissions extraordinaires. Les abus allèrent si loin, qu'ils excitèrent les plus vives réclamations de la part des États généraux, tenus à Tours en 1483 (2). Mais ces réclamations devaient être impuisantes ; car deux événements qui se produisirent vers cette époque rendirent désormais né-

---

littérature juridique, était en 1380 bailli de Saint-Denis, la même année bailli de Chartres, et depuis 1385 jusqu'en 1388 bailli d'Évreux, de Breteuil et de Conches. De la préface du manuscrit n° 10816, il résulte que le *Grand Coutumier* a été rédigé pendant que l'auteur était bailli d'Évreux. En outre, des documents insérés dans les deux meilleurs exemplaires de la compilation sont du mois de mars 1387. C'est donc bien à l'année 1387 ou 1388 qu'il faut rapporter la rédaction du *Grand Coutumier* (Léopold Delisle, comm. à l'Acad. des Inscript., le 2 avril 1880). — Pour plus de détails, cfr. *Journal des savants*, n° d'avril 1880, p. 257.

(1) Ord. de Montils-lez-Tours, 1453, art. 66 ; dans Isambert, *op. cit.*, t. IX, p. 228.

(2) Doléances des États, chap. *Justice*, § 10 ; *ibid.*, t. XI, p. 54.

cessaire cette intervention si critiquée du Conseil du roi, et habituèrent peu à peu les esprits à voir casser des arrêts souverains, cette fois pour des causes nouvelles. Ces deux événements furent l'établissement de parlements dans diverses provinces, et l'usage des lettres d'État (1).

8. — *Les Parlements des provinces, les lettres d'État, et le grand Conseil ; apparition de la cassation.* — Dans le cours du xv\ siècle, plusieurs parlements avaient été créés. On en comptait sept en 1501. Chacun possédait, comme celui de Paris, la prérogative du dernier ressort. Cette égalité de souveraineté amena des conflits. Dans les mêmes causes des arrêts contradictoires furent rendus par deux parlements différents. Lequel de ces arrêts devait être appliqué ? Il fallait pour le dire une autorité supérieure aux deux parlements. Or il n'en pouvait exister d'autre que le roi (2) ; son conseil se hâta donc d'intervenir, et trancha les conflits en cassant l'un des arrêts. Quant aux *lettres d'État*, c'étaient des ordres adressés aux cours de justice d'avoir à suspendre le jugement des affaires relatives à des personnes absentes pour le service du roi. Délivrées d'abord dans une pensée d'équité, ces lettres le furent bientôt pour les motifs les plus insignifiants. Les parlements cessèrent d'en tenir compte, et virent leurs arrêts cassés. — Un autre abus s'introduisit encore : celui des récusations en masse, sous les moindres prétextes, du parlement appelé à statuer. Si le parlement récusé s'arrêtait, le Conseil du roi évoquait l'affaire. Mais il arrivait souvent que le parlement, indigné de la futilité des motifs des récusations, passait outre. Le Conseil alors cassait l'arrêt, puis évoquait l'affaire. Souvent même il l'évoquait directement, sans attendre que le parlement eût rendu son arrêt.

Ces évocations, directes ou après cassation, devinrent tellement nombreuses que Charles VIII institua pour en connaître, le 2 août 1497, une nouvelle cour souveraine, démem-

____

(1) Cfr. Henrion de Pansey, *loc. cit.*, p. 185.

(2) Cfr. Dareste, *La justice administ. en France*, Paris, Durand, 1862, in-8°, p. 60.

brée du Conseil du roi, et qui prit le nom, dès lors spécialisé, de *grand Conseil* (1). Ce grand Conseil était présidé par le chancelier de France, assisté des maîtres des requêtes de l'Hôtel, chargés en son absence de présider suivant leur ordre d'ancienneté. Il comprit tout d'abord dix-sept conseillers ordinaires. Malgré les réclamations des parlements, Louis XII, par lettres patentes du 13 juillet 1498 (2), en confirma l'institution, et porta à vingt le nombre des conseillers, qui furent divisés en deux semestres. — Créé dans une pensée d'hostilité contre les parlements, le grand Conseil leur fut toujours odieux. Il leur rappelait par son existence même les prétentions du Conseil du roi s'arrogeant le droit de contrôler leurs décisions. Aussi, jusqu'en 1790, ils soutinrent contre lui une lutte ardente, pour le plus grand profit de la royauté (3). Libre en effet d'évoquer ou de ne pas évoquer, le roi pouvait à son gré renvoyer une affaire au grand Conseil ou la laisser aller devant un parlement, suivant qu'il avait intérêt à obtenir une décision dans un sens ou dans l'autre.

Il semble que nous soyons en pleine anarchie, et qu'en fait de voies extraordinaires de recours, l'on ne connaisse plus que les caprices du Conseil. Cependant nous touchons au moment où des théories juridiques vont s'établir, qui mettront un peu d'ordre dans ce chaos. L'idée de la cassation moderne n'est pas encore complètement formée, mais elle est née déjà. Il faut bien le remarquer, en effet : ces cassations pour contrariétés d'arrêts, transgression des lettres d'État, mépris des récusations, sont toutes différentes de la proposition d'erreur. Il ne s'agit plus de sentences entachées d'un vice, qu'il faut réformer. Il s'agit de sentences que le fait seul de leur existence constitue « en délit » : dans le premier cas, c'est l'autorité de la chose jugée qui est méconnue; dans les deux autres, l'autorité du roi. Il ne s'agit plus de simples erreurs

______

(1) Ce nom était auparavant ordinairement donné au Conseil du roi.

(2) Dans Isambert, *op. cit.*, t. XI, p. 296.

(3) Voir les diverses péripéties de cette lutte dans un discours de rentrée de M. de Royer, *Des origines et de l'autorité de la Cour de cassation*, du 3 nov. 1854, in-8°, p. 25 à 42.

de fait, que les juges eux-mêmes étaient par lettres royales autorisés à rétracter. Il s'agit bien réellement d'une violation de la loi, que l'annulation de l'arrêt incriminé peut seule châtier. Cet arrêt cassé, l'affaire sera toujours portée devant une autre cour de justice ; car on ne pouvait songer un seul instant à la renvoyer à la cour coupable. Ainsi cassation pour violation de la loi, cassation par une autorité particulière, renvoi à une juridiction autre que celle qui a statué ; voilà bien en germe les trois principaux éléments de la cassation moderne. Toutefois un peu moins d'arbitraire et un peu plus de précision sont encore nécessaires pour la complète élaboration de la théorie. Après quelques hésitations et de nouveaux abus sous le règne de François 1er, elle se fixera définitivement sous le règne d'Henri III.

———

Section II. — La Cassation au XVIe et au XVIIe siècles.

9. — *Erreurs de droit et erreurs de fait ; les lettres en forme de requête civile.* — Revenons à la proposition d'erreur, dont l'histoire est trop intimement liée aux origines de la cassation pour ne pas être suivie jusqu'au bout. — Au début du XVIe siècle, en même temps que la cassation proprement dite se constitue à côté d'elle, la proposition d'erreur se précise et se dédouble. Elle se précise d'abord : en effet les auteurs commencent à distinguer les erreurs de droit des erreurs de fait, et à restreindre à ces dernières la proposition d'erreur. C'est ce qui apparaît clairement dans le texte suivant, tiré de l'ancien style de procéder en la Cour de parlement de Normandie, que Terrien nous a conservé (1) : « Il est loisible de proposer erreur contre les arrêts de la cour, en toutes matières, fors des arrêts interlocutoires et possessoires (2), en consignant

---

(1) *Commentaire du droit civil normand*, imprimé à Paris, en 1574.

(2) Pour les arrêts interlocutoires, la règle se trouve dans l'ordonnance

au greffe de la cour 120 livres parisis pour l'amende ; laquelle erreur proposée doit être erreur de *fait;* car aucun n'est recevable à proposer erreur de *droit.* » — La même règle est confirmée par Jousse dans son commentaire de l'ordonnance de 1667 : « La proposition d'erreur, dit-il, qui était autrefois en usage, était un moyen pour faire rétracter un arrêt ou un jugement en dernier ressort, quand ce jugement avait été rendu sur une erreur de *fait,* car, à l'égard de l'erreur de *droit,* elle n'a jamais été reçue contre ces sortes de jugements (1). » Charondas, dans ses annotations du *Grand Coutumier* (2), Duret, dans son *Traité des peines* (3), sont tout aussi explicites ; et Bouchel peut sans hésitation résumer la règle en disant : « Proposition d'erreur n'est reçue, si on allègue erreur de droit (4). »

Après avoir distingué les erreurs de droit des erreurs de fait, on sous-distingua entre ces dernières. On reconnut que les unes supposaient chez le juge la prévention ou l'ignorance, tandis que d'autres provenaient simplement du dol des parties ou du fait de leurs procureurs. Contre les premières on continua à agir par la proposition d'erreur ; mais on imagina pour les secondes de nouvelles lettres, dites *en forme de requête civile,* parce qu'elles ne renfermaient rien de blessant pour les juges. Seulement comme les plaideurs se plaignaient ordinairement des deux espèces d'erreurs à la fois, on continua dans la pratique à employer indistinctement l'expression de propo-

de 1344, art. 9 (*supra* n° 6). Pour les arrêts possessoires, elle résulte d'une ordonnance de Louis XII, du 6 mars 1498, rendue après l'assemblée des notables à Blois, art. 88 : « Avons ordonné et ordonnons qu'en matière possessoire, prophane ou ecclésiastique, aucun d'oresnavant ne sera reçu à proposer erreur, toutes autres ordonnances concernans lesdits possessoires demeurant en leur force et vertu. » (Dans Isambert, *op. cit.,* t. XI, p. 359).

(1) Jousse, *Comment. de l'ord. de* 1667, sur le titre 35, art. 42 ; Paris, Debure, 1757, in-12, t. II, p. 658.

(2) Charondas, *Le Grand Coustumier de France annoté,* Paris, Houzé, 1598, in-8°, p. 484.

(3) Duret, *loc. cit. ;* cfr *supra,* n° 6.

(4) Bouchel, *Trésor du Droit français,* v° Proposition d'erreur; Paris Dallin, 1667, in-f°, t. II p. 1101.

sition d'erreur. On trouve même dans un édit de 1545 l'affir-
mation que les arrêts souverains ne peuvent être « impugnés
que pour proposition d'erreur » (*infrà, n° 10*). Mais avec le
temps, la confusion disparut, et en 1597, Charondas, annotant
le *Grand Coustumier*, formule ainsi très nettement la distinction : « Quant à la proposition d'erreur dont parle notre auteur (1), il y a deux moyens ordinaires permis par les ordonnances royaux, pour se pourvoir contre les arrests, à savoir la
requête civile et la proposition d'erreur. La requête civile se
fonde sur le dol et surprise de la partie, et quelquefois concerne le faict des juges ; la proposition d'erreur est d'erreur
de faict, parce que l'on ne presume y avoir erreur de droict
aux arrests de la cour, les ordonnances anciennes et moder-
nes en traictent amplement. » — Plus tard, par une singulière évolution, la proposition d'erreur, qui avait absorbé
d'abord la requête civile, se confondra ensuite avec elle.

En attendant le roi la restreignait. En 1535, dans son long
édit sur la réformation de la justice en Provence, François 1er
reproduisit cette règle, établie par Louis XII (2), qu'on
ne pouvait proposer erreur en matières possessoires (3). En
août 1539, dans l'ordonnance de Villers-Cotterets, il prescrivit
aux maîtres des requêtes d'examiner si l'erreur invoquée
existait bien réellement, avant de renvoyer la cause au
Parlement, et éleva la consignation préalable à 240 livres
parisis (4).

10. — *Édit de Chanteloup de* 1545 ; *ordonnances de* 1560 *et*
1566. — Ces mesures rigoureuses ne tardèrent pas à être
éludées. Les parties, pour y échapper sans violer ouvertement
les ordonnances, imaginèrent de se faire délivrer des lettres
de nouvelle espèce, qu'on appela *lettres pour être reçu à*
alléguer nullités, griefs et contrariétés. On entendait par nul-

(1) Cfr. *supra*, n° 7 ; — Charondas, *loc. cit.*
(2) Ordonnance de 1498 ; — Cfr. p. 26, note 2.
(3) Édit. de septembre 1535, art. 96 ; dans Isambert, *op. cit.*, t. XII,
p. 447.
(4) Ord. de 1539, art. 135 et 136 ; dans Isambert, *ibid.*, p. 628.

lités les vices de procédure ; par griefs, le mal jugé ;
par contrariétés, l'opposition ou le peu de concordance
entre les différentes parties d'un même arrêt (1). Ces
nouvelles lettres n'étaient assujetties à aucune formalité,
et, qui plus est, étaient adressées, non pas au parlement qui
avait statué, mais au grand Conseil créé par Charles VIII !
Ainsi la réaction contre un abus avait produit un abus
plus grand. L'anarchie menaçait l'organisation judiciaire,
lorsqu'au mois d'avril 1545, François Olivier, président
au Parlement de Paris, devint chancelier. Un de ses premiers actes fut d'abolir ces lettres de *nouvelle invention*,
comme les appelle la rubrique de l'édit d'abolition, donné
à Chanteloup au mois de mars de la même année. Le préambule de cet édit s'exprime avec beaucoup de force : « Combien
qu'il ne soit loisible, tant par disposition de droict et ordonnance de nous et de nos predecesseurs, impugner les arrests
de nos cours souveraines, autrement que par la proposition
d'erreur, et en gardant les solennitez requises, néant-moins,
depuis quelque temps, aucuns ont trouvé moyen d'obtenir
lettres pour être reçu à alléguer nullitez, griefs et contrariétez contre plusieurs arrests de nosdites cours. A quoy ont
été receuz, et par ceste voye ont tenu l'exécution de plusieurs
arrests en suspend, et sur la vérification desdites nullitez et
contrariétez d'arrests, la procédure a été quelquefois plus
longue et de plus grande mise en nostre grand Conseil que
la principale instance ; et pour faire droict sur lesdites nullitez et contrariétez d'arrests, font apporter toutes les pièces
et productions desdits principaux procez, et iceux font revoir
comme si c'estoit une voye d'appel ; ce qui est rendre tous les
dits arrests illusoires et sans effect. » En conséquence l'édit décide : « qu'à l'advenir nul ne sera reçeu à contrevenir aux arrests desdites cours de parlement et autres cours souveraines par voye de nullité et contrariété d'arrests ; ains se pour-
voiront par proposition d'erreur, en gardant les solennitez re-
qui ses par nos ordonnances. » L'édit va même plus loin ; il ordonne que tous les procès pendants au grand Conseil en vertu de

_____

(1) Henrion de Pansey, *loc. cit.*, p. 199.

ces lettres seront renvoyés devant les cours qui en ont déjà
connu(1).— L'édit, sous le même nom de proposition d'erreur,
confondait la proposition d'erreur proprement dite et la requête civile. Les parlements ressaisissaient donc le droit de
corriger eux-mêmes toutes les erreurs de fait invoquées contre
leurs décisions. C'est ce que confirmèrent de nouveau les
ordonnances d'Orléans et de Moulins, préparées par le chancelier de l'Hôpital, en 1560 et 1566.« Les prétendans nullitez et
contrariétez des arrests de nos cours souveraines, dit l'ordonnance d'Orléans (art. 38), seront jugez où les arrests auront
esté donnez suivant les édits sur ce faits (2). » Les lettres en
forme de requestes civiles, dit à son tour celle de Moulins
(art. 61), seront renvoyées en la chambre où le procès aura
esté jugé (3).

De ces deux dernières dispositions résultaient deux inconvénients. En effet l'ordonnance d'Orléans attribuait sans
distinction la connaissance des contrariétés d'arrêts au parlement qui avait statué. Rien de mieux, si les deux arrêts contradictoires émanaient de lui. Mais s'ils émanaient
de deux parlements différents, le renvoi à l'un d'eux ne se
concevait plus, puisque aucun ne pouvait réformer les décisions de l'autre. On le comprit, et l'on maintint au grand
Conseil le soin de trancher ces conflits. — Le second inconvénient résultait de l'ordonnance de Moulins. Renvoyer
les requêtes civiles à la chambre même du parlement où le
procès avait été jugé, c'était exposer les magistrats à s'entendre dire très souvent qu'ils s'étaient trompés, les parties
ayant conservé l'habitude de joindre à la requête civile la
proposition d'erreur proprement dite. Le Parlement de Paris
le fit observer dans des remontrances au roi, et un édit inter-
prétatif de l'ordonnance de Moulins décida que si la partie

---

(1) Édit. de Chanteloup du mois de mars 1545 (dernier mois de l'année);
dans Fontanon, *Les Édits et ord. des rois de France*, 1611, t. I, p. 586 et
587.

(2) Ord. d'Orléans, dans Isambert, *op. cit.*, t. XIV, p. 74.

(3) Ord. de Moulins, février 1566, dans Isambert, t. XIV, p. 206.

se plaignait *du fait et faute* du juge, la requête civile serait renvoyée à une autre chambre (1).

11. — *Règlements de 1529 et de 1578; le Conseil privé ou des parties.* — Tandis que la proposition d'erreur et la requête civile passaient par ces vicissitudes, et finissaient par suivre des règles différentes et par se renfermer dans des domaines séparés, que devenait la cassation? Elle aussi se développait; mais elle se développait comme elle s'était formée : par des abus. Le Conseil du roi n'avait pas cessé de casser et d'évoquer à sa fantaisie. Sous François Ier, ces cassations, ces évocations, même directes, et les récusations en masse, favorisées avec une sorte de passion par le chancelier Duprat, devinrent scandaleuses. Duprat lui-même en fut effrayé et commença à réagir. Le 18 mai 1529 intervint un règlement sur l'évocation des procès pendants aux cours souveraines, dont le préambule constate nettement l'état de choses : « Comme depuis aucun temps en ça, dit François Ier, nous ayons été advertis par nostre très cher féal et grand amy le cardinal de Sens, nostre chancelier et aussi par aucuns déléguez de nos cours de Parlement que plusieurs évocations et jusques en nombre effréné, ont esté ci devant dépeschées, à cause des récusations baillées contre aucuns des présidens et conseillers de nos dites cours qui est grosses vexations, frais, et mises intolérables aux parties litigantes et grand retardement de justice... avons ordonné et ordonnons les choses qui s'ensuyvent. » François Ier prescrit alors des enquêtes sérieuses sur le contenu des requêtes présentées, puis il ajoute cette très importante disposition, qui changeait tout à fait le caractère de l'évocation : « Et après les inquisitions d'une part et d'autre sur le contenu esdites requestes, s'il nous semble après avoir entendu l'advis de nostre conseil, lesdites causes et matières devoir estre évoquées, les lettres d'évocation seront octroyées seulement aux fins de renvoyer les causes et matières dont sera question au plus prochain parlement, et

(1) Édit du 10 juillet 1566, art. 15; dans Isambert, *ibid.*, p. 216; — cfr. Henrion de Pansey, *loc. cit.*, p. 205-206.

non de les retenir en nostre grand Conseil, sinon que les
parties y consentissent. » Les procureurs des parties devront,
pour y consentir, être munis d'un mandement spécial.

Malheureusement le roi se réservait le droit d'évoquer au
grand Conseil « pour aucunes causes à ce nous mouvans de
nostre propre mouvement ». C'était laisser entr'ouverte une
porte qu'on voulait fermer ! Bien plus, en matière criminelle
le roi l'ouvre tout à fait : « Quant aux matières criminelles,
là où se trouvera cause de les évoquer, nous voulons qu'elles
ne soient évoquées : ains juges commis sur les lieux jusques
au nombre de dix, pour les juger comme par arrest, et sans
appel (1). » Ici pas d'évocations, mais quelque chose de pire:
des commissions. Le grand Conseil, composé d'avance, ne
pourra pas connaître des matières criminelles; mais on nom-
mera dix juges, dix commissaires choisis en vue de l'affaire,
et qui jugeront *comme par arrest!* Ces derniers mots ont une
saveur singulière. Ils font songer involontairement à certaine réponse adressée à François Ier lui-même par un moine
des Célestins de Marcoucy. François Ier ayant demandé quel
était le fondateur du monastère, il lui fut répondu que c'était
Messire Jean de Montaigu, grand maître de France sous
Charles VI, et pendu en 1409 au gibet de Paris, « à la soli-
citation du duc de Bourgogne qui lors gourmandoit toute la
France. » Le roi s'étonna que Montaigu, dont la mémoire
avait été réhabilitée trois ans après, eût pu être condamné
ainsi *par ordonnance de Justice.* « A quoy, dit Pasquier, il y
eut un moine qui respondit au Roy d'une parole assez brusque,
qu'il s'abusait aucunement, parce que le procez du sieur
de Montaigu n'avoit esté fait par Juges, ains seulement par
Commissaires (2). »

L'impuissance de la répression organisée en apparence
par le règlement de 1529 se manifesta clairement, quand le
chancelier Guillaume Poyet, président au Parlement de Paris,

(1) Règlement du 18 mai 1529; dans Isambert, t. XIII, p. 312 et
suiv.

(2) Pasquier, *loc. cit.*, col. 548; — *adde* Henri Martin, *Hist. de France*,
Paris, 4ᵉ édit., 1865, in-8°, t. V, p. 504 et suiv.

fut pourvu de l'office de chancelier, le 12 novembre 1538.
« Ce magistrat, qui avait été nourri dès le berceau à façonner
les procès, apporta tant de chicaneries, (c'est encore Pasquier qui parle), qu'il commença de prêter l'oreille aux parties privées pour matières mêmement qui se devaient décider dans un chastelet de Paris ou dans une cohuë de Rouen, laquelle coustume depuis eut grand'vogue sous le règne du roi Henri II (1). » Cette *coustume*, comme dit Pasquier modifia le caractère du Conseil du roi. Depuis 1497, en effet, c'est-à-dire depuis l'institution du grand Conseil, qui avait entraîné avec lui toutes les affaires contentieuses jusque-là portées devant le Conseil du roi, ce dernier ne connaissait plus que des *matières d'État* (2). Désormais il attira de nouveau à lui les affaires intéressant les simples particuliers, et les choses se retrouvèrent au même point qu'avant 1497, à ceci près qu'il existait une cour souveraine de plus, le grand Conseil, ayant des attributions spéciales, encore assez mal délimitées. Parmi ces attributions, le grand Conseil conserva le droit de cassation dans certaines hypothèses, par exemple en matière de contrariété d'arrêts, et par la suite en matière de sentences présidiales. Les présidiaux furent établis en 1551 par un édit d'Henri II, qui accorda à leurs jugements la prérogative du dernier ressort dans des limites déterminées. Les parlements virent avec peine s'établir ces nouvelles juridictions, et malgré les termes de l'édit de 1551, élevèrent la prétention de statuer en appel sur l'appréciation plus ou moins exacte que les juges présidiaux pouvaient faire de leur compétence. Henri III, pour mettre fin à ces excès de pouvoir, autorisa les parties, par une déclaration du 27 décembre 1574 (3), à se pourvoir au grand Conseil, contre ces arrêts des parlements ainsi attentatoires à l'autorité royale.

Quatre ans après, le même prince régularisa l'état de choses usité depuis le chancelier Poyet, par un règlement en date

(1) Pasquier, *loc. cit.*, col. 84, D.

(2) Cfr. de Royer, *op cit.*, p. 43; — *adde* Bouchel, *op. cit.*, v° Grand Conseil, t. I, p. 639 et suiv.

(3) Art. 4 et 5; dans Isambert, *op. cit.*, t. XIV, p. 272, 273.

du 11 août 1578. Il divisa son conseil, réduit à vingt-quatre membres, en deux sections. A la première, qui recevait le nom de *Conseil d'Estat*, furent attribuées « les matières concernant les finances, le repos, soulagement, et conservation des provinces. » L'autre section, qui était le *Conseil privé* et qu'on appelait déjà le *Conseil des parties*, fut chargée de connaître des demandes en cassation d'arrêts souverains, présentées par les particuliers. Elle devait s'assembler deux fois par semaine, le mercredi et le vendredi (1).

12. — *Ordonnance de 1579 et édit de 1597 ; les arrêts en commandement.* — La notion de la cassation pour contravention à la loi, ce qui précède le prouve amplement, s'était donc précisée, en même temps que se constituait la théorie dernière de la proposition d'erreur et de la requête civile. A l'époque où nous sommes parvenus, on peut dire que désormais il existe deux sortes de voies de recours extraordinaires contre les sentences rendues en dernier ressort : les premières fondées sur une erreur de fait et tendant à la rétractation des sentences, les secondes fondées sur une erreur de droit et tendant à leur cassation. Cet état de choses, nous allons le trouver constaté avec une exactitude de langage jusqu'alors inconnue dans l'ordonnance de Blois de 1579 et les actes législatifs qui suivront. — Voici en effet en quels termes s'expriment les articles 92 et 208 de l'ordonnance de Blois : « Déclarons que les arrests de nos cours souveraines ne pourront être cassez ne retractez que par les voyes de droict, qui sont la requeste civile et la proposition d'erreur, et par la forme portée par nos ordonnances; ni l'exécution d'iceux arrests suspendue ou retardée sur simple requeste à nous présentée en notre Conseil privé. — Voulons que les ordonnances faites, tant par nous que par les rois nos prédécesseurs, soient inviolablement gardées... Déclarons les jugements, sentences et arrests, donnez contre la forme et la

_____

(1) Règlement du 11 août 1578, art. 1, 2, 10; dans Girard, *Offices de France*, Paris, Taupinart, 1645, in-f°, t. I, p. 623, 624.

teneur d'icelles, nuls et de nul effect et valeur (1). » Quelques
années après, l'article 18 de l'édit de Rouen sur l'administration de la justice, du 15 janvier 1597, répète avec la même
force et la même précision : « Voulons aussi que les arrests
donnez par noz courts souveraines soyent receuz et exécutez,
gardez et entretenuz avec le respect qu'il convient : et confirmant nos anciennes ordonnances déclarons que lesdits arrests
ne pourront estre cassez ny rétractez, sinon par les voyes de
droict, et formes portées par noz ordonnances : n'en sera aussi
l'exécution desdits arrests suspenduë ou retardée, soit par
lettres ou requestes présentées à nostre dit Conseil (2) ».

De ces textes, il résulte qu'on admettait à la fin du
xvi⁰ siècle deux modes de réformation des arrêts souverains :
la rétractation et la cassation. A la rétractation correspondent
évidemment les deux *voies de droit* indiquées : la requête civile et la proposition d'erreur. A la cassation doit corres-
pondre la troisième voie, qui n'est pas qualifiée : voie de
droit, mais seulement : formes prescrites par les ordonnances. Qu'était-ce que ces formes ? On ne peut douter que
ce soit cette cassation que nous avons vue poindre à la fin du
xv⁰ siècle, et se développer dans le cours du xvi⁰. Henrion de
Pansey l'a très bien montré : « L'ordonnance, dit-il, ne donne
qu'aux deux premières voies de recours la qualification de
voies de droit; la raison en est fort simple : la requête civile
et la proposition d'erreur remettant la question en jugement
et la soumettant au même juge, les choses restent dans la
sphère de l'autorité judiciaire. Au contraire, la troisième manière de se pourvoir constituant un nouveau procès, bien
moins entre les parties qui avaient figuré dans le premier
qu'entre l'arrêt et la loi, et plaçant le droit d'y statuer au-
dessus des pouvoirs du juge, n'est pas à proprement parler
une voie de droit, mais une voie extraordinaire que le législateur a cru suffisamment désigner en disant : *et par les for-*

____

(1) Ord. de Paris, de mai 1579, dite de Blois dans la pratique ; dans
Isambert, *ibid.* p. 404, 430.

(2) Édit. de Rouen, du 15 janvier 1597, art. 18; dans Isambert, *op. cit.*,
XV, p. 124.

mes prescrites par nos ordonnances (1). Cette manière d'entendre l'ordonnance est d'autant plus naturelle, qu'alors les demandes en cassation étaient déjà trop fréquentes pour que le législateur négligeât de s'en occuper (2). » Il y a plus : la proposition d'erreur et la requête civile embrassant toutes les erreurs de fait, on ne peut donner un sens déterminé à ces mots : *formes prescrites par nos ordonnances*, qu'en les appliquant aux erreurs de droit, qui font l'objet même de la cassation. On a donc pu dire avec raison, de l'ordonnance de Blois et de l'édit de Rouen de 1597, qu'on y trouve tout le système de la cassation tel qu'il s'est conservé, malgré le temps et malgré les grandes mutations opérées dans les formes constitutionnelles du gouvernement (3).

Le système ancien conservait cependant une différence importante avec le système moderne, non pas tant dans la théorie juridique que dans sa réalisation pratique : c'est qu'il n'existait pas alors, comme aujourd'hui en matière civile et criminelle, un tribunal unique de cassation. Pour qui connaît la confusion inhérente à notre ancien droit, c'est un fait qu'on peut critiquer, mais qui ne saurait étonner. Nous avons vu que le grand Conseil avait le droit de casser les arrêts souverains, quand ils étaient contradictoires (4), ou contraires à l'édit des présidiaux. Un règlement du 21 mai 1595, fait pour le Conseil d'Estat et finances et pour le Conseil privé, nous apprend en outre que la connaissance « des contraventions qui seraient faictes aux édits et ordonnances de Sa Majesté

---

(1) On trouve cette idée formellement indiquée dans un mémoire remis à Louis XV, en 1762, par Gilbert de Voisins : « La cassation ne trouve sa place que lorsque l'ordre des juridictions est épuisé, ainsi que les voies de droit... On le remarque d'abord par rapport à la voie de droit de la requête civile... Une autre conséquence de ce que la cassation *n'est pas* une voie de droit, etc... » Cfr. *infra*, n° 21.

(2) Henrion de Pansey, *op. cit.*, p. 208.

(3) Tarbé, *op. cit.*, p. 12.

(4) Cette attribution lui est confirmée dans l'ordonnance de 1629, dite *Code Michau*, art. 68. Cette ordonnance n'a jamais été appliquée, par suite du mauvais vouloir persévérant des parlements. — (Dans Isambert, *op. cit.*, t. XVI, p. 246).

en ce qui concerne l'Estat et repos public (1) » était exclusivement réservée au conseil d'État et des finances. Cette attribution passa bientôt au *Conseil des dépêches*, créé en 1617, lequel exerça son droit de cassation par voie d'arrêts dits *en commandement* (2), que l'on peut regarder comme l'origine de nos pourvois dans l'intérêt de la loi (*infrà n⁰ˢ 34 et 57*). Au Conseil des parties étaient dévolues les cassations d'arrêts qui n'intéressaient que les particuliers. Les procès s'y jugeaient « sans office n'y ministère de gens du roy (3) ».

On voit par là que sous le régime des anciens règlements du Conseil, deux modes de cassation pouvaient atteindre les arrêts des cours souveraines. Ceux de ces arrêts qui touchaient aux principes politiques ou au gouvernemeut du pays étaient cassés par des arrêts du Conseil du [roi donnés *en commandement*, et ordinairement émanés du Conseil des dépêches. La puissance publique agissait alors de son propre mouvement, et sous la libre impulsion de son initiative. La procédure dans ce cas-là était fort expéditive. L'on a des exemples d'arrêts des parlements cassés par le Conseil, le jour même où ils avaient été rendus (4). Les autres arrêts, relevant plus spécialement du pouvoir judiciaire, étaient déférés par les intéressés au Conseil des parties et cassés, s'il y avait lieu, dans les formes et avec les garanties de procédure déterminées par les règlements (5). Grâce à ces formes et à ces garanties et malgré la diversité de ses attributions, le Conseil des parties doit être considéré comme le véritable tribunal de cassation de l'ancien droit, comme l' « auteur » direct de la Cour de cassation. Au début du règne de Louis XIII, Loyseau pressentait déjà, non sans quelque humeur, qu'un jour ou l'autre le Conseil des parties donnerait naissance à un véritable tribunal : « A présent, disait-il, que

(1) Girard, *loc. cit.*

(2) Tolozan, *Règlement du Conseil*, Paris, 1786, in-4ᵗ, p. 24, in fine.

(3) De Miràulmont, *De l'origine et establissement du Parlement*, Paris, 1612, in-12, p. 188.

(4) Notamment un arrêt du 21 juin 1718. — Cfr. Dareste, *op. cit.* p. 79.

(5) De Royer, *op. cit.*, p. 51.

le conseil d'État s'amuse tant aux procez qu'on déguise du nom d'affaires des parties, il y a danger qu'on en fasse encore quelque jour une autre cour et compagnie de juges. » L'auteur du *Traité des ordres* se serait moins alarmé, s'il avait pu savoir qu'il prédisait la Cour de cassation (2).

13. — *Résistance des Cours souveraines à la cassation de leurs arrêts.* — Les arrêts des Conseils étaient loin d'obtenir la même déférence que de nos jours les arrêts de la Cour de cassation. Contre les cassations, *en commandement* surtout, les parlements protestaient violemment; et les arrêts du Conseil des parties lui-même, quoique touchant à des susceptibilités moins vives, ne rencontraient pas beaucoup plus de soumission. Les parlements « faisaient remontrances sur remontrances, et l'arrêt cassé aux yeux de la loi conservait toute sa puissance aux yeux du peuple (3). » Le Parlement de Paris surtout ne négligeait aucune occasion de laisser voir le crève-cœur que lui causait la cassation de ses arrêts. On trouve à ce sujet dans les mémoires d'Omer Talon une anecdote significative. En 1648, les maîtres des requêtes de l'Hôtel, informés que le nombre de leurs charges allait être augmenté, ce qui en aurait diminué la valeur, se présentèrent au Parlement et se mirent sous sa protection. Le premier président leur répondit: « Qu'ils ne se souvenaient qu'ils étaient du Parlement (4) que lorsqu'ils en avaient besoin, et

---

(1) Loyseau, *Traité des ordres*, ch. II, n° 27.

(2) De Royer, *op. cit.*, p. 44.

(3) De Tocqueville, *Hist philosoph. du règne de Louis XV*, 1846, in-8°, t. I, p. 306 ; — *Adde* De Royer, *op. cit.*, p. 52-64.

(4) Tolozan, *op. cit.*, p. 13 : « Comme quelques-uns des objets des fonctions des maîtres des requêtes avaient rapport à la conduite des officiers de justice dans les provinces où ils étaient envoyés, et à d'autres matières dont les Parlements connaissent, ils y avaient entrée et y rendaient compte de ces objets, pour en délibérer avec les autres officiers de la compagnie. C'est pour cette raison qu'ils sont regardés comme membres du Parlement de Paris, et qu'ils ont, aussi bien que dans tous les Parlements du royaume, leur siège au-dessus du Doyen de la compagnie. »

qu'ils l'oubliaient bientôt, quand il s'agissait de poursuivre la cassation de ses arrêts; mais que la compagnie était bonne, qu'elle voulait bien oublier leurs procédés peu honnêtes, et qu'elle prendrait leur défense. » Cette scène se passait le 10 janvier. Le 15, il fallut un lit de justice pour obtenir l'enregistrement de l'édit, qui créait en effet des charges nouvelles (1).

Il faut croire que les maîtres des requêtes ne se montrèrent guère reconnaissants envers le Parlement ; car les cassations et les évocations ne cessèrent pas d'être aussi fréquentes que par le passé. Le 8 septembre 1656, Louis XIV reçut à Compiègne une députation du Parlement, qui venait se plaindre « du désordre des évocations, qui depuis quelques années, dit l'avocat général Denys Talon, ont passé jusques à l'excès, et produit un sujet de se plaindre, légitime et sans affectation (2). » Le roi promit de faire droit à ces réclamations, et prescrivit en effet l'exacte observation des ordonnances rendues sur les évocations (3). Mais le désordre n'en continua pas moins; et au mois d'août 1658, le Parlement renouvela ses plaintes. L'avocat général Talon, portant de nouveau la parole, signala l'abus « des cassations qui se demandent au Conseil, d'arrêts intervenus en la forme et avec connaissance de cause, bien que ces instances ne réussissent pas d'ordinaire, et que les arrêts du Parlement subsistent par leur propre poids, et l'équité de leurs décisions. » — « Ainsi, faisait encore observer l'avocat général, l'on forme insensiblement un tribunal ordinaire dans le Conseil, qui se déclare compétent dans toute sorte de manière (4). » Ces plaintes produisirent quelque effet : une ordonnance du 27 février 1660, réglant la procédure à suivre au Conseil privé, soumit les requêtes en cassation d'arrêts à quelques formalités,

---

(1) Cfr. Henrion de Pansey, *loc. cit.*, p. 208, en note; — Isambert, *op. cit.*, t. XVII, p. 66; — Fayard, *op. cit.*, t. II, p. 177.

(2) Dans Isambert, *ibid.*, p. 342.

(3) Déclaration du 11 janvier 1657 ; *ibid.*, p. 344.

(4) Dans Isambert, *ibid.*, p. 343, en note.

telles que la signature préalable d'un avocat du Conseil, qui
pouvaient amener une diminution dans leur nombre (1).

Les cours souveraines s'enhardirent, et méconnurent souvent l'autorité des arrêts du Conseil. L'esprit dominateur de
Louis XIV s'en irrita, et le 8 juin 1661, intervint à Fontainebleau un arrêt célèbre du Conseil d'en-haut (2), faisant injonction aux compagnies souveraines d'avoir à se soumettre
à ses arrêts. Le préambule est plein de hauteur; on y sent
percer l'impatience du monarque absolu qui veut être obéi :
« Le roi, ayant souvent reconnu pendant la confusion des dernières années de sa minorité, et depuis même lorsque Sa
Majesté était attachée aux soins de la guerre, qu'il s'était
introduit au dedans de son royaume un désordre en la distri-
bution de la justice, dont la conséquence est si dangereuse
qu'il est absolument nécessaire d'y pourvoir, l'opiniâtreté des
plaideurs, que tant d'ordonnances des rois prédécesseurs de
Sa Majesté n'ont pu entièrement réprimer, s'étant enfin
portée jusques à vouloir commettre en toutes rencontres l'autorité du Conseil avec toutes les compagnies souverainés, et
rendre par ce moyen les procès immortels, etc... (3). » Le roi
enjoint aux parlements et aux autres cours d'observer les
arrêts du Conseil, et défend aux avocats et procureurs généraux de prendre des conclusions contraires. Le Conseil du roi
avait beau jeu. — Mais Louis XIV n'avait pas encore supprimé
le droit de remontrances préalables (4), et le Parlement de
Paris en usa. Par l'organe de son premier président Guillaume
de Lamoignon, voici comment, en 1665, il s'exprima au sujet
des cassations : « Nous remarquons avec douleur que ce que
l'on croit avoir établi pour l'avancement des peuples tourne
insensiblement à leur ruine par des longueurs infinies et des
frais plus grands qu'auparavant... L'autorité de ceux que Votre

---

(1) Ord. du 27 février 1660, art. 12, 20, etc.; *ibid.*, p. 375 et
suiv.

(2) Nom quelquefois donné au Conseil du roi.

(3) Arrêt du Conseil d'en haut du 8 juin 1661 ; dans Isambert, *ibid.*,
p. 403-404.

(4) Il le fit par lettres patentes du 24 février 1673 ; dans Isambert, *op.
cit.*, t. XIX, p. 70 et suiv.

Majesté a fait les souverains dispensateurs de la justice est tellement avilie, que leurs arrêts sont cassés sur la plainte d'un chicaneur qui veut éluder le jugement de sa cause... Le respect même de ce tribunal que Votre Majesté honore de sa présence, que tous vos sujets regardent comme le véritable trône de nos rois, est violé tous les jours par le mépris des arrêts que nous y rendons. Ce nom d'arrêts du premier parlement de France que les étrangers révèrent et prennent pour modèle de leurs lois, ces arrêts que le caractère de la royauté a fait respecter jusqu'à cette heure dans toute la France, n'ont plus de force ni d'effet assuré (1). »

14. — *Ordonnance d'avril 1667; abrogation de la proposition d'erreur, et limitation des cas de requête civile; la cassation en 1667.* — C'est sur ces entrefaites que fut rendue sous l'influence de Colbert la grande ordonnance d'avril 1667 sur la procédure civile. Cette ordonnance ne parle pas, à vrai dire, de la cassation d'une façon expresse. A peine y peut-on trouver une allusion dans l'article 8 du titre I : « Déclarons tous arrêts et jugements qui seront donnés contre la disposition de nos ordonnances, édits et déclarations, nuls et de nul effet et valeur ; et les juges qui les auront rendus responsables des dommages et intérêts des parties, ainsi qu'il sera par nous avisé (2).» Mais il existe un titre entier consacré aux requêtes civiles, le titre XXXV, dont le dernier article (art. 42) abroge la proposition d'erreur : «Abrogeons les propositions d'erreur et défendons aux parties de les obtenir, et aux juges de les permettre à peine de nullité, et de tous dépens, dommages et intérêts (3). » Cette disposition mettait le droit en harmonie avec les faits ; car au témoignage de l'abbé Fleury, qui écrivait ces mots en 1667, « la proposition d'erreur ne se pratiquait plus depuis environ quarante ans, de sorte que

(1) Dans Casenave, *Étude sur les tribunaux de Paris*, Paris, Didot, 1873, in-8°, t. I, p. 18, note 1.
(2) Dans Isambert, *op. cit.*, t. XVIII, p. 106.
(3) *Ibid.*, p. 180.

les erreurs avaient été confondues avec les ouvertures de requêtes civiles (1). » On avait compris en effet que la proposition d'erreur avait de grands inconvénients. « Elle dégradait la magistrature, dit Henrion de Pansey, en inculpant les juges d'ignorance ou de partialité, et comme elle était fondée sur le motif que le tribunal avait mal interprété les actes ou mal apprécié les faits, il n'y avait pas de plaideur qui n'attribuât la perte de son procès à l'une ou à l'autre de ces deux causes : et celui qui après les longueurs les plus fatigantes et les soins les plus ruineux, était parvenu à faire accueillir sa demande, en voyait, dès le lendemain, la légitimité remise en problème. D'ailleurs où était la garantie que les juges verraient mieux la seconde fois que la première (2) ? » — La requête civile n'invoquant que les erreurs de fait qui pouvaient résulter du dol des parties ou de la négligence des procureurs, n'eût offert aucun de ces inconvénients, si elle était restée renfermée dans de sages limites. Mais les cas d'ouverture n'étaient pas déterminés avec précision ; et lorsqu'on abandonna l'usage de la proposition d'erreur, leur nombre augmenta à tel point, que l'avocat général de Pibrac put dire dans un discours au Parlement de Toulouse : « La requête civile est aujourd'hui aussi fréquente que les appellations (3). » L'ordonnance de 1667 fit cesser cet abus. Elle limita rigoureusement les cas d'ouverture de requête civile, défendit d'en introduire d'autres, et fixa définitivement'la procédure à suivre à leur égard (4).

En dehors des cas de requête civile, les arrêts et jugements ne pouvaient être rétractés (5), fussent-ils manifestement contraires à la loi ; mais ils pouvaient être cassés ou annulés. Par son silence même, l'ordonnance se réfère à la législation

----

(1) Claude Fleury, *Institution au Droit français* (édit. Laboulaye), Paris, Durand, 1858, in-8°, t. II, p. 270.

(2) Henrion de Pansey, *loc. cit.*, p. 213.

(3) *Ibid.*, p. 214.

(4) Ord. de 1667, tit. 35, en entier ; dans Isambert, *loc. cit.*, p. 174-180.

(5) Ord. de 1667, t. 35, art. 32 : « Ne seront les arrêts et jugements en dernier ressort rétractés sous prétexte du mal jugé au fond, s'il n'y a ouverture de requeste civile. »

existante, c'est-à-dire aux règlements du Conseil, et notamment à celui du 27 février 1660 (1).

Voici en résumé, d'après l'abbé Fleury, quels étaient, au moment même où fut rendue l'ordonnance de 1667, les idées acquises et les usages suivis en matière de cassation : « Les causes de cassation sont la nullité de l'arrêt ou le fait des juges. La nullité est ou dans la forme, savoir l'omission de quelque procédure portée par les ordonnances, ou dans le fond, lorsqu'on a prononcé sur ce qui n'était point contesté, ou qu'on a adjugé à une partie plus qu'elle ne demandait. L'arrêt peut être cassé pour le fait des juges, s'ils étaient valablement récusés et récusables, en sorte qu'on puisse croire qu'ils ont jugé par intérêt, par affection, ou par animosité, ou s'ils ont jugé contre l'ordonnance ; car comme ils sont présumés la savoir, ils ne sont point excusables. Comme une cour ne casserait jamais ses propres arrêts, et qu'une autre cour souveraine le ferait inutilement, parce qu'elles s'estiment toutes égales, il n'y a que le Conseil privé où l'on se puisse pourvoir en cassation, parce que le roi y est réputé présent. Encore cette poursuite est-elle odieuse, car elle est toujours fondée sur le fait des juges ou sur la contravention à l'ordonnance ; car pour les nullités, elles passent ordinairement en ouverture de requêtes civiles (2) ; et il est

____

(1) Cfr. Delangle, *op. cit.*, n° 22 ; *loc. cit.*, p. 230 ; — et Isambert, *op. cit.*, t. XVII, p. 375 et suiv.

(2) Comparez en effet ce que dit l'art. 34 du tit. 35 de l'ord. de 1667 : « Ne seront receûës autres ouvertures de requestes civiles, à l'égard des majeurs, que le dol personnel, si la procédure par nous ordonnée n'a point esté suivie ; s'il a esté prononcé sur choses non demandées ou non contestées ; s'il a esté plus adjugé qu'il n'a esté demandé ; ou s'il a esté omis de prononcer sur l'un des chefs de demande : s'il y a contrariété d'arrest ou jugement en dernier ressort entre les mesmes parties sur les mesmes moyens, et en mesmes cours ou jurisdictions : sauf en cas de contrariétés en différentes cours ou jurisdictions à se pourvoir en nostre *Grand Conseil*. Il y aura pareillement ouverture de requeste civile, si dans un mesme arrest il y a des dispositions contraires ; si ès choses qui nous concernent, ou l'Eglise ou la police, il n'y a eu de communication à nos avocats ou procureurs généraux ; si on a jugé sur pièces fausses, ou sur des offres ou consentemens qui ayent

fort à propos de ne pas recevoir facilement ces sortes d'actions, afin que les procès puissent finir. Il faut observer qu'on ne peut pas se pourvoir deux fois contre un même arrêt (1). »

Sous le règne de Louis XIV, peu de changements furent apportés à l'état de choses dès lors établi en ce qui concerne la cassation. Il intervint cependant jusqu'à la fin du XVIIe siècle, un certain nombre de règlements ou d'arrêts relatifs soit à la cassation elle-même, soit au Conseil du roi. Ainsi un règlement général du 3 janvier 1673 (2) porta à trente le nombre des conseillers d'État ; trois étaient d'église, trois autres d'épée, les vingt-quatre derniers de robe. Ce même règlement dispensa le Conseil de suivre le roi, quand il se rendait à l'armée ou dans une maison de plaisance. Mais lorsque le roi se trouvait aux Tuileries, à Versailles, à Fontainebleau, à Compiègne, ou autres résidences royales, le Conseil, selon l'usage traditionnel, devait s'y transporter à sa suite et y tenir ses séances. — Viennent ensuite, par ordre de dates, les règlements ou arrêts du Conseil des 2 juillet 1676, 2 juin 1680, 10 janvier 1681, 14 octobre et 19 décembre 1684, 17 juin 1687, et 3 septembre 1698, sur lesquels il est inutile d'insister, parce qu'ils ne font que consacrer des dispositions anciennes, ou introduire des règles que nous allons retrouver dans le grand règlement de 1738 (3). Ce règlement est l'expression du dernier état de la cassation dans l'ancien droit. De plus, une grande partie de ses prescriptions sont encore en vigueur aujourd'hui. Il mérite à ce double titre une étude spéciale.

esté désavoüez, et le désaveu jugé valable ; ou s'il y a des pièces décisives nouvellement recouvrées et retenuës par le fait de la partie. » Cet art. 34 de l'ord. de 1667 est reproduit purement et simplement, sauf de très légères modifications de rédaction, dans l'art. 480 du Code de procéd. civ. qui énumère les cas de requête civile actuellement admis.

(1) Claude Fleury, *loc. cit.*, p. 272-273.

(2) V. Isambert, *op. cit.*, t. XX, p. 49.

(3) Cfr. Delangle, *op. cit.*, n° 25.

Section III. — La Cassation au XVIIIe siècle.

15 — *Organisation du Conseil des parties, en tant que tribunal de cassation.* — Avant d'entrer dans quelques détails sur les diverses règles que contient le règlement de 1738 relativement aux formes, aux conditions et aux effets de la cassation, il est indispensable pour leur complète intelligence d'esquisser l'organisation du Conseil des parties, en tant que tribunal de cassation (1). — Le Conseil des parties formait l'une des cinq sections du Conseil du roi (2). Il pouvait se composer d'un très grand nombre de personnes ; car tous les conseillers d'État y avaient entrée, ainsi que les quatre secrétaires d'État, le Contrôleur général des finances, les Intendants des finances, et les Maîtres des requêtes de l'hôtel. Depuis 1673, le nombre des conseillers d'État était, comme nous l'avons vu *(suprà n° 14)*, fixé à trente, savoir : trois d'église, trois d'épée, et vingt-quatre de robe. Les conseillers d'église et d'épée étaient ordinaires, c'est-à-dire qu'ils étaient de service au Conseil pendant toute l'année. Mais sur les vingt-quatre conseillers de robe, douze seulement étaient ordinaires ; les autres, dits semestres, ne devaient le service au Conseil que pendant six mois. En fait, ils assistaient aux séances même après leur semestre obligatoire (3). — Le Conseil était présidé par le chancelier, qui indiquait les jours et les heures des séances à sa volonté. Il y avait au moins une séance par semaine et plus s'il était besoin. En cas de nécessité absolue, le chancelier pouvait même tenir le

(1) Au Conseil des parties se rattachaient plusieurs assemblées qui en étaient regardées comme une émanation : la grande Direction des finances, la petite Direction des finances, et le Conseil de chancellerie. — Cfr. Tolozan, *op. cit.*, p. 16-20.

(2) Les autres sections étaient : le Conseil d'État ou des affaires étrangères, le Conseil des dépêches, le Conseil des finances, et le Conseil du commerce. — Cfr. Dareste, *op. cit.*, p. 70-71.

(3) Tolozan, *op. cit.*, p. 4, 9-10. Dans les pages suivantes, Tolozan fait connaître, avec un grand luxe de détails, le costume des divers membres du Conseil privé.

.. Conseil un jour de fête. S'il était malade, ou si la place était vacante, il fallait une commission du Grand-Sceau pour désigner un autre président. On déférait habituellement cet honneur au doyen du Conseil du roi (1).

Bien qu'il y vînt rarement, le roi était toujours réputé présent au Conseil des parties. Un fauteuil lui était réservé dans la Salle, et la séance était arrangée comme si le fauteuil eût été réellement occupé. Les règlements, notamment celui de 1673 (art. 22), prescrivaient en outre au Conseil de tenir ses séances dans le lieu le plus proche de l'appartement du roi (sauf injonction contraire), « afin que Sa Majesté pût y entrer quand elle le jugeait à propos (2) ». Mais le roi ne profitait jamais de cette faculté, et laissait invariablement son fauteuil vacant. Louis XV, ayant un jour rompu avec l'habitude prise, la chose fut remarquée, et l'avocat Barbier crut devoir la consigner dans son *Journal*; voici en quels termes : « Le 3 mai 1762, le roi assista avec le dauphin au Conseil des parties tenu à Versailles dans la galerie proche la Chapelle. Il y avait, dit-on, plus de cent ans que le roi n'y avait assisté. On croit que c'est la simple curiosité qui l'y a amené. Ceux qui avaient accompagné le roi de son appartement à cette salle sont restés en dehors, même le capitaine des gardes. Les secrétaires et greffiers du Conseil étaient derrière le fauteuil du roi (3). » C'est qu'en effet, indépendamment des conseillers d'État et des maîtres des requêtes, il ne pouvait y avoir dans la salle du Conseil, dont les portes étaient fermées, que les deux secrétaires du chancelier, le greffier du Conseil qui était de quartier, et aussi deux huissiers du Conseil du roi, appelés quelquefois huissiers de la chaîne (4). Par ex-

(1) C'est ce qui eut lieu notamment le 8 février 1673, quelques jours après la mort du chancelier Séguier. — Tolozan, *op. cit.*, p. 8.

(2) *Ibid.*, p. 3.

(3) Barbier, *Journal, histoires et anecdotes du règne de Louis XV*, 1718-1763; Paris, 1857, in-12, t. VIII, p. 42.

(4) Merlin, *Répert. de jurisprud.*, 5ᵉ édit., Bruxelles, Tarlier, 1826, in-8°, t. VI, vᵒ *Conseil du roi*, § 6. — Il faut ajouter à cette énumération le Garde des sceaux, qui prenait séance immédiatement après le chancelier, quand les deux charges étaient divisées.

ception les deux agents généraux du clergé de France étaient admis de droit au Conseil, lorsqu'on y rapportait des affaires qui intéressaient l'Église en général. Ils présentaient leurs observations, debout et découverts, et se retiraient ensuite avant le rapport et le délibéré (1).

Ce rapport était fait par les maîtres des requêtes de l'Hôtel, dont le nombre successivement accru s'élevait alors à 78. Ils avaient voix *délibérative* et servaient au Conseil par quartiers, c'est-à-dire pendant trois mois, chaque quartier ayant son doyen. A l'origine, ces doyens avaient seuls le droit d'assister au Conseil en dehors de leur temps de quartier, et seulement pendant les trois mois suivants. Mais par la suite tous les maîtres des requêtes furent admis à siéger au Conseil pendant l'année entière. Le grand Doyen ou Doyen des doyens jouissait depuis longtemps déjà de ce privilège. Il pouvait en outre rester assis et couvert quand il rapportait quelque affaire. Les autres maîtres des requêtes faisaient au contraire leur rapport debout, à côté du fauteuil du roi (2). Cette règle datait de loin; au début du xviie siècle, Miraulmont la signale déjà : « Au conseil privé, dit-il, les maistres des requestres font leurs rapports debout et teste nue, pour la révérence du lieu, où bien souvent le roy, qui est la loy vive, se trouve (3). »

Enfin il y avait près du Conseil privé des greffiers, des huissiers (4), et des avocats. — Les avocats étaient chargés de représenter les parties. Leurs charges avaient été érigées en offices au début du xviie siècle. Ils étaient pourvus de leur titre sur la nomination du chancelier, comme les autres officiers de la chancellerie, et formaient un ordre à part, astreint à une discipline assez rigoureuse. Leur nombre, qui varia plusieurs fois, fut fixé à 70 par un édit du mois de sep-

---

(1) Merlin, *ibid.*; — Tolozan, *op. cit.*, p. 15.

(2) Merlin, *ibid.*

(3) Miraulmont, *op. cit.*, p. 142. — Les maîtres des requêtes avaient d'autres attributions assez nombreuses; Cfr. Tolozan, *op. cit.*, p. 13-14. Nous n'avons indiqué que celles qui concernent la cassation.

(4) Cfr. sur les attributions et prérogatives des greffiers et des huissiers, Tolozan, *op. cit.*, p. 26-31.

tembre 1738. A la tête de l'ordre, se trouvaient un doyen nommé à vie, quatre syndics nommés pour deux ans et renouvelables par moitié, un greffier nommé pour deux ans. Ces fonctionnaires étaient choisis par le chancelier sur une liste de candidats élus par leurs confrères, et en nombre triple de celui des places vacantes. Les avocats au Conseil jouissaient d'un assez grand nombre de prérogatives : ils avaient entre autres le privilège exclusif de dresser et signer tous les actes et mémoires relatifs aux instances en cassation (1).

16. — *Le règlement du Conseil de* 1738; *travaux préparatoires et divisions*. — Pour ce Conseil des parties ainsi organisé, plusieurs règlements, nous l'avons vu, avaient été édictés au XVIIᵉ siècle; mais ils ne remplissaient qu'imparfaitement leur objet. Le chancelier d'Aguesseau, frappé des abus qui s'étaient glissés au Conseil, résolut d'y remédier. Dans ce but, il chargea MM. de Machault, de Fortia, et d'Argenson, et surtout ses deux fils, M. d'Aguesseau et M. de Fresnes, d'examiner un projet de règlement général qu'il avait écrit de sa propre main, et d'en fixer la rédaction définitive. Ces commissaires s'assemblèrent exactement pendant plus d'un an : ils convinrent d'abord des principes généraux et dressèrent ensuite les articles qui devaient composer chaque titre. Le résultat des conférences fut communiqué au chancelier, et les diverses parties du règlement arrêtées après un mûr examen. Il parut enfin le 28 juin 1738.

Les fils de d'Aguesseau, sur l'avis de leur père, s'occupèrent ensuite de joindre au règlement un recueil de formules de tous les actes, requêtes, et jugements, qui pouvaient se dresser ou se prononcer dans les différents départements du Conseil du roi. M. de Fresnes, qui participa activement à tous ces travaux, fit aussi une espèce de commentaire ou d'analyse raisonnée du règlement, ouvrage qui resta longtemps manuscrit. La publication en fut effectuée en 1786 par les soins d'un membre du Conseil, M. de Tolozan, qui le révisa avec soin (2).

____

(1) Pour plus de détails, Cfr. Tolozan, *ibid.*, p. 759-788; et le titre 17 de la seconde partie du règlement de 1738.

(2) Tolozan, *op. cit.*, Préface, *passim*.

Ce commentaire est encore aujourd'hui d'une grande utilité, parce qu'il indique les motifs des diverses prescriptions du règlement, et permet ainsi de savoir dans quelques cas douteux, si ces prescriptions sont encore compatibles avec les principes de l'organisation judiciaire actuelle.

Le règlement du Conseil de 1738 (1) est divisé en deux parties. La première qui comprend 10 titres et 99 articles, traite de la procédure introductive d'instance des affaires portées au Conseil, et des règles propres à ces différentes affaires. La seconde partie, de beaucoup la plus longue, comprend 17 titres et 255 articles. Elle est consacrée à l'instruction des affaires et à la procédure à suivre devant le Conseil. — Véritable code de procédure pour le Conseil privé, le règlement de 1738 l'est aussi, *mutatis mutandis*, pour la Cour de cassation. Seulement autrefois le règlement s'appliquait aussi bien en matière criminelle qu'en matière civile. Aujourd'hui, les dispositions non abrogées ou non incompatibles ne se réfèrent plus qu'aux matières civiles, parce que tout ce qui est relatif à la cassation en matière criminelle est réglé par les articles 408 et suiv. du Code d'instruction criminelle. Il est encore plusieurs titres entiers inapplicables maintenant, soit parce que les procédures qu'ils exposent ont été abolies, soit parce que leurs dispositions sont contraires aux principes du droit public moderne. Mais malgré ces inévitables conséquences du temps écoulé, la plus grande partie du règlement est encore en vigueur. Étudions donc brièvement les conditions et la procédure de la cassation, telles qu'il les a déterminées.

17. — *Procédure de la cassation; première phase : formes et délais de la demande.* — Il faut, avec le règlement, distinguer d'une part la procédure d'instance, d'autre part la procédure d'instruction et de jugement. — L'introduction de l'instance, dont s'occupe la première partie du règlement, variait avec la nature des demandes en cassation portées au Conseil. Aussi trouvons-nous trois titres spécialement consacrés à la cassa-

______

(1) V. le texte du Règlement dans Tolozan, *op. cit.*; — ou dans Isambert, *op. cit.*, t. XXII, p. 42 à 110; — ou dans Dalloz, *op. cit.*, p. 5 à 22, en note.

tion : le titre IV pour les cas ordinaires, les titres V et VI pour des cas particuliers. Le titre IV, qui comprend quarante articles, s'occupe principalement des conditions de recevabilité de la demande en cassation (notamment des formes et des délais), de la communication qu'on en doit faire aux commissaires du Conseil, et de l'arrêt qui la repousse ou l'admet.

La demande en cassation ne peut être formée que par une requête en forme de vu d'arrêt, contenant les moyens de cassation (art. 1), l'énonciation sommaire du jugement attaqué, les pièces sur lesquelles s'appuie le demandeur, et ses conclusions. Cette requête doit être signée par l'avocat du demandeur, et en outre par deux avocats consultants, choisis parmi les syndics en charge ou les trente plus anciens avocats au Conseil (art. 2) (1). A la requête, il faut joindre une copie du jugement ou de l'arrêt incriminé (art. 4), ainsi qu'une quittance délivrée sans frais par le receveur des amendes, et constatant que le demandeur a consigné entre ses mains une amende préalable de 150 livres s'il s'agit d'un jugement contradictoire, et de 75 livres s'il s'agit d'un jugement par défaut ou par forclusion (art. 5). En matière criminelle, les accusés décrétés de prise de corps et les condamnés à des peines afflictives ou infamantes ne peuvent se pourvoir en cassation que s'ils sont *en état*, c'est-à-dire en prison, ce dont ils justifient en joignant à la requête un acte de leur écrou, en bonne et due forme ; l'arrêt qui interviendra devra viser cet acte d'écrou à peine de nullité (art. 6) (2). — Une fois ces formalités remplies (3), la requête en cassation et les pièces accessoires doivent être remises au greffier du Conseil, avec une requête séparée, dite requête de *committitur*, et tendant à faire commettre un rapporteur (art. 7), qui sera choisi par le chancelier parmi les maîtres des requêtes (4). Le Conseil se trouve alors saisi.

Quant au délai pour se pourvoir, il est en principe de six

---

(1) Aujourd'hui on n'exige plus la signature que d'un seul avocat à la Cour de cassation (*infra*, **n°** 36)

(2) Cfr. art. 421, *Code d'instruct. crimin.*, et *infra*, n° 41.

(3) On trouve des exceptions dans les art. 16, 17, 18, 19, *hoc titulo*.

(4) Cette disposition n'est plus en vigueur.

mois, soit en matière civile, soit en matière criminelle. Il
est d'un an pour l'Église, les hôpitaux, les corps ou commu-
nautés laïques et ecclésiastiques, les personnes absentes du
royaume pour cause publique, et les habitants des colonies
d'Amérique; il est de deux ans pour les habitants des colonies
de l'Inde. Le point de départ est la signification du jugement
au demandeur. Si ce dernier est mineur, le délai ne court
qu'à partir de la signification qui lui est faite après sa majorité (art. 8-14). Les délais écoulés, aucune requête en cassation ne peut plus être reçue, à moins que la partie demande-
resse n'obtienne un relief de laps de temps; mais ce relief
n'est accordé que pour de grandes et importantes considérations (art. 15) (1). Enfin par mesure d'ordre public, sont af-
franchies de la règle du délai et peuvent être admises en
tout temps : 1° les requêtes présentées en matière domaniale
par les procureurs généraux, ou par les inspecteurs généraux du domaine; 2° les requêtes présentées par les procureurs généraux contre des arrêts dans lesquels ils ont été
parties, ou dans lesquels ils ont formé des réquisitoires dans
l'intérêt public (art. 16-17) (2).

18. — *Suite; communication aux commissaires du Conseil,
rapport et arrêt.* — Les demandes en cassation sont trop importantes pour ne pas exiger, avant de pouvoir être admises,
un examen particulier. Aussi un usage ancien veut que les
demandes ne soient portées au Conseil qu'après avoir été
préalablement communiquées à des commissaires chargés de
constater la vérité des faits allégués par le demandeur, et
de se mettre en état de les discuter en connaissance de
cause (3). En aucun cas, qu'il s'agisse de matières civiles ou

---

(1) Tolozan (*op. cit.*, p. 273) dit qu'on n'accorde de relief « que très dif-
ficilement et avec l'examen le plus scrupuleux, c'est-à-dire dans des
circonstances si singulières, que cela ne peut tirer à conséquence. »

(2) Les articles 8 à 20 relatifs au délai ont été abrogés par la loi du
27 nov. 1790.

(3) Cet examen préparatoire était imité du *Vu de petit commissaire*,
pratiqué dans les parlements.

de matières criminelles, cette communication ne peut être omise. Elle se fait à un bureau établi en général pour l'examen de ces sortes de requêtes, et qu'on a nommé pour cette raison le *bureau des cassations*. Les conseillers d'État qui doivent en faire partie sont désignés au début de chaque année par le chancelier (1). Pour éviter les lenteurs, le règlement fixe, à peine de déchéance, pour faire cette communication, un délai de trois mois, qui court du jour où le rapporteur a été commis. — Ce même besoin d'abréger la procédure a fait édicter un certain nombre de dispositions, contenues dans les articles qui suivent. Ainsi : 1° la requête doit être rapportée au premier conseil qui suit la communication au bureau des cassations; le chancelier donne en conséquence la parole au rapporteur de préférence à tout autre (art. 21); — 2° on exclut toute instruction contradictoire, tant qu'il n'a pas été jugé par arrêt qu'il est impossible de l'éviter. On discute d'abord les moyens de cassation sur les seules pièces fournies par le demandeur; et il est expressément défendu à la partie qui a gagné son procès, de répondre d'une façon ou d'une autre aux allégations du demandeur, tant que le Conseil n'a pas décidé qu'on lui communiquerait la requête en cassation, et que cet arrêt de soit-communiqué ne lui a pas été signifié (art. 34). Il pourrait arriver sans cela que le défendeur liât l'instance sans la moindre utilité, parce que le simple examen par le Conseil de la requête du demandeur aurait pu suffire à la faire écarter (2).

Si en effet, après le rapport du maître des requêtes, le Conseil privé reconnaît que la demande est évidemment mal fondée, il rend un arrêt qui la déclare non recevable ou déboute purement et simplement le demandeur, en le condam-

----

(1) Il existe de même quatre autres bureaux : pour les affaires ecclésiastiques, les affaires domaniales, les finances et les requêtes introductives d'instances. Si la demande en cassation se réfère à une matière dont l'examen soit plus spécialement attribué à l'un de ces derniers bureaux, c'est à eux que la communication sera faite. Par exemple, en matière d'aides et gabelles, on s'adressera au bureau des finances. — Cfr. Tolozan, *op. cit.*, p. 457.

(2) Cette règle fut introduite par un arrêt du Conseil du 14 octobre 1684, à la suite de plusieurs faits de ce genre qui s'étaient produits.

nant à perdre l'amende de 150 ou 75 livres qu'il a consignée
(art. 25). Si au contraire la demande est évidemment bien fondée, le Conseil rend un arrêt de cassation sur vu de pièces,
qui renvoie l'affaire à de nouveaux juges, et ordonne la restitution immédiate au demandeur de l'amende consignée.
Dans ces deux cas, la procédure se termine là. — Mais il peut
se faire que l'examen des pièces soit insuffisant pour éclairer
le Conseil. Il peut alors prendre l'un des trois partis suivants :
ou ordonner l'apport des motifs du jugement attaqué, ou ordonner la communication de la requête à la partie adverse,
ou ordonner ces deux choses à la fois. Dans le premier cas,
les motifs du jugement sont envoyés au greffe du Conseil,
dans les délais prescrits, par le procureur général, ou par les
juges qui ont rendu le jugement, si c'est le procureur général lui-même qui en demande la cassation. Les motifs sont
expédiés clos et cachetés, et remis en cet état au rapporteur ; il
est défendu au greffier du Conseil de les décacheter (art. 26,
27). Si la requête est présentée contre un jugement au criminel, on joint souvent à l'envoi des motifs l'apport au greffe
du Conseil des charges, informations et procédures, sur lesquelles le jugement est intervenu (1). Quand le Conseil ne juge
pas cet apport des motifs suffisant pour trancher la question
et rend un arrêt de soit-communiqué (art. 28), cet arrêt doit
être signifié à la partie adverse dans les trois mois, si elle est
domiciliée en France, dans l'année ou les deux ans, si elle est
domiciliée dans les colonies d'Amérique ou d'Océanie (art. 30).
Cette signification met la partie qui la reçoit en demeure de
fournir ses moyens de défense dans les délais règlementaires ; mais elle ne l'empêche pas de poursuivre l'exécution
du jugement ou de l'arrêt qui lui a donné gain de cause, à
moins qu'il n'intervienne, fait très rare, un ordre exprès du
roi (art. 39) (2).

A partir de ce moment, il existe un défendeur à la demande

(1) Aujourd'hui tous les jugements ou arrêts devant être motivés,
ces dispositions ne sont pas applicables.

(2) Il en est autrement aujourd'hui en matière criminelle ; cfr. art. 373,
Code d'instr. crim., *in fine.*

en cassation. L'instance est liée. D'unilatérale, la procédure devient contradictoire, et entre dans sa seconde phase (1).

19. — *Seconde phase : procédure d'instruction et de jugement; ses vices.* — Cette seconde phase de la procédure de cassation différait très peu à l'origine de celle qui était usitée devant les tribunaux ordinaires. On commençait par entendre au Conseil les parties ou leurs avocats, et le plus souvent on jugeait de suite après cette audition. On ne passait à l'instruction par écrit que s'il y avait beaucoup de pièces à examiner, ou si la question présentait trop de difficulté pour pouvoir être tranchée *de plano*. Mais depuis les réformes judiciaires de Louis XIV, les demandes en cassation qui s'étaient d'ailleurs fort multipliées, soulevaient fréquemment d'épineuses questions de procédure, qui nécessitaient l'apport des pièces du procès. On en vint insensiblement à juger sur ces pièces, et l'on perdit l'habitude d'appeler les parties ou d'entendre leurs avocats. L'instruction se fit alors entièrement par écrit (2).

D'après le règlement, cette instruction débute par la signification de l'arrêt de soit-communiqué à la partie adverse,

___

(1) Les règles précédentes sont plus ou moins modifiées, quand il s'agit : 1° des demandes en cassation présentées incidemment à des instances pendantes au Conseil, demandes qui sont vues avec défaveur (art. 34, *h. t.*); — 2° des demandes en cassation de procédure ou d'arrêts attentatoires à l'autorité du Conseil, demandes très favorables, au contraire, et constituant une voie de droit (art. 35, *h. t.* et titre VII de la seconde partie); — 3° des demandes en cassation des jugements de compétence, rendus en faveur des prévôts, des maréchaux ou des sièges présidiaux en matière criminelle, demandes qui ressemblent beaucoup à l'appel (tit. v de la première partie); — 4° des demandes en contrariété d'arrêts, autres que celles qui sont attribuées au grand Conseil, c'est-à-dire quand parmi les arrêts incompatibles se trouve un arrêt du Conseil des parties, ou un jugement en dernier ressort des maîtres des requêtes de l'Hôtel, ou des commissaires du Conseil (tit. 6). Nous ne pouvons entrer dans tous ces détails. — Cfr. sur ces deux dernières espèces de demandes : Tolozan, *op. cit.*, p. 309-316 et 325-331.

(2) Cfr. Tolozan, *op. cit.*, p. 411

qui se trouve par là obligée de constituer avocat dans un délai variant suivant les lieux de quinze jours à un an (partie II, tit I, art. 3, 4, 5, 6). Faute par elle de le faire, l'avocat du demandeur peut remettre, huit jours après l'échéance du délai, l'arrêt dûment signifié et les pièces dûment visées, au maître des requêtes qui a fait le rapport. Le défaut est alors déclaré au premier conseil suivant (tit. II, art. 6 et 8) (1). Si au contraire le défendeur a constitué avocat, la partie la plus diligente présente une requête au chancelier pour faire nommer un rapporteur; et son avocat a soin d'en informer un jour au moins à l'avance les autres avocats en cause à peine de nullité (tit. III, art. 1, 2, 3). Les parties peuvent alors remettre au greffier du Conseil, un mémoire contenant les noms des maîtres des requêtes qui leur sont suspects, jusqu'au nombre de trois seulement, pour y avoir par le chancelier tel égard que de raison (art. 4). Le chancelier commet comme rapporteur tel maître des requêtes qu'il juge à propos, à l'exception de celui qui a déjà fait le rapport préparatoire, à moins que les parties n'y consentent par écrit (art. 1, 5). L'ordonnance de *committitur* est notifiée dans les huit jours de sa date à tous les avocats de l'instance (art. 6) (2). Ils sont ainsi mis en demeure de produire leurs pièces, signifier de premières et de secondes requêtes, publier s'ils le jugent à propos des mémoires imprimés, et prendre communication des productions des parties adverses, le tout dans un laps de temps qui ne peut dépasser six mois.

Si après avoir constitué avocat, une partie ne produit pas ses pièces, on présume que son silence a pour motif une disette de moyens ou le désir d'éloigner l'arrêt, et l'on procède alors comme au cas du défaut; seulement l'arrêt rendu ainsi par *forclusion*, après la communication au bureau des cassations et le rapport du maître des requêtes commis à cet effet, a la même valeur qu'un arrêt contradictoire, et ne peut plus être

---

(1) Les parties pouvaient se faire restituer contre ce défaut (titre II, art. 9 et 16).

(2) Cette matière est aujourd'hui réglée par le Règlement de la Cour de cassation de l'an VIII et l'ordonnance royale du 15 janvier 1826.

attaqué que par la voie de la cassation (tit. V) (1). Si toutes
les parties font leurs productions, le Conseil statue dans les
mêmes formes, et rend à la pluralité des voix un arrêt contradictoire. En cas de partage, la voix du chancelier est prépon-
dérante (2). — Le règlement enjoint aux rapporteurs de rédiger les arrêts immédiatement: ils doivent faire dresser
l'intitulé et les qualités par leurs clercs, et non par les avocats
des parties, les revoir exactement, écrire entièrement le
dispositif de leur main, et signer. Ils communiquent ensuite
l'arrêt ainsi rédigé aux membres du bureau des cassations
pour être signé par ceux d'entre eux qui ont assisté au rapport
de l'affaire au Conseil, avant de le présenter à la signature du
chancelier (tit. XIII, art. 1-6). Cette obligation imposée aux
rapporteurs de rédiger par eux-mêmes les arrêts avait d'ex-
cellents résultats ; car en prolongeant par un travail matériel
l'attention du magistrat, elle assurait l'exactitude du jugement. Aujourd'hui encore, les conseillers rapporteurs à la
Cour de cassation se conforment exactement à la règle imposée par d'Aguesseau aux maîtres des requêtes, et c'est à
elle en partie que cette cour doit le relief de ses arrêts (3).

Malheureusement à côté de cette sage prescription, il y a
bien des vices à signaler. Ainsi les arrêts sont rendus au
Conseil par un nombre indéterminé de juges, sans publicité,
sans plaidoiries, sans ministère public, par des magistrats
amovibles, qui ne sont pas même tenus de motiver leurs
arrêts, et qui sont présidés par le chancelier, c'est-à-dire par
l'homme qui a le plus de pouvoir sur eux, en un mot sans
toutes ces garanties que l'expérience a montré être nécessaires
à la bonne administration de la justice. Ces garanties au
contraire, nous les retrouvons à la Cour de cassation : les
arrêts y sont rendus par un nombre fixe de juges ; les débats
y sont publics ; les avocats y portent la parole ; le ministère
public y prend des conclusions ; les conseillers y sont inamo-

(1) Les arrêts de la Cour de cassation ne sont pas attaquables.
(2) Règlement du 3 janvier 1673, art. 32.
(3) Hiver, *op. cit.*, p. 287. — On conserve aux Archives nationales
3220 minutes d'arrêts du Conseil des parties, de 1570 à 1791, section judiciaire, série V (Bordier, *Les Archives de France*, p. 249).

vibles ; le garde des sceaux enfin ne peut y pénétrer (1).
C'est ainsi que la Cour suprême a pu conquérir par son ascendant moral le rang élevé que la hiérarchie lui donnait, et
que le Conseil des parties n'a jamais atteint.

20. — *Conséquences variables d'un arrêt de cassation ; critique.*
— Ce qui était surtout défectueux dans l'organisation de la
cassation sous l'ancien régime, c'est que les effets n'en étaient
pas toujours les mêmes. Les renvois à fin de statuer au fond
n'étaient pas comme aujourd'hui règlementés. Voici d'après
Tolozan (2), comment agissait habituellement le Conseil privé :
En prononçant la cassation du jugement attaqué, il évoquait
l'affaire au fond et la renvoyait devant de nouveaux juges,
qui devaient, soit simplement remplacer par une autre sentence le jugement cassé, soit refaire toutes les procédures
préalables, si le Conseil avait trouvé à propos de les casser
également, ce qui arrivait surtout en matière criminelle.
Pour le choix de ces nouveaux juges, le Conseil s'en rapportait à la prudence du chancelier, qui désignait ordinairement le tribunal le plus voisin de celui qui avait statué en
premier lieu, à moins qu'il n'eût des motifs particuliers pour
en choisir un autre. Quelquefois lorsque le moyen de cassation invoqué n'influait en rien sur la décision du fond, et ne
visait par exemple qu'un défaut de forme qu'on ne pouvait
reprocher aux juges, le Conseil privé renvoyait la cause à
ces derniers ou du moins à une autre chambre du même tribunal. Mais il évitait en général de le faire, pour ne pas donner à la partie qui avait obtenu la cassation une inquié-
tude bien naturelle.

Enfin le Conseil pouvait évoquer et retenir l'affaire par devers lui pour la juger au fond. Ici le langage de Tolozan devient un peu embarrassé. On sent qu'il n'est pas convaincu de
la légitimité de cet usage, qu'il ne peut justifier qu'incomplè-

---

(1) Il en a été autrement toutefois sous l'empire de la Constitution de
l'an VIII, modifiée par le sénatus-consulte organique du 15 thermidor
an X, (*infra*, n° 27).

(2) Tolozan, *op. cit.*, p. 280 et suiv.

tement.« Le fond des contestations, dit-il,se trouve quelquefois si intimement lié avec le moyen de cassation, ou d'une si grande importance, que le Conseil se trouve dans *une espèce* de nécessité d'en retenir la connaissance, parce qu'alors l'intérêt des parties ou celui du public l'y détermine également. Car les parties, n'ayant dans le premier cas qu'à employer les mêmes moyens qu'elles ont discutés sur la demande en cassation, il serait inutile de les renvoyer devant les juges ordinaires, et de les exposer par là aux frais et aux longueurs d'une nouvelle instance, qui se trouve, *pour ainsi dire*, tellement préjugée par l'arrêt du Conseil, qui a cassé le premier jugement, qu'il n'est pas possible de s'en écarter, et que ce jugement, qui est à rendre, n'est qu'une pure forme à remplir, La question peut être telle dans le second cas que ce ne soit que devant le roi ou en son Conseil qu'il convienne de la terminer... Mais le Conseil ne se porte à ces sortes d'évocations que très rarement, et quand il n'est pas possible de suivre l'ordre ordinaire des juridictions. »

Quelquefois, après cassation, il n'y a ni renvoi, ni évocation. Quand la cassation par exemple n'a été demandée que contre la condamnation à une amende ou une disposition ajoutée d'office par les juges, l'arrêt du Conseil en retranchant cette condamnation ou cette disposition ne porte pas atteinte à la décision intervenue. Il « élague » le jugement, voilà tout. Une autre hypothèse saillante, dans un ordre d'idées voisin, est celle de la cassation d'un arrêt qui aurait admis l'appel d'un jugement en dernier ressort. L'arrêt cassé, ce jugement renaît et doit être exécuté, sans qu'il y ait besoin de recommencer une nouvelle instance. On peut dire que dans ces divers cas la cassation prononcée emporte *ipso facto* jugement au fond.

Enfin comme conséquence de la cassation, il faut noter la restitution immédiate au demandeur de l'amende consignée (partie I, titre IV, article 38). Quand sa requête au contraire est rejetée, il est condamné au double au moins de cette amende (1). Le Conseil ne peut ni la

______

(1) On a vu (*supra* n° 18), une règle moins sévère, quand la demande

remettre ni la modérer ; il ne peut que l'augmenter (articles 35-37) (1).

Tels furent dans leur ensemble les conditions, la procédure et les effets de la cassation à partir du règlement de 1738. Si l'on veut porter un jugement sur les progrès qu'il réalisa, on peut dire avec M. Hiver que, si d'Aguesseau avait régularisé et simplifié la procédure devant le Conseil des parties, il n'avait pas été plus loin, et n'avait pas su constituer d'une façon suffisamment forte en face des parlements qu'il était chargé de contrôler, un tribunal de cassation véritablement digne de ce nom. Le Conseil des parties, caché en quelque sorte à l'ombre de la royauté, n'avait pas la force morale, la considération et la popularité qui s'attachaient aux parlements. Ceux-ci, cours souveraines et fières de leur importance politique, n'avaient jamais cessé de protester contre le contrôle plutôt administratif que judiciaire du Conseil privé. « A leurs yeux comme aux yeux du public, la cassation, voie légale et indispensable, l'évocation, procédé arbitraire trop souvent employé, n'étaient l'une et l'autre que des atteintes portées par la cour à la libre et bonne administration de la justice (2). »

21.— *Mémoires de Joly de Fleury et Gilbert de Voisins* (1762); *des diverses causes de cassation*. — Cette manière d'envisager les choses se trouvait singulièrement favorisée par l'habitude imposée aux juges et au Conseil privé lui-même, de ne jamais motiver leurs jugements ni leurs arrêts. Il en résultait que rarement les arrêts portaient avec eux la preuve manifeste: celui du parlement, qu'il avait violé la loi; celui du Conseil, qu'il l'avait appliquée. Les parlementaires profitaient de ce laconisme des arrêts du Conseil privé pour les accuser d'arbitraire, et se plaignaient tout haut de la facilité avec

en cassation est rejetée sur le seul vu de la requête, sans arrêt de soit-communiqué.

(1) Cette dernière disposition n'est plus observée ; cfr. *infra*, n° 56.

(2) Hiver, *op. cit.*, p. 287.

laquelle étaient cassés les arrêts des cours souveraines (1).
Leurs plaintes et leurs remontrances arrivèrent, en 1762, à
faire assez d'impression sur Louis XV pour qu'il demandât
à deux de ses conseillers d'État, MM. Joly de Fleury et Gilbert de Voisins, de lui remettre deux mémoires sur le système de la cassation et sur la manière dont le Conseil privé
l'appliquait. Les deux mémoires furent rédigés, mais ils sont
restés manuscrits. Il est à regretter qu'ils n'aient pas été pu-
bliés ; car il s'y trouve nombre de passages qui aujourd'hui
encore n'ont rien perdu de leur valeur. Tel est, par exemple,
dans le mémoire de Joly de Fleury, celui où il indique à la fois
l'une des idées fondamentales qui servent de base à la cassation et les conditions morales de sa réussite : « Au fond,
dit-il, dans l'examen des requêtes en cassation tout s'interprète contre le demandeur, On n'écoute que les moyens qui
sont fondés sur une contravention claire et précise aux ordonnances ; encore faut-il qu'il soit question d'une disposition importante : car c'est l'intérêt public et le respect de la loi
plus que l'intérêt de la partie que l'on consulte. On a toujours
tenu pour principe au Conseil que la cassation a été introduite plutôt pour le maintien des ordonnances que pour l'intérêt des justiciables. Si la contravention n'est pas claire et
littérale, si l'on peut croire que les circonstances de fait aient
influé sur le jugement, on rejette la demande en cassation,
parce qu'on peut croire que le juge n'a pas méprisé la loi,
mais qu'il a pensé que ce n'était pas le cas d'en faire l'application (2). » — Telle était bien en effet la jurisprudence du
Conseil privé ; car après Joly de Fleury, Tolozan développe la
même idée : « Un moyen de cassation ne peut être solide
qu'autant qu'il renferme la preuve d'une contravention claire
et littérale à une loi connue des juges, c'est-à-dire autant
qu'il fait voir que la disposition de la loi et celle du jugement
sont tellement opposées qu'elles se détruisent pour ainsi dire

____

(1) Voir à ce propos une curieuse lettre du chancelier d'Aguesseau
du 9 juin 1744 ; *Œuvres*, Paris, 1774, in-4°, t. VIII, p. 259, lettre 168.

(2) Dans Henrion de Pansey, *loc. cit.*, p. 232 ; — ou de Royer, *op. cit.*,
p. 64.

respectivement, et qu'elles ne peuvent subsister ensemble.
Car si la disposition de l'arrêt peut être exécutée sans que
celle de la loi en puisse recevoir d'atteinte, il serait contre
toute raison de présumer que les juges eussent voulu contrevenir à la loi. La présomption est, au contraire, qu'ils n'ont
mis dans leur jugement la disposition dont on se plaint que
pour les motifs qui peuvent être alliés avec la loi (1). »

A ces idées générales, le mémoire de Gilbert de Voisins
permet d'ajouter des détails plus précis, qui compléteront
l'exposé de l'ancien système de la cassation, tel qu'il existait
dans son dernier état. Nous ignorons encore en effet, quelles
sont les différentes ouvertures de cassation ; or Gilbert de
Voisins nous en donne une énumération assez détaillée : —
1° « Si dans la manière de procéder aux arrêts et dans leur
formation, il s'est trouvé quelques irrégularités vicieuses et
quelques défauts essentiels, comme si les juges n'étaient pas
au nombre requis, ou qu'entre eux il y en eût qui manquas-
sent de caractère ou de pouvoir ; si l'arrêt qui avait passé
souffrait, dans sa rédaction, quelques changements sans l'aveu
de tous ; si, lorsqu'il y avait partage, on a donné arrêt : dans
ces cas, et autres du même genre , il faut bien que le roi y
pourvoie, et qu'il casse ce qui s'est fait irrégulièrement par
des juges qui ne sauraient le réparer. Car l'arrêt une fois
donné et revêtu de sa forme, il ne .leur est plus permis d'y
toucher ; et le faire de leur propre autorifé, serait le cas le
plus marqué de la rétractation d'arrêt, qui leur est sévèrement
interdite par les ordonnances. Cette ouverture de cassation
est sans difficulté ; il faut seulement prendre garde de ne la
pas admettre trop aisément et avec trop de rigueur, et de ne
pas toujours faire dépendre le sort d'un arrêt de la moindre
irrégularité qui s'y pourrait trouver, surtout lorsqu'on n'y
voit pas d'intérêt pour la justice. — 2° Lorsque les cours ex-
cèdent leurs pouvoirs, soit en entreprenant sur ce qui est réservé au roi par la législation, pour le règlement de l'ordre
public, la dispensation des grâces et des privilèges, et autres
choses de ce genre ; soit en donnant atteinte aux titres éma_

(1) Tolozan, *op. cit.*, p. 260.

nés de sa puissance, et revêtus des solennités légitimes ; soit
en donnant à leur juridiction plus d'étendue qu'elle n'en doit
avoir, en entreprenant sur celle des autres, il appartient au
roi d'y mettre ordre par la cassation de leurs arrêts. — 3° La
contravention aux ordonnances fait une ouverture de cassation, qui est regardée comme la principale. En effet, les ordonnances du royaume, publiées et enregistrées dans les cours,
sont pour elles des lois inviolables. Ainsi la contravention
aux ordonnances, pourvu qu'elles ne soient pas tombées en
désuétude, comme il arrive, faute d'avoir été pourvu à temps
à leur maintien, est ordinairement le moyen de cassation le
plus clair et le plus précis, et a lieu en toutes sortes de matières, soit du fond, soit de la forme, excepté le cas où s'applique
la voie de droit de la requête civile (1). Il faut avouer cependant qu'entre l'application des ordonnances pleinement con-
fiées aux cours, et leur interprétation, la différence est souvent si délicate, que ce serait souvent confondre les cours souveraines avec les juges de l'ordre le plus subalterne, et gêner
leur conduite de trop près, contre le bien même de la justice,
que de prendre à la dernière rigueur ce moyen de cassation (2). »

L'énumération de Gilbert de Voisins peut se réduire
à trois points. Donnent lieu à cassation : 1° la violation
ou l'omission des formalités substantielles ; 2° l'excès de
pouvoir et l'incompétence des juges ; 3° la contravention
aux ordonnances. Il faut ajouter, d'après les titres V et
VI du règlement de 1738 (1re partie) : 4° la contrariété
d'arrêts émanés de tribunaux différents ; 5° le mal jugé
à l'égard des jugements de compétence rendus en faveur
des prévôts des maréchaux et des sièges présidiaux. —
Mais, en dehors de ce dernier cas, jamais le mal jugé au
fond ne peut être invoqué comme moyen de cassation (3).

---

(1) Cette exception ne s'appliquait pas aux arrêts du Conseil privé;
les cas de requête civile étaient à leur égard cas de cassation. Cfr. l'article 24 du titre IV du Règlement de 1738, 1re partie.

(2) Dans Henrion de Pansey, *loc. cit.*, p. 232-235.

(3) Denizart (*Collect. de décis. nouvelles*, Paris, Desaint, 1786, in-4°,
v° Cassation, § 3), indique cependant quelques autres hypothèses, mais

« C'est en quoi, dit encore Gilbert de Voisins, la cassation diffère de l'appel, différence qu'il importe essentiellement de maintenir, pour ne pas confondre insensiblement les tribunaux de premier ordre avec ceux soumis à l'appel. L'appel remet le fond en question; la cassation, au contraire, attaque un arrêt revêtu d'une pleine autorité, dont il ne peut être dépouillé qu'autant qu'il se trouve en excéder les bornes légitimes. De là vient que, lorsqu'il y a lieu, on y distingue en particulier ce qui donne prise à la cassation, pour ne casser qu'en ce point, sans toucher au reste (1). » De là vient encore que la cassation ne peut être admise qu'à toute extrémité, pour ainsi dire, et dans le cas où aucun autre moyen de recours ne peut plus être employé : « Elle ne trouve sa place que lorsque l'ordre des juridictions est épuisé, ainsi que les voies de droit, et que les arrêts ont reçu le dernier sceau de l'autorité publique. On le remarque d'abord par rapport à la voie de droit de la requête civile, qui, lorsqu'elle est ouverte, exclut celle de la cassation. A plus forte raison, il en est de même lorsqu'il y a la voie d'opposition contre des arrêts par défaut ou sur requête, ou celle de la tierce opposition contre des arrêts qui n'ont pas été rendus avec celui qui veut les attaquer. De là vient que, régulièrement, on n'est pas reçu à se pourvoir en cassation contre un arrêt, si on n'en a été partie; ce qui est regardé comme un principe en matière de cassation (2). Il n'y a qu'un cas où peut-être, contre des arrêts susceptibles d'opposition, l'usage de la cassation ne paraîtrait pas déplacé : ce serait celui de quelque entreprise de pouvoir ou de juridiction d'un excès si manifeste qu'elle semblerait ne pouvoir être arrêtée trop tôt (3). »

Résumant d'un mot toute cette doctrine, le Conseil des parties lui-même déclara, dans un arrêt du 18 décembre

pour la plupart inexactes. — Cfr. Dalloz, *op. cit.*, no 1308; et *infra*, n° 40.

(1) *Ibid.,* p. 236-237.
(2) Cfr. *infra,* n°° 32 et 33.
(3) *Ibid.,* p. 235-236.

1775, « que la cassation n'est qu'un remède extrême, qui ne peut avoir pour objet que le maintien de l'autorité législative et des ordonnances (1). » C'était là en effet l'unique objet de la cassation, à la fin de l'ancien régime. L'intérêt des parties était depuis longtemps relégué à l'arrière-plan ; et le Conseil privé ne pouvait pas encore prévoir que le jour était proche où la cassation aurait un nouvel objet, destiné à devenir le plus important, à savoir le maintien de l'unité de jurisprudence, complément nécessaire de l'unité de législation. Cette idée nouvelle, la Révolution va l'apporter.

(1) Dans Isambert, *op. cit.*, t. XXIII, p. 290.

CHAPITRE II

LA CASSATION DANS LE DROIT INTERMÉDIAIRE

---

22. — *La Cassation devant l'Assemblée constituante ; premières discussions.* — Quand les États généraux, s'étant déclarés Assemblée constituante, commencèrent l'œuvre difficile de la réorganisation judiciaire, on put craindre un instant que l'impopularité qui s'attachait à la cassation n'en entraînât l'abolition. Il n'en fut rien. Le 20 octobre 1789, l'Assemblée rendit même un décret qui maintenait pour un certain temps le Conseil du roi, avec autorisation de continuer « provisoirement ses fonctions, comme par le passé, à l'exception néanmoins des arrêts de propre mouvement, ainsi que *des évocations avec retenue du fond des affaires*, lesquels ne pourront plus avoir lieu à compter de ce jour (1) ». Ce premier acte de l'Assemblée constituante restituait à la cassation son véritable caractère, en la dégageant d'un compromis fâcheux avec l'évocation. Désormais, le principe essentiel que la juridiction de cassation ne doit jamais connaître du fond des affaires, devait être enfin respecté. Le décret de l'Assemblée conformait la pratique à la théorie.

Mais cette mesure provisoire était insuffisante. Avec le Conseil du roi, condamné en principe, devait disparaître le Conseil des parties. Comment le remplacerait-on ? Thouret répondit à cette question le 22 décembre 1789, en proposant à l'Assemblée, au nom de son comité de constitu-

---

(1) Dans Duvergier, *Collection des lois, décrets, etc...*, Paris, 1824, in-8°, t. I, p. 61 ; — Moniteur universel, 1789, p. 308, séance du mardi 20 octobre.

tion, l'établissement d'une Cour suprême de révision, « qui, maintenant l'exécution des lois et les formes de la procédure, devrait remplacer le Conseil des parties, dont la composition avait été calculée pour d'autres temps et pour un autre régime. » Cette institution de la Cour suprême était dans la pensée du comité le couronnement de l'édifice judiciaire, et devait être placée au sommet de la hiérarchie nouvelle (1). A ce système, le député du Dauphiné, de Delley d'Agier, en opposa un autre. Il rejetait l'idée d'un tribunal unique de révision ou de cassation, et demandait que les tribunaux d'appel fussent juges de révision les uns des autres. Mais ce contre-projet (on ne saurait le regretter) ne fut pas présenté à l'Assemblée. Ce fut le 24 mars 1790 que commença l'examen du projet du comité (2). Dès le commencement des débats surgirent de nouvelles propositions ; Duport, Chabroud, Sieyès, apportèrent chacun la leur. L'Assemblée, dans ce chaos de projets, ne savait comment conduire la discussion, lorsque Barrère lui proposa de passer successivement en revue une série de dix questions, dont la huitième était ainsi conçue : « Y aura-t-il un tribunal de cassation, ou de grands juges d'assises ? » L'Assemblée adopta cette série ; le projet du comité fut laissé de côté avec les autres, et la discussion marcha dans la voie qui venait d'être tracée.

Les sept premières questions ayant été tranchées, la huitième fut abordée dans la séance du 8 mai 1790. — Le député d'André parla le premier. Bien que l'Assemblée eût déjà décrété que les juges seraient permanents, il se prononça pour l'institution de grands juges d'assises, c'est-à-dire de juges intermittents. Barrère présenta un système mixte : « Un tribunal de révision, dit-il, est un malheur, mais un malheur nécessaire. La loi peut être violée, et il faut juger la violation de la loi. Il faut donc établir un tribunal chargé de réprimer cette violation ; ce tribunal doit être composé d'éléments pris dans tous les départements. S'il était entiè-

_____

(1) *Moniteur universel*, 1789, p. 496, séance du mardi 22 décembre.
(2) *Moniteur universel*, 1790, p. 344, séance du mercredi 24 mars.

rement sédentaire, il présenterait de graves inconvénients ; les justiciables seraient obligés de se transporter au loin. S'il était entièrement ambulant, il y aurait *diversité de jurisprudence et de législation* : il faut donc un tribunal établi. En combinant ces deux formes, en le composant de membres pris dans chaque département..., on réunit les avantages des tribunaux sédentaires et des tribunaux ambulants. »

On voit par ces paroles de Barrère que le désir de maintenir à l'aide de la cassation l'unité de jurisprudence en France, avait déjà germé, imprimant à la cassation un caractère nouveau. Ce caractère, elle n'aurait jamais pu l'acquérir dans l'ancien droit, où les coutumes variant d'une province à l'autre, il était fort inutile de pourvoir à l'unité de jurisprudence. Mais du moment où l'Assemblée constituante entreprenait de réunir enfin toute la France sous la même législation, elle devait se préoccuper du moyen d'assurer la stabilité de son œuvre. Elle trouva ce moyen dans l'institution, déjà ancienne, de la cassation ; mais pour la faire servir à sa nouvelle fin, il importait d'en modifier l'organisation. Le tribunal qu'on allait charger de maintenir les autres juridictions dans l'observation exacte de la loi, acquérait comme une sorte de pouvoir législatif ; aussi beaucoup de membres de la Constituante le regardaient-ils plutôt comme une assemblée politique que comme une cour de justice (1). A chaque instant dans les discours des orateurs, on voit revenir l'idée que le tribunal de cassation est appelé à s'ingérer dans la politique, et la crainte qu'il n'abuse de son pouvoir. C'est ce que montre bien le discours de Barnave, qui prit la parole après Barrère. Barnave déclare que la nécessité d'une Cour de cassation « est démontrée politiquement et judiciairement ; » mais il craint « la puissance formidable que pourraient acquérir des magistrats réunis dans le même lieu, institués pour un temps considérable, et remplis du même esprit. »

. (1) Goupil de Préfeln disait à la séance du 24 mai : « Anéantir un jugement, ce n'est pas juger : ainsi la cassation n'est pas une partie du pouvoir judiciaire, mais une émanation du pouvoir législatif. » (*Moniteur universel*, 1790, p. 590, séance du 24 mai, présid. de Thouret.)

Il propose de la désarmer par l'ambulance. « Les juges, circulant d'un lieu à l'autre, empêcheront un concert dangereux pour la liberté (1). » C'était l'exemple récent des parlements et du Conseil des parties qui influençait ainsi Barnave et plusieurs de ses collègues ; et il fallait que cette influence fût bien forte pour les empêcher de comprendre que le caractère sédentaire du tribunal était une condition *sine qua non* pour atteindre l'unification qu'ils poursuivaient : l'ambulance par sections eût été la perte de l'unité de jurisprudence. Dans les débats qui agitaient la Constituante, il ne s'agissait donc pas seulement d'une simple question d'organisation judiciaire ; il s'agissait du fond même du système de la cassation.

23. — *Suite ; création d'un tribunal de cassation.* — La discussion, interrompue pendant quelques jours, fut reprise le 24 mai, sous la présidence de Thouret. L'Assemblée décréta d'abord que «les jugements en dernier ressort pourraient être attaqués par la voie de la cassation », ce qui était en proclamer la nécessité ; puis elle aborda directement la question de savoir si le tribunal de cassation serait sédentaire ou ambulant. En quelques mots très fortement motivés, Merlin se prononça pour la résidence. Il fit observer que l'intérêt de la nation exigeait un tribunal unique ; or un tribunal ambulant le serait nécessairement par sections ; il y aurait autant de tribunaux de cassation que de sections. En outre il faut rendre difficile le recours en cassation ; « c'est un remède extraordinaire dont l'emploi doit être rare. » Goupil de Préfeln répondit à Merlin par un discours ampoulé, où réapparaissent des terreurs que l'événement a bien démenties, au moins en ce qui concerne la Cour de cassation (2). — Le lendemain, 25 mai, Mougins de Roquefort, Robespierre, Tronchet et Barrère prirent part à la discussion, mais sans faire avancer la ques-

---

(1) *Moniteur universel*, 1790, p. 522 ; séance du samedi 8 mai, présid. de l'abbé Gouttes.

(2) *Moniteur universel*, 1790, p. 590 ; séance du 24 mai, présidence de Thouret.

tion d'un pas. Clermont-Tonnerre prit enfin la parole. Ce fut
lui, sans contredit, qui eut l'intuition la plus exacte de ce que
devait être le tribunal de cassation : « Un tribunal de révision est un régulateur dans le pouvoir judiciaire, il prononce
si le juge ne s'est pas écarté de la loi. Quels sont ses caractères ? La constance dans sa doctrine, la profonde connaissance
des lois, l'éloignement parfait des intérêts particuliers des
justiciables. L'uniformité de doctrine est indispensable...
Cette uniformité, si difficile à trouver entre les hommes,
exige qu'on réunisse toutes les circonstances : mêmes lieux,
mêmes hommes, mêmes sources, comparaisons des jugements à rendre avec les jugements rendus : tout cela est impossible par l'ambulance. » Plusieurs membres parlèrent encore, le jour même ou le lendemain ; puis la clôture fut prononcée, et après quelques débats sur la manière de poser la
question, l'Assemblée, à une grande majorité, rendit le décret
suivant : « Les juges qui connaîtront de la cassation seront
tous sédentaires (1). » Merlin et Clermont-Tonnerre triom-
phaient (2).

A la séance du 12 août 1790, Thouret présenta, au nom du
comité de constitution, un second projet sur l'organisation du
tribunal de cassation. Il s'agissait de savoir s'il comprendrait
une chambre unique, résidant à Paris, ou, comme le propo-
sait le projet du comité, plusieurs chambres résidant dans
diverses villes du royaume. La discussion fut assez vive.
Merlin en résuma les conclusions d'un mot, en disant : « On
vous a prouvé invinciblement que l'intérêt général demande
un tribunal unique. » L'Assemblée, à une très grande majorité,
décréta : « Le tribunal de cassation sera unique et sédentaire
auprès du Corps législatif (3). »

Cette décision nécessita le renvoi au comité du titre relatif

____

(1) On se rappelle que sous l'ancien régime, le Consei des parties
suivait ordinairement le roi ; cfr. *supra*, n° 14.

(2) *Moniteur universel*, 1790. p. 593, 594, 597 ; séances des mardi 25 et
mercredi 26 mai, présid. de Thouret.

(3) *Moniteur universel*, 1790, p. 930 ; séance du jeudi 12 août. — Cfr. le
décret du 27 nov. 1790, art. 1.

à la cassation et l'ajournement de la discussion des articles. Le 25 octobre, Le Chapelier rapporta un troisième projet, qui n'eut pas un meilleur sort que ses devanciers (1). Prugnon, dans la séance du 9 novembre, le discuta article par article, et présenta ensuite un contre-projet. Chabroud en apporta un second, divisé en trois titres. Le premier titre était relatif à l'organisation d'un *Conseil national pour la conservation des lois*, nom nouveau proposé pour le tribunal de cassation ; et le second aux règles constitutionnelles de la cassation. Le troisième traitait d'une matière étrangère. — Mais, selon sa coutume quand elle se trouvait en présence de plusieurs projets, l'Assemblée les laissa de côté, et décida, sur la proposition de Rœderer, qu'elle prendrait comme base de la discussion la question suivante : « Quelle sera la compétence du tribunal de cassation (2) ?»

Les débats commencèrent dès le lendemain, 10 novembre. Chabroud avait proposé la veille la formule suivante : « Il y aura lieu à cassation, quand on n'aura pas observé les formes, ou quand on aura jugé contre les lois constitutionnelles.» Goupil la combattit, et chercha à faire attribuer au Corps législatif « le droit d'admettre une demande en cassation dans les cas extraordinaires où l'intérêt public l'exige ». Lanjuinais demanda par amendement « que la demande en cassation ne pût être admise que pour une contravention aux lois tellement caractérisée, qu'elle pourrait fournir un moyen d'exercer une prise à partie. » Le Chapelier proposa d'ajouter à l'article du comité ces mots : « La cassation ne pourra être prononcée que lorsqu'il y aura eu violation des formes dont l'exécution est prescrite à peine de nullité, ou contravention directe au texte d'une loi. » Enfin Duport présenta la rédaction suivante, qui obtint la priorité et fut décrétée : « Le tribunal de cassation ne pourra prononcer sur le fond des affaires ; mais seulement annuler tous les jugements dont les formes

(1) *Moniteur universel*, 1790, p. 1238 ; séance du lundi 25 octobre, présidence de Barnave.

(2) *Moniteur universel*, 1790, p. 1301, 1303 ; séance du mardi 9 nov., présidence de Chassey.

auraient été violées ou qui seraient évidemment contraires
au texte des lois. Jusqu'à la réformation des coutumes, la
violation des formes emportant nullité ou des lois particulières des provinces donnera lieu à la cassation (1). »

24. — *Fin des discussions; décret général du 27 novembre
1790.* — L'Assemblée décida ensuite : que les jugements en
dernier ressort des juges de paix ne seraient pas|soumis à
la cassation (2); que le tribunal serait renouvelé intégralement
tous les quatre ans, ce qui n'était guère de nature, comme le
fit observer Martineau, « à maintenir l'unité des principes et
l'uniformité des décisions (3) »; et enfin que toute demande
en cassation, avant d'être mise en jugement, serait préalablement examinée, comme au Conseil des parties, par un *bureau
des requêtes*, qui pourrait l'admettre ou la rejeter (4).

Dans la séance du 19, il fut décrété sans débats que les audiences du tribunal de cassation seraient publiques, que les
parties ou leurs avocats y pourraient plaider, mais que les
plaidoiries seraient toujours précédées d'un rapport dans
lequel le rapporteur ne devrait pas énoncer son opinion, etc...
S'il y avait cassation de la procédure ou du jugement pour
vice de forme, les parties étaient renvoyées devant les mêmes
juges pour y refaire la procédure entière, ou y plaider seulement le point de droit. S'il y avait cassation pour violation
de la loi, les parties se retiraient au greffe du tribunal dont
le jugement avait été cassé, pour déterminer, dans la forme
prescrite à l'égard des appels par le décret des 16-24 août
1790, le nouveau tribunal auquel la cause serait portée. Le
délai pour se pourvoir en matière civile était fixé à trois mois,
et les lettres de relief de laps de temps étaient abolies (5).

(1) *Moniteur universel,* 1790, p. 1306; séance du mercredi 10 novembre.
Cfr. décret du 27 nov., art. 3.
(2) *Ibid.,* p. 1307; séance du jeudi 11 nov. — Cfr. décret du 27 nov.,
art. 4.
(3) *Ibid.,* p. 1337 ; séance du jeudi 18 nov., présidence de Chassey.
(4) *Ibid,.* p. 1338 ; — cfr. décret du 27 nov. 1790, art. 5 à 10.
(5) *Moniteur universel,* 1790, p. 1342; séance du vendredi 19 novembre.
— Cfr. décret du 27 nov., art. 11 à 15, 19-21.

Le 21 novembre, après avoir donné au commissaire du roi près le tribunal de cassation le droit de se pourvoir dans l'intérêt de la loi, et déclaré que le pourvoi en matière civile n'aurait jamais d'effet suspensif, l'Assemblée supprima le Conseil des parties et l'office de chancelier de France, et invita son président à soumettre incessamment le présent décret à l'acceptation du roi (1). — Ce *présent décret* se composait de la réunion des décrets partiels votés jusqu'alors et de quelques autres dispositions, dont l'une offrait une très grande importance (art. 22-2°). Elle avait pour but de mettre fin aux conflits qui pourraient s'élever entre le tribunal de cassation et les tribunaux ordinaires, en les faisant trancher par le Corps législatif : « Lorsqu'un jugement aura été cassé deux fois et qu'un troisième tribunal aura jugé en dernier ressort de la même manière que les deux premiers, la question ne pourra plus être agitée au tribunal de cassation, qu'elle n'ait été soumise au Corps législatif, qui en ce cas portera un décret déclaratoire de la loi ; et lorsque ce décret aura été sanctionné par le roi, le tribunal de cassation s'y conformera dans son jugement (2). » Ce moyen était trop compliqué pour réussir ; le Corps législatif avait de trop importantes occupations pour s'arrêter à trancher des conflits dont l'intérêt était rarement général. Les renvois de ce genre s'accumulèrent dans ses cartons, et par le fait ce furent les tribunaux ordinaires qui eurent toujours le dernier mot. Aussi cette règle défectueuse ne pouvait-elle durer ; nous verrons, en traitant des effets de la cassation, par quelles vicissitudes elle a passé (3). Quoi qu'il en soit, le décret dont il s'agit fut définitivement voté le 27 novembre et sanctionné par le roi trois jours après. C'est donc la date des 27 novembre-1ᵉʳ décembre 1790 que

----

(1) *Moniteur Universel*, p. 1350 ; séance du dimanche 21 nov., présidence d'Alex. Lameth. — Cfr. décret du 27 nov., art. 16, 25, 30, 31.

(2) Cette disposition fut répétée dans un décret en forme d'instruction pour la procédure criminelle, des 29 sept.-21 octobre 1791 ; (dans Dalloz, *loc. cit.*, p. 24, note 7.)

(3) Cfr. *infra* nᵒˢ 61, 62, 63.

porte la première loi qui a organisé sur nouveaux frais le système de la cassation (1).

Quelques mois après, le 20 avril 1791, à onze heures du matin, il fut procédé à l'installation du Tribunal de cassation, dans l'ancienne grand'chambre du Parlement de Paris (2).

25. — *Décrets de* 1791 *à* 1793 *sur la cassation en matière criminelle.* — Mais il ne suffisait pas d'avoir organisé un tribunal chargé de casser les jugements qui s'écarteraient de la loi ; il fallait encore déterminer dans quels cas ces jugements seraient cassés, par qui ils pourraient être attaqués, dans quels délais, dans quelles formes, etc... L'Assemblée constituante à cet égard ne remplit sa tâche qu'à demi. Elle laissa la cassation en matière civile sous l'empire du règlement de 1738, et ne s'occupa que de la cassation en matière criminelle. Cette dernière fut règlementée par les décrets des 16, 27, 29 et 30 septembre 1791, rendus dans les dernières séances de l'Assemblée constituante. De leurs dispositions combinées, qui ont été refondues par la suite dans les codes de brumaire an IV et de 1810, il résulte ce qui suit : — Le condamné a trois jours pour déclarer qu'il veut se pourvoir, et quinze jours pour remettre sa requête au greffier du tribunal, qui la transmet au commissaire du roi. Celui-ci l'envoie au ministre de la justice, intermédiaire obligé entre lui et le Tribunal de cassation. Le condamné a ensuite un mois pour faire parvenir au Tribunal de cassation, par la même voie, les moyens qu'il prétend employer. Le Tribunal peut rejeter la

---

(1) Voir le texte dans Dalloz, *loc. cit.*, p. 22 et 23, en note.

(2) « Cette installation fut entourée de peu d'éclat. La loi d'organisation du 27 novembre 1790, art. 29, en avait réglé elle-même le cérémonial. L'Assemblée nationale d'une part, le roi de l'autre, y étaient représentés par deux commissaires qui prononcèrent chacun un discours. Les quarante-deux membres du tribunal se tenant debout au parquet, en habit noir et en manteau de soie, l'un des commissaires lut la formule du serment de fidélité : *A la Nation, à la Loi, au Roi.* Chaque membre répéta individuellement : *Je le jure* et le Tribunal fut institué. » (Guyho, *Discours de rentrée* de la Cour de cass., du 3 nov. 1860, in-8° p. 11-12).

requête ou casser le jugement. Il n'est point tenu de motiver ses arrêts de rejet (1). Il doit au contraire motiver l'arrêt de cassation, et renvoyer le procès à un autre tribunal criminel, devant lequel l'accusé sera toujours traduit en personne. Si le jugement a été cassé pour violation de la loi, le tribunal de renvoi jugera sur la déclaration déjà faite par le jury. S'il y a eu cassation à raison de la violation ou de l'omission de formes essentielles dans l'instruction du procès, l'accusé et les témoins doivent être présentés à l'examen d'un nouveau jury, assemblé à cet effet. Le commissaire du roi peut également se pourvoir en cassation dans les trois jours en principe, dans les vingt-quatre heures s'il y a acquittement. Si les délais sont écoulés sans qu'il y ait eu pourvoi, ou vingt-quatre heures après l'arrêt de rejet, la condamnation est exécutée (2). Ces diverses règles furent, pendant quelque temps, applicables aux jugements militaires (3).

Quels sont les cas de cassation en matière criminelle ? D'après le décret du 16 septembre, il y a lieu à cassation « pour fausse application de la loi, et pour violation ou omission de formes essentielles dans l'instruction du procès » (tit. VIII, art. 23, 24); mais d'après le décret en forme d'instruction du 29 septembre 1791, qui commente et développe le précédent, « les demandes en cassation ne peuvent être formées que pour cause de nullités prononcées par la loi, soit dans l'instruction, soit dans le jugement, ou pour fausse application de la loi (4). » Ces énumérations offraient un certain vague et étaient quelque peu différentes ; aussi la jurisprudence du

---

(1) Cette obligation lui fut imposée, aussi bien en matière civile qu'en matière criminelle, par l'art. 6 du décret des 4-15 germinal an II (24 mars, 4 avril 1794) : « A l'avenir, tous les jugements par lesquels le tribunal de cassation rejettera des requêtes en cassation, seront motivés ; » (dans Dalloz, *loc. cit.*, p. 28.)

(2) Décret des 16-29 sept. 1791, partie II, titre VIII, art. 15-25; dans Dalloz, *loc. cit.*, p. 24, note 3.

(3) Décret des 30 sept.-19 oct. 1791, titre I, art. 9; abrogé par décret des 12-16 mai 1792. Cfr. *infra* n° 64.

(4) Décret en forme d'instr. sur la procéd. crimin. des 29 sept.-21 oct. 1791; dans Dalloz, *ibid.*, p. 24, note 7.

Tribunal de cassation présenta dès l'abord beaucoup d'incertitude. La Convention ne tarda pas à le reconnaître, et par un décret du 1er brumaire an II, précisa avec plus de soin quelles circonstances pourraient donner lieu à cassation. « *Art.* 1 : Le Tribunal de cassation ne pourra annuler aucun jugement ni aucun acte d'instruction en matière criminelle pour violation ou omission de formes que dans les cas où la peine de nullité est *expressément* prononcée par la loi ; — *Art.* 2 : Indépendamment des cas où les lois précédentes assujettissent expressément à la peine de la nullité les formes qu'elle prescrivent, il y a nullité dans les cas suivants : 1° Lorsque le nombre des jurés ou des juges requis par la loi n'a pas été complet ; 2° lorsque le commissaire national ou l'accusateur public n'a pas été présent aux actes où la loi exige son intervention ; 3° lorsque les jurés ont prononcé sur d'autres délits que ceux qui sont portés dans l'acte d'accusation, ou qu'ils ont omis de prononcer sur quelques-uns de ceux qui y sont portés ; 4° lorsqu'il n'a pas été appelé de jurés spéciaux dans les affaires déterminées par la loi ; 5° lorsque les directeurs des jurés ont divisé en plusieurs actes d'accusation, à l'égard d'un seul et même individu, soit les différentes branches et circonstances d'un même délit, soit les délits connexes dont les pièces se trouvent en même temps produites devant eux ; 6° lorsque l'accusé ou son conseil ayant requis l'exécution d'une formalité quelconque, déterminée par la loi, cette formalité n'aura pas été remplie (1). Quelques mois plus tard, un nouveau décret de la Convention ajouta les cas suivants : 7° Lorsque l'accusateur public ayant requis l'accomplissement d'une formalité quelconque prescrite par la loi, cette formalité n'a pas été remplie ; 8° lorsque l'accusateur public ayant requis l'annulation d'un ou de plusieurs actes de procédure faits en contravention à la loi, ces actes ont été maintenus par le tribunal criminel ; 9° lorsqu'il a été omis par le tribunal criminel de

---

(1) Décret du 1er brumaire an II (22 oct. 1793) ; dans Dalloz, *loc. cit.*, p. 27, note 1.

prononcer sur une réquisition quelconque de l'accusateur public (1). »

26. — *Le Tribunal de cassation sous la Législative, la Convention et le Directoire.* — Il est intéressant de rechercher quelle a été sur la fréquence de la cassation l'influence de la nouvelle organisation judiciaire, et comment se comporta à ses débuts le Tribunal créé par la Constituante. On trouve à cet égard de curieux renseignements dans le compte rendu des travaux du Tribunal, présenté par Thouret à l'Assemblée législative le 10 mai 1792. Malheureusement ce compte rendu est un peu suspect d'indulgence pour la nouvelle institution judiciaire, à l'établissement de laquelle Thouret avait activement participé, et qui n'aurait, suivant lui, « éprouvé dans le jeu de son organisation constitutionnelle aucun dérangement grave (2). » Quatre mois plus tard, le langage que tient Chassey, à la seconde séance de la Convention, est tout différent. C'est avec énergie et sans souci des précautions oratoires, qu'il répond à Danton « qu'il est juge au Tribunal de cassation, et que tous les jours il y voit arriver des jugements qui n'ont pas le sens commun, et qui blessent à la fois les lois anciennes et les nouvelles (3)».

S'il en était ainsi vers la fin de 1792, que devait-il en être en 1793 ? Le contre-coup des événements politiques faillit atteindre le Tribunal de cassation lui-même. Il ne fut jamais menacé cependant dans son existence, mais il le fut sérieusement dans les principes mêmes de son organisation. En effet, le projet de constitution présenté à la Convention le 15 février 1793 par Condorcet et les Girondins, substituait au tribunal

----

(1) Décret du 28 ventôse an II (18 mars 1794); dans Dalloz, *op. cit.*, p. 28, en note.

(2) *Moniteur universel*, 1792, p. 545-546; séance du jeudi 10 mai, présid. de Lacuée. — Thouret donne quelques chiffres : du 20 avril 1791 au 1er avril 1792, c'est-à-dire dans la première année de son installation, le Tribunal avait statué sur 236 requêtes à fin de cassation : 116 avaient été rejetées et 120 admises par la section des requêtes. La section de cassation avait rendu 24 arrêts de rejet et 67 arrêts de cassation.

(3) *Moniteur universel*, 1792, p. 1134 ; séance du samedi 22 septembre.

sédentaire de grands juges d'assises, appelés censeurs judiciaires, ayant les mêmes attributions, mais élus pour deux ans seulement et se transportant à des époques fixes dans chaque département, par division de quatre membres au moins et de sept au plus (1). Il semblerait qu'on eût déjà oublié combien d'objections capitales avait soulevées dans les longues discussions de la Constituante cette même proposition, dont l'adoption eût complètement dénaturé le système de la cassation. La chute des Girondins, arrivée le 31 mai, sauva le Tribunal de cassation de cette transformation déplorable, en empêchant la discussion du projet de Condorcet.— Quelques jours après, le 10 juin, Hérault de Séchelles en présenta un autre, au nom du comité de salut public. La Convention l'adopta le 24, et en fit la constitution de l'an II. Cette constitution, rédigée comme on le dit alors en style *lapidaire*, contenait dans son chapitre XVII trois petits articles, relatifs au Tribunal de cassation (2) , qui ne modifiaient en rien l'ordre de choses établi. Ils le modifièrent d'autant moins que la constitution de l'an II, aussitôt morte que née, ne fut jamais appliquée.

Sur ces entrefaites, la Terreur survint, et le pouvoir révolutionnaire organisé le 10 octobre, se plaçant aussitôt au-dessus des lois (3), osa porter [atteinte aux jugements du Tribunal suprême. Des décrets, datés des 1er, 6 et 10 brumaire, des 5 brumaire-7 frimaire , et des 28 germinal-6 floréal an II, cassèrent plusieurs jugements qui avaient soit admis, soit rejeté des pourvois (4)! L'institution de la cassation se trouvait sérieusement compromise. Aussi la constitution de l'an III, élaborée et votée après le 9 thermidor, « se hâta

(1) *Moniteur universel*, 1793, p. 225 ; séance du mercredi 15 février, présid. de Bréard.

(2) *Moniteur universel.* 1793, p. 766.

(3) Constit. de 1791, tit. III, ch. V, art. 1 : « Le Pouvoir judiciaire n peut, en aucun cas, être exercé par le Corps législatif ni par le roi. »

(4) Décrets des 22, 27, [31 octobre, 5-28 novembre 1793, 17-25 avril 1794 ; dans Dalloz, *loc. cit.*, p. 27, 28, 71 ; et Duvergier, *op. cit.*, t. VI, p. 341, 377.

d'interdire au Corps législatif cette funeste et anarchique usurpation (1). »

Cette constitution, présentée à la Convention par Boissy d'Anglas le 5 messidor, et votée le 5 fructidor an III, se contentait d'ailleurs de maintenir le Tribunal de cassation sur les bases posées par la Constituante, et de confirmer purement et simplement les attributions qu'il possédait depuis l'origine. Quelque temps après, les lois du 5 vendémiaire et du 2 brumaire an IV consacrèrent quelques modifications, apportées à la primitive organisation du Tribunal par deux décrets du 22 août et du 29 septembre 1793, dans le but d'arriver à une plus prompte expédition des affaires (2). Le Tribunal, qui comprenait alors cinquante juges, fut définitivement divisé en trois sections, ayant chacune des fonctions distinctes, qu'elles conservent encore aujourd'hui. Il y eut une section des requêtes, une section civile, une section criminelle, cette dernière statuant définitivement sur les demandes en cassation en matière criminelle, correctionnelle et de police, sans jugement préalable d'admission. L'instruction se faisait sur simples mémoires, et le règlement de 1738 devait être observé dans toutes celles de ses dispositions auxquelles il n'était pas dérogé (3), et notamment en ce qui concernait la consignation de l'amende préalable de 150 ou de 75 livres (4).

27. — *Le Tribunal de cassation sous le Consulat.* — La loi sur l'organisation des tribunaux du 27 ventôse an VIII reproduisit à peu près les dispositions de la constitution de l'an III, remplacée depuis trois mois par la constitution de l'an VIII. Quelques articles de cette loi importante sont encore en vigueur. Ce sont notamment les art. 77 et 78, qui, résumant ou modifiant des lois antérieures, sont ainsi conçus : « Il n'y

---

(1) De Royer. *op. cit.*, p. 66 ; — et Delangle, *op. cit.*, n°ˢ 633 et 634.

(2) Dans Dalloz, *loc. cit.*, p. 26 et 27.

(3) Lois du 5 vendém. (28 sept.), art. 1 ; et du 2 brum. (24 octob. 1795), art. 1-5, 25 ; dans Dalloz, *loc. cit.*, p. 29, notes 2 et 3.

(4) Loi du 14 brumaire an V (4 nov. 1796), art. 1 ; dans Dalloz, *loc. cit.*, p. 31.

a ouverture à cassation, ni contre les jugements en dernier ressort des juges de paix, si ce n'est pour cause d'incompétence (1) ou d'excès de pouvoir, ni contre les jugements des tribunaux militaires de terre ou de mer, si ce n'est pareillement pour cause d'incompétence et d'excès de pouvoir, proposée par un citoyen non militaire, ni assimilé aux militaires par les lois à raison de ses fonctions (2). — Lorsqu'après une cassation, le second jugement sur le fond sera attaqué par les mêmes moyens que le premier, la question sera portée devant toutes les sections réunies du Tribunal de cassation. » A ces articles il faut joindre l'article 88, relatif au pourvoi dans l'intérêt de la loi : « Si le commissaire du gouvernement apprend qu'il ait été rendu en dernier ressort un jugement contraire aux lois et aux formes de procéder, ou dans lequel un juge ait excédé ses pouvoirs, et contre lequel cependant aucune des parties n'ait réclamé dans le délai fixé, après ce délai expiré, il en donnera connaissance au Tribunal de cassation; si les formes ou les lois ont été violées, le jugement sera cassé, sans que les parties puissent se prévaloir de la cassation pour éluder les dispositions de ce jugement, lequel vaudra transaction pour elles (3). » L'art. 80 donne un droit analogue au ministre de la justice (4).

Mais le changement le plus important qui fut alors apporté au régime en vigueur, c'est que les membres du Tribunal de cassation furent choisis désormais par le Sénat conservateur, *sans limitation de durée* pour leurs fonctions (5). On repoussait par là le système des élections périodiques, que l'expérience avait condamné. On comprenait enfin que des renouvellements incessants nuisaient à la fixité de la jurisprudence, et contrariaient ainsi l'un des principaux

(1) Cette cause a été éliminée par l'art. 15 de la loi de 1838 sur les juges de paix (*infra*, n° 31).

(2) Cfr. sur ce dernier point *infra*, n° 64.

(3) Loi du 27 ventôse an VIII (18 mars 1800), art. 58 à 89; dans Dalloz, *loc. cit.*, p. 33, 34.

(4) Pour le commentaire de ces articles 80 et 88 de la loi de ventôse, cfr. *infra*, n°⁰ˢ 34 et 57.

(5) Constitution du 22 frimaire an VIII (13 décembre 1799), art. 20 complété par l'art. 59 de la loi du 27 venôse an VIII.

résultats de la cassation. — A la suite des premières nominations faites par le Sénat, un arrêté consulaire du 4 germinal décréta une nouvelle installation du Tribunal de cassation. Cette installation eut lieu le 1er floréal suivant; et dans un discours qu'il prononça à cette occasion, le ministre de la justice, Abrial, fit connaître avec une grande netteté la pensée juste qui avait inspiré l'innovation : « Nos premiers législateurs, dit-il, convaincus de l'utilité du tribunal de cassation, en avaient jeté les fondements; il était réservé à la constitution nouvelle de le perfectionner. L'objet essentiel de cet établissement est de conserver l'intégrité des formes judiciaires, de maintenir l'exacte observation des lois, de porter dans tous les tribunaux de la République cette uniformité de jurisprudence qui sera sans doute un des plus grands bienfaits de notre révolution. L'amovibilité des membres du Tribunal de cassation avait fait manquer ce but. Des renouvellements trop multipliés, trop rapprochés, font perdre de vue l'esprit qui a dicté les premières décisions. Les opinions individuelles se succèdent, l'arbitraire tient lieu de jurisprudence, et bientôt il n'y a plus rien de certain ni de constant. C'est une calamité sans doute, quand le Tribunal qui, par son institution, doit maintenir l'unité de jurisprudence dans toute la République, n'est pas d'accord avec lui-même. Vous échapperez à cet inconvénient par la perpétuité de vos fonctions. On retrouvera toujours dans vos décisions le même [esprit, la même sagesse, parce que vous serez toujours vous-mêmes, et que tous les motifs qui vous avaient guidés vous seront toujours présents (1). »

Le sénatus-consulte organique du 16 thermidor an X, qui établit le consulat à vie, rétablit aussi l'ancien chancelier de France, sous le nom de *grand Juge*, et commit la faute de lui donner le droit de présider le Tribunal de cassation, « quand le gouvernement le juge convenable (2). » C'était introduire dans l'ordre judiciaire un élément gouvernemental qu'on

(1) Dans Dalloz, *op. cit.*, p. 55.

(2) S. C. du 16 therm. an X (4 août 1802), art. 85, 78, 80; dans Dalloz, *loc. cit.*, p. 36.

aurait dû en repousser avec soin, et s'exposer par cette violation du principe de la séparation des pouvoirs au reproche qu'avait déjà mérité l'ancien Conseil des parties. Le garde des sceaux conserva cette attribution sous la Restauration (1), au moins pour les cas où la Cour de cassation siégeait toutes chambres réunies (2). On ne revint sur ce point aux vrais principes qu'après la loi du 30 juillet 1828 (3).

28. — *La Cour de cassation sous le premier Empire et la Restauration; conclusion.* — Il n'est pas difficile de deviner sous quelle influence avait été rendu le sénatus-consulte de l'an X. A cette époque,

> Déjà Napoléon perçait sous Bonaparte,
> Et du premier Consul déjà par maint endroit
> Le front de l'Empereur brisait le masque étroit.

Quand ce masque fut tout à fait brisé, le même sénatus-consulte organique du 28 floréal an XII, qui substitua le titre d'Empereur des Français à celui de premier Consul, changea également la dénomination de Tribunal de cassation en celui de *Cour de cassation*. Ses jugements devinrent des *arrêts*; le président, *premier président*; les deux vice-présidents, *présidents*; et le commissaire du gouvernement, *procureur général impérial* (4). Le 25 juin 1806, les avoués près la Cour de cassation reprirent leur ancien nom d'*avocats*; enfin le 19 mars 1810, les 45 juges furent appelés *conseillers*, et les six substituts du procureur général, *avocats généraux* (5). Le 28 janvier 1811, un décret impérial porta à trois le nombre des présidents et les attacha chacun à une section. Le premier pré-

(1) Il y eut à ce sujet une vive discussion à la Chambre des députés. Voir séances des 22, 23, 24, 26, 27 décembre 1814, dans le *Moniteur universel*, 1814, p. 1432 à 1458.

(2) Ord. royale du 15 janvier 1826, art. 6; dans Dalloz, *loc. cit.*, p. 45.

(3) Cfr. *infra*, n° 62.

(4) S. C. du 28 floréal an XII (18 mai 1804), art. 135; dans Dalloz, *loc. cit.*, p. 36, en note.

(5) Décret du 25 juin 1806, art. 1; décret du 19 mars 1810, art. 1 et 2; dans Dalloz, *loc. cit.*, p. 37, 43.

sident eut le droit de présider l'une ou l'autre à son choix (1).
Ainsi fut organisée définitivement, et avec les dénominations
qu'elle devait conserver, la Cour de cassation (2).

Il ne lui manquait plus qu'une chose : l'inamovibilité pour
ses membres. La charte de 1814 la leur conféra pour l'avenir (3) ; et le préambule de l'ordonnance royale du 15 février
1815 en proclama éloquemment la nécessité pour assurer aux
juges « cette indépendance d'opinion qui les élève au-dessus
de toutes les craintes comme de toutes les espérances, et leur
permet de n'écouter jamais d'autre voix que celle du devoir
et de la conscience (4)». Cette nécessité de l'inamovibilité
desjuges, il était surtout important de la reconnaître pour
les membres de la Cour de cassation, plus spécialement chargés, comme le dit encore Louis XVIII, de maintenir l'observation rigoureuse des lois et des formes. Il fallait avec un soin
jaloux écarter d'eux toute pression de la part du gouvernement,
et assurer par la perpétuité et en quelque sorte par l'immobi-
lité des personnes, la fixité des principes (5). C'était là une

(1) Décret du 28 janv. 1811, art. 1, 2, 3 ; dans Dalloz, *loc. cit.*, p. 43.

(2) Les *sections* ne changèrent leur nom contre celui de *chambres* qu'en
1826 ; (ord. du roi des 15-19 janvier, art. 1 ; dans Dalloz, *loc. cit.*, p. 43
note 2.)

(3) Charte constitut. du 4 juin 1814, art. 58 ; dans Duvergier, *op. cit.*,
t. XIX, p. 85.

(4) Ord. royale des 15-17 février 1815, préambule ; dans Duvergie
loc. cit., p. 402.

(5) C'est sous l'influence de cette idée que le *roulement*, prescrit cependant par les lois d'organisation, entre les conseillers des diverses
chambres, est tombé en désuétude depuis 1815. — En se plaçant au
même point de vue, on a souvent critiqué l'institution de la chambre
des requêtes, qui sur certains points s'est formé une jurisprudence
différente de celle de la chambre civile, dont elle est en somme l'égale
par le nombre, la dignité et le mérite des magistrats qui la composent.
Mais d'un autre côté, le nombre des pourvois est trop considérable
pour que la chambre civile puisse les passer tous en revue ; il faut
donc un « triage » préalable. Peut-être y aurait-il lieu pour concilier
ces deux intérêts, de substituer à la chambre des requêtes, un *bureau
des requêtes*, composé comme autrefois d'un petit nombre de magistrats
appelés par exemple *maîtres des requêtes*, et placés dans une situation
hiérarchique inférieure à celle des conseillers à la Cour de cassation.
Ces magistrats observeraient mieux la jurisprudence de la chambre ci-

des conditions essentielles pour que la cassation produisît tous les effets qu'on était en droit d'en espérer (1), et pour qu'elle devînt, après tant de vicissitudes et de tâtonnements, la grande institution qu'en matière civile et criminelle elle est aujourd'hui devenue (2).

Aussi à la fin de cette étude historique, après avoir cependant constaté que, dès la fin du xv⁰ siècle, l'idée de la cassation est entrée dans notre ancien droit, après avoir suivi ses progrès au XVI⁰ et au XVII⁰ siècles, et après avoir décrit son mécanisme déjà si complet avant la Révolution, nous en arrivons à nous demander si bien réellement la cassation date d'avant 1790, et si au fond des choses elle n'est pas une institution beaucoup plus moderne, née le jour où la Constituante a décrété qu'il y aurait un Tribunal de cassation chargé de maintenir l'unité de jurisprudence inconnue à l'ancien régime, et arrivée à son complet développement le jour où ce tribunal a été rendu aussi fixe que la nature des choses le permet ? Il y aurait sans aucun doute de l'exagération à le prétendre ; mais si l'on ne peut pas dire que la cassation est une institution *nouvelle*, on peut sans témérité affirmer qu'elle est une institution *renouvelée*. Ce qui nous semble bien le prouver, c'est qu'aujourd'hui l'idée de la cassation est devenue inséparable de l'idée d'une cour de cassation ; l'une ne se conçoit plus sans l'autre. Déjà, le 17 décembre 1814, M. Flaugergues disait dans un rapport à la Chambre des députés : « C'est une

vile ; et l'on rendrait ainsi, nous semble-t-il, à la chambre des requêtes le caractère, qu'elle aurait dû mais qu'elle ne pouvait pas conserver, d'un simple bureau d'examen. — Cfr. Thiercelin, *Organisat. de la Cour de cass.*, dans la *Revue pratique de droit français*, Paris, Marescq, in-8⁰, t. IV, p. 241 et suiv. ; — et Valette, *Discours* à l'Assemblée nat., séance du 9 février 1849 (*Monit. univ.* du 10 février).

(1) Cfr. le discours du ministre Abrial, *supra*, n⁰ 27.

(2) En matière administrative, la cassation est loin d'avoir atteint le même niveau. Cela tient à ce qu'elle ne suit pas les mêmes règles. Il faut savoir en effet qu'en vertu du principe de la séparation des pouvoirs, tel qu'il est compris actuellement en France, les décisions des juridictions administratives ne sont pas soumises à la censure de la Cour de cassation, mais à celle du Conseil d'État. — Cfr. sur la cassation en matière administrative, *infra*, n⁰ˢ 70-80.

chose remarquable : depuis la démocratie la plus dissolue
jusqu'au despotisme le plus concentré, nous avons épuisé
toutes les combinaisons politiques ; mais dans tous nos boule-
versements on a respecté la Cour de cassation ; on n'a jamais
porté de plaintes contre elle. Immobile sur sa base, cette
création nouvelle, autour de qui tout a changé, a vu passer
dix gouvernements qui se sont renversés les uns les autres...
La Cour de cassation a été jugée sans être défendue, ni même
entendue ; elle n'a triomphé que par ses œuvres (1). » Et par
ce triomphe qui ne s'est jamais démenti, la Cour suprême n'a
pas seulement gagné sa propre cause, elle a gagné la cause
même de la cassation.

(1) *Moniteur universel*, 1814, p. 1433 ; rapport lu à la séance du 17 déc.
à la Chambre des députés.

DEUXIÈME PARTIE

DES CONDITIONS ET DES EFFETS

DE LA CASSATION

CHAPITRE I

DES CONDITIONS DE LA CASSATION.

Après avoir vu de quelle manière et à la suite de quelles vicissitudes, la théorie de la cassation a fini par se constituer en France, il nous faut l'étudier dans sa manifestation dernière, et nous demander tout d'abord à quelles *conditions* un jugement, civil ou criminel, peut être cassé. Nous verrons dans un second chapitre les *effets* de cette cassation. — Les conditions de la cassation peuvent se diviser en deux catégories. Les unes, les conditions de forme, sont nécessaires pour que le pourvoi soit régulier ; si elles ne sont pas remplies, le pourvoi est rejeté comme non recevable. Les autres, les conditions de fond, sont nécessaires pour qu'il ait sa raison d'être ; si elles ne sont pas remplies, le pourvoi est rejeté comme non fondé. Ces dernières, qui constituent ce qu'on appelle les *ouvertures de cassation*, sont au point de vue théorique les plus importantes. Mais comme en fait ce sont les *conditions du pourvoi* que la Cour de cassation doit d'abord vérifier, nous croyons qu'il est d'une bonne méthode de les étudier en premier lieu.

Section I. — Des conditions du pourvoi en cassation.

Un pourvoi n'est régulier et partant recevable, que s'il est dirigé contre certains jugements, s'il est formé par et contre certaines personnes, et s'il satisfait à certaines règles de procédure. Quels ¦sont ces jugements, quelles sont ces personnes, quelles sont ces règles ? Nous allons le rechercher dans trois paragraphes distincts.

§ I : Contre quels jugements le pourvoi en cassation peut être dirigé.

29. — *Le pourvoi n'est possible que contre un jugement, et un jugement en dernier ressort.* — A la question de savoir contre quels jugements il est permis de recourir en cassation, l'article 2 du décret du 27 novembre 1790 répond d'une façon générale : « Les fonctions du Tribunal de cassation seront de prononcer sur toutes les demandes en cassation contre *les jugements en dernier ressort...* (1) » Mais l'article 14 de la loi du 2 brumaire an IV ajoute: « Le recours en cassation contre les jugements *préparatoires et d'instruction* ne sera ouvert qu'après le jugement définitif. » De ces deux dispositions, que les articles 407 et 416 du Code d'instruction criminelle ont renouvelées dans les mêmes termes pour la cassation en matière criminelle (2), on peut déduire *trois* conditions générales auxquelles doivent satisfaire les décisions des tribunaux pour qu'il soit permis de les attaquer par la voie de la cassation. Elles doivent : 1° avoir le caractère de jugement ; 2° être en dernier ressort ; 3° être définitives.

La nécessité de présenter les caractères d'un *jugement* écarte le recours en cassation pour une foule d'actes judiciaires, offrant au premier abord une certaine apparence contentieuse. Tels sont par exemple : les mesures de règlement

---

(1) La même rédaction se remarque dans l'art. 19 de la loi du 25 mars 1876, comprenant le titre I du livre prélim. du nouveau Code de procédure civile belge.

(2) Art. 407 : « Les arrêts et jugements rendus en dernier ressort, en matière criminelle, correctionnelle ou de police, ainsi que l'instruction et les poursuites qui les auront précédés, pourront être annulés dans les cas suivants, etc... » Art. 416 : « Le recours en cassation contre les arrêts préparatoires ou d'instruction ou les jugements en dernier ressort de cette qualité, ne sera ouvert qu'après l'arrêt ou jugement définitif. »

intérieur prises par les magistrats pour l'expédition des affaires tant civiles (1) que criminelles (2), les abus de pouvoir du ministère public, les faits de détention illégale, les refus de délivrer copie d'un acte, les décisions disciplinaires des chambres des officiers ministériels ou des conseils de l'ordre des avocats, prononçant des peines autres que l'interdiction ou la radiation (3), etc... Enfin les *motifs* d'un jugement sont inattaquables par la voie de la cassation, parce qu'il est de principe général que seul le dispositif constitue le jugement, et que seul il peut contrevenir à la loi (4). — Par exception, les actes judiciaires non revêtus du caractère de jugements peuvent être l'objet d'un pourvoi, formé d'ordre du garde des sceaux par le procureur général près la Cour de cassation. L'art. 80 de la loi du 27 ventôse an VIII permet, en effet, au gouvernement de dénoncer par la voie de son commissaire auprès du Tribunal de cassation, tous « les *actes* par lesquels les juges auront excédé leurs pouvoirs », ce que répète avec plus de largeur l'art. 441 du Code d'instruction criminelle en disant : « Lorsque sur l'exhibition d'un ordre formel à lui donné par le ministre de la justice, le procureur général près la Cour de cassation dénoncera à la section criminelle des *actes judiciaires*, arrêts ou jugements contraires à la loi, ces actes, arrêts ou jugements pourront être annulés. » Il a été jugé que les mots *actes judiciaires* pouvaient s'appliquer : aux ordonnances illégales d'un président de cour d'assises, à la mention faite sur la minute d'un arrêt de l'opinion divergente d'un juge qui a concouru au jugement, à la délibération prise par un tribunal pour censurer les observations du ministère public, aux motifs mêmes d'un jugement (5) et aux avis donnés par les cours d'appel en matière de demandes de réhabilitation (6).

(1) Ch. req., 10 février 1840 ; Dalloz, *op. cit.*, p. 59, note 2.

(2) Ch. crim., 10 août 1838 ; *ibid.*, p. 76, note 4.

(3) Ch. req., 7 avril 1869, D. P., 1869, 1, 478.

(4) Cfr. les nombreux arrêts cités dans Dalloz, *Répert.*, v° Cass., n°° 68, et 134.

(5) Cfr. Faustin-Hélie, *Traité de l'inst. crim.*, Paris, Hingray, 1860, in-8°, t. IX, p. 363, et les arrêts qu'il cite en note.

(6) Ch. cr., 18 janvier 1867, D. P., 1867, 1, 363.

En second lieu, un jugement n'est susceptible d'un pourvoi en cassation que s'il est en *dernier ressort*. C'est en effet un des principes essentiels de la cassation, d'être un remède extraordinaire auquel on ne peut recourir que s'il n'existe plus aucune autre voie légale de réformation ou de rétractation du jugement, telle que l'appel ou l'opposition. Ce principe a été de tout temps reconnu : on le trouve formellement énoncé dans l'article 1 du règlement de 1738 (partie Ire, tit. IV), qui ne faisait à cet égard que consacrer le droit antérieur. La règle s'applique sans difficulté aux arrêts ou jugements en dernier ressort contradictoires ; mais que dire des jugements en dernier ressort rendus par défaut, et contre lesquels le défaillant a la ressource de l'opposition ? Sans doute, tant que les délais d'opposition ne seront pas expirés, le pourvoi n'est pas possible. Mais une fois la voie d'opposition fermée au défaillant, celle de la cassation lui est-elle ouverte ? L'affirmative n'est pas douteuse. Déjà avant 1862, on pouvait la fonder sur les art. 5 et 35 du règlement de 1738 (*ibid.*), qui non seulement admettaient le pourvoi, mais le favorisaient même en réduisant de moitié l'amende à consigner par le demandeur (1). Aujourd'hui l'art. 1er de la loi du 2 juin 1862 a tranché la question dans le même sens, en fixant le point de départ des délais du pourvoi en matière civile à l'expiration des délais d'opposition. Si le défaillant fait opposition, il ne peut plus se pourvoir que contre l'arrêt ou le jugement qui statuera sur cette opposition (2). Les règles sont les mêmes pour les jugements par défaut de simple police ou de police correctionnelle, aussi bien pour le recours du condamné (3), que pour le pourvoi du ministère public. Ce dernier point avait d'abord fait doute ; mais après quelque hésitation, la jurisprudence de la chambre criminelle de la Cour de cassation, adoptée par la doctrine, s'est définitivement

---

(1) Cfr. *supra*, n· 17 ; — Dalloz, *Répert.*, v° Cassation, p. 6, en note.

(2) Cfr. ch. civ., 20 août 1850, D. P., 1851, 1, 168.

(3) Ch. cr., 12 janvier 1867, D. P., 1867, 5, 56 ; — 23 février 1867, D. P., 1868, 1, 287.

affirmée en ce sens (1). En matière de grand criminel, où la détention préventive est de rigueur, il ne peut y avoir d'arrêts rendus par défaut, mais seulement des arrêts par contumace. Pour ceux-là, le Code d'instruction criminelle contient une règle formelle : « Le recours en cassation, dit l'art. 473, ne sera ouvert contre les jugements de contumace qu'au procureur général et à la partie civile en ce qui la regarde. » Le condamné en effet n'en a pas besoin, car le jugement n'est pas définitif quant à lui ; il n'a qu'à se représenter pour le faire tomber. — Ce qu'on vient de dire de l'opposition ne saurait à aucun point de vue s'étendre à l'appel : quand il n'a pas été interjeté d'une décision en premier ressort dans le délai voulu, la voie de la cassation ne s'ouvre pas (2) ; car non seulement le jugement n'est pas ou plutôt n'était pas en dernier ressort ; mais en outre il est passé en force de chose jugée, il y a un *acquiescement* évident de la part de la partie perdante, dont on ne peut autrement expliquer la conduite. Cette circonstance constitue contre elle une fin de non-recevoir péremptoire (*infra*, n° 32). Au contraire, le silence d'un défaillant pendant le délai d'opposition, délai d'ailleurs beaucoup plus court que celui de l'appel, ne saurait être interprété comme un acquiescement : le défaillant a pu ignorer le jugement rendu contre lui.

Pour savoir si une décision judiciaire est en premier ou en dernier ressort, il faut s'attacher à sa nature, et non à la qualification qui lui a été donnée par les juges qui l'ont rendue. Ainsi ne seront pas susceptibles d'un pourvoi en cassation les jugements rendus en premier ressort par les tribunaux de première instance, et qualifiés à tort de jugements en dernier ressort ; car de ces jugements il peut être appelé (3). La règle est écrite dans l'art. 453 du Code de procédure civile

____

(1) Cfr. les nombreux arrêts cités dans Faustin-Hélie, *loc. cit.* ; — Ch. cr., 3 juin et 28 juillet 1864, D. P., 1865, 1, 449, avec la note ; et 3 mars 1866, D, P., 1867, 5, 57.

(2) Cfr. les nombreux arrêts cités dans D. P., *Table des 22 années*, v° Cass., n° 15, 546. — *Adde* Ch. cr., 23 septembre 1869, D. P., 1871, 1, 356.

(3) Il en était autrement sous l'empire de la législation intermédiaire (Merlin, *Répert.*, t. VIII, v° *Dernier ressort*, § 12).

pour les jugements civils, et doit être étendue par identité de motifs aux jugements criminels (1). — Si un jugement contient deux chefs séparés, dont l'un soit en premier, l'autre en dernier ressort, on appliquera la maxime : *tot capita, tot sententiæ*, et le pourvoi ne pourra être admis que contre le dernier chef. C'est ainsi qu'un jugement qui statuerait à la fois sur un moyen d'incompétence à charge d'appel, et sur le fond en dernier ressort, peut être attaqué sur ce dernier point par la voie de la cassation, et ne peut l'être sur le premier que par la voie de l'appel (2). La règle que chacun des chefs du jugement peut faire l'objet d'un pourvoi séparé, ne doit pas être entendue dans un sens absolu : si l'un d'eux, par exemple, n'était que la conséquence d'un chef précédent, il ne pourrait être attaqué qu'avec ce dernier (3). Il faut en dire autant d'un jugement qui ne serait que la conséquence d'un autre jugement.

30. — *Le pourvoi n'est possible que contre un jugement définitif.* — Enfin en troisième lieu, on ne peut recourir en cassation contre un jugement que s'il est *définitif*. Il y a cependant des jugements d'avant-dire droit, qui sont en dernier ressort ; et ils peuvent, comme les autres, contenir des erreurs de droit. Sera-t-il donc impossible de les faire annuler par la Cour de cassation ? Il faut, pour répondre à cette question, distinguer entre les arrêts ou jugements simplement préparatoires, c'est-à-dire ceux qui sont rendus pour l'instruction et tendent à mettre le procès en état de recevoir une solution définitive (art. 452-1°, Pr. civ.), et les jugements interlocutoires, c'est-à-dire ceux par lesquels le tribunal ordonne une preuve, une vérification ou une instruction qui préjuge le fond (art. 452-2°). Pour les premiers, l'art. 14 de la loi du 2 brumaire an IV et l'art. 416 du Code d'instruction criminelle ne laissent

____

(1) Cfr. les arrêts cités dans Faustin-Hélie, *loc. cit.*, p. 365, en note ; — et Delangle, *op. cit.*, n° 264.

(2) Ch. req., 26 juillet 1870, D. P., 1871, 1, 338.

(3) Sect. civ., 27 mars 1820 ; Dalloz, *Répert.*, v° Cassation, p. 68, note 1.

pas place au doute : le recours en cassation n'est ouvert contre eux qu'après l'arrêt ou jugement définitif, et à la condition qu'on attaquera en même temps cet arrêt ou jugement définitif. Le motif qui a inspiré cette solution est facile à saisir : on n'a pas voulu qu'un plaideur pût entraver la marche de la justice en formant un pourvoi contre des décisions qui ne lui causent aucun préjudice.

Au contraire, pour les jugements interlocutoires, qui préjugent le fond, qui offrent très fréquemment un caractère définitif et qui se trouvent, par conséquent, sur la limite qui sépare les jugements définitifs proprement dits des jugements préparatoires, la question est moins aisée à résoudre. Dans l'ancien droit, nous avons vu que l'ordonnance de 1344 défendait de délivrer des lettres de proposition d'erreur contre tous les jugements interlocutoires indistinctement (*supra* n° 6). Plus tard, et malgré ce texte, une distinction s'introduisit au Conseil des parties. Voici en quels termes Denizart rend compte de sa jurisprudence dernière : « Non seulement on peut se pourvoir en cassation contre les jugements définitifs ; mais on le peut aussi contre les interlocutoires, lorsqu'ils ne sont pas réparables en définitive, par exemple lorsque le jugement a ordonné une enquête dans un cas prohibé par la loi.... Mais lorsque l'interlocutoire est réparable, par exemple s'il ordonne par provision un payement, la remise d'un objet, etc., on pense au Conseil qu'on ne peut se pourvoir en cassation, quoique la loi défendît d'ordonner cet interlocutoire, parce qu'en définitive les juges peuvent réformer ce provisoire. Cependant l'ordonnance de 1667 (tit. 1ᵉʳ, art. 8) ne fait pas cette distinction (1). » La loi du 2 brumaire an IV ne la fit pas davantage. Bien plus, elle sembla envelopper dans la même règle les jugements préparatoires proprement dits et les jugements interlocutoires. Aussi le Tribunal de cassation refusat-il dans les premiers temps d'admettre les pourvois séparés (2). La doctrine ne tarda pas à critiquer cette jurisprudence, et le Tribunal parut dès lors incliner vers la distinction

(1) Denizart, *Collection de décis. nouv.*, vᵒ Cassation, t. IV, p. 293.
(2) Sect. civ., 13 frimaire an IV ; Dalloz, *ibid.*, p. 62, note 2.

proposée par Denizart (1). C'est alors que le Code de procédure civile vint apporter un élément nouveau de distinction. Les arrêts préparatoires furent nettement séparés des interlocutoires, et depuis cette époque on admet que la loi du 2 brumaire an IV ne s'applique qu'aux premiers. On peut donc aujourd'hui se pourvoir séparément et de suite contre un interlocutoire rendu en dernier ressort (2); on le doit même, car si le jugement définitif n'en était que la conséquence forcée, l'autorité de la chose jugée, qui protège le jugement interlocutoire, protégerait virtuellement le jugement définitif.

Comme exemples de jugements préparatoires, on peut citer : en matière civile, le jugement qui ordonne la jonction de deux instances, une communication de pièces, la remise de la cause, etc.....; en matière criminelle, le jugement qui refuse un délai au prévenu pour produire des témoins, ordonne l'apport d'une pièce au greffe ou un transport sur les lieux, admet la jonction de deux plaintes, ou la preuve des faits allégués, etc... (3). Parmi les interlocutoires on rangera, au contraire, aux termes mêmes de l'art. 452-2° du Code de procédure, les jugements qui ordonnent une preuve, une vérification ou une enquête, préjugeant le fond. Tels sont les jugements qui admettent une preuve par témoins là où la loi exige une preuve écrite, qui déclarent la composition d'un tribunal régulière, qui statuent sur la validité d'une expertise, qui rejettent comme inadmissible une preuve offerte, etc...(4). Aux jugements interlocutoires il faut joindre ceux que la doctrine appelle provisoires, tels que les jugements de compétence, qui sont définitifs sur la question qu'ils tranchent, ou les jugements qui accordent une provision. Cette assimilation est autorisée par les art. 451-2°, Pr. civ., et 416-2°, Inst. crim. Ce dernier article permet formellement le pourvoi en cassation séparé contre des arrêts ou jugements de com-

(1) Sect. civ., 21 fructidor an VIII; *ibid.*, note 3.
(2) Cfr. Delangle, *op. cit.*, n° 267.
(3) Cfr. Faustin-Hélie, *op cit.*, p. 369, et les arrêts qu'il cite en note.
(4) *Ibid.*, p. 370.

pétence, ce qui confirme au moins partiellement la doctrine que nous venons d'exposer.

31. — *Particularités inhérentes à diverses juridictions.* — Les conditions générales qui précèdent sont nécessaires pour qu'un jugement puisse être attaqué par la voie de la cassation ; mais elles ne sont pas suffisantes. Il est en effet certaines particularités tenant, non plus au jugement en lui-même, mais à la juridiction dont il émane, qui modifient plus ou moins l'application des principes généraux.

I. — C'est ainsi qu'en matière *civile*, nous trouvons des règles spéciales pour les juges de paix et les arbitres. — Les juges de paix statuent sur des causes de si peu d'importance, que le législateur a dû songer à restreindre pour leurs sentences les cas de cassation, afin d'empêcher les plaideurs de se ruiner en frais, en portant jusqu'à la Cour suprême les procès les plus insignifiants. Le décret du 27 novembre 1790, le premier rendu par la Constituante en matière de cassation, avait interdit cette voie de recours contre les sentences des juges de paix, sans faire aucune exception (art. 4). C'était aller trop loin ; aussi l'art. 77 de la loi du 27 ventôse an VIII, en reproduisant cette prohibition, permit-il le pourvoi pour incompétence et pour excès de pouvoir. Mais depuis la loi du 25 mai 1838, l'incompétence des juges de paix est devenue un motif d'appel, et l'excès de pouvoir peut seul servir à fonder un pourvoi en cassation contre leurs jugements (1). Il faut remarquer toutefois que l'art. 13 de la loi de 1838 ne s'applique qu'au pourvoi formé dans l'intérêt des parties. Le procureur général près la Cour de cassation peut donc se pourvoir dans l'intérêt de la loi contre un jugement de justice de paix, même pour une autre cause que l'excès de pouvoir (2).

Pour les arbitres il fallait avant la loi du 19 juillet 1856 distinguer les arbitres forcés, qu'elle a supprimés, et les arbitres volontaires, qui existent encore aujourd'hui. Les arbitres

____

(1) Pour la différence entre l'excès de pouvoir et l'incompétence, cfr. *infra,* n° 45.

(2) Cfr. Delangle, *op. cit.,* n° 277 à 279 ; — et Dalloz, *po. cit.,* n° 1028.

forcés, qui connaissaient des contestations entre associés,
étaient regardés comme de véritables juges, et leurs décisions étaient soumises au droit commun en matière de cassation (art. 52 du Code de commerce). Pour les arbitres volontaires, la règle qui subsiste est différente. En principe, la sentence arbitrale étant toujours susceptible d'appel ou de requête civile (art. 1023, Pr. civ.), « il ne peut y avoir recours
en cassation, dit l'art. 1028, que contre les jugements des tribunaux rendus, soit sur requête civile, soit sur appel d'un
jugement arbitral (1). » Mais si les parties, usant du droit
que leur confère l'art. 1010-1°, ont renoncé à la faculté
d'appeler, la sentence arbitrale devient en dernier ressort:
sera-t-elle susceptible d'un pourvoi ? Admettre l'affirmative
serait aller directement contre les termes de l'art. 1028. Il
ne distingue pas, nous ne pouvons pas distinguer. Toutefois
la renonciation à l'appel ne saurait être regardée comme comprenant la renonciation au droit de faire opposition à l'ordonnance d'*exsequatur,* opposition autorisée dans cinq cas qu'énumère l'art. 1028 lui-même. Si donc l'une des parties veut se
pourvoir contre le jugement qui statue sur l'opposition, son
pourvoi sera-t-il admis ? On l'a pensé (2), mais à tort, selon
nous. L'art. 1028 *in fine* dit formellement en effet, qu'on ne
peut recourir en cassation que contre les jugements rendus
sur requête civile ou sur appel d'un jugement arbitral ; il ne
parle pas des jugements rendus sur opposition, et ce silence
est d'autant plus significatif que les alinéas précédents du
même article sont précisément consacrés à la voie d'opposition. On peut s'expliquer cette restriction, en remarquant que
dans les cinq cas où l'on peut demander par l'opposition la
nullité de l'acte qualifié *jugement arbitral,* la cause de nullité

____

(1) En Espagne, au contraire, les sentences des arbitres ou amiables
compositeurs peuvent être déférées directement au *Tribunal suprême,*
cour de cassation espagnole, lorsqu'ils ont statué en dehors des délais fixés par le compromis, ou sur des points non soumis à leur appréciation. Cfr. la loi du 22 avril 1878, qui réforme la législation espagnole
sur la cassation en matière civile (*Annuaire de législation étrangère,*
Paris, Cotillon, in-8°, t. VIII (1879), p. 337).

(2) Dalloz, *op. cit.,* n° 110.

est si facile à vérifier, qu'il suffira de l'invoquer devant le tribunal pour que celui-ci rétracte l'*exsequatur*. Les rédacteurs du Code de procédure n'ont pas redouté en cette matière de contravention possible à la loi. C'est à tort peut-être ; mais c'est la loi.

A côté des juges de paix et des arbitres, il convient de mentionner les prud'hommes-pêcheurs des côtes de la Méditerranée. Leurs jugements n'étant pas écrits échappent absolument à la censure de la Cour de cassation (1). Ces prud'hommes forment donc à la fois la plus petite et la plus indépendante des juridictions françaises (2).

II. — En matière *criminelle*, les principes généraux souffrent quelques exceptions, quand la juridiction qui a statué est une chambre des mises en accusation, une cour d'assises, ou une juridiction militaire. — En ce qui touche la chambre des mises en accusation, il semble au premier abord, en lisant l'art. 299 nouveau du Code d'instruction criminelle, que le pourvoi contre ses arrêts soit renfermé dans d'étroites limites : « La demande en nullité, dit cet article, ne peut être formée que contre l'arrêt de renvoi et dans les quatre cas suivants » ; suit l'énumération de ces cas. La disposition s'annonce en apparence comme limitative ; mais ce serait une grave erreur que de lui reconnaître ce caractère. Il n'est pas possible d'admettre que les arrêts des chambres d'accusation, autres que les arrêts de renvoi en cour d'assises, ne soient pas susceptibles de pourvoi ; aussi c'est avec raison, croyons-nous, que la jurisprudence s'est refusée à voir dans l'art. 299 un article restrictif. Sa portée est tout autre. Il suffit, pour la faire comprendre, de rapprocher l'art. 299 de deux articles voisins, 296 et 301-1° : « Le juge avertira l'accusé

_____

(1) Garsonnet, *Cours de procéd. civ.*, Paris, Larose, 1881, in-8°, t. I, p. 161 ; — Ch. req., 13 juillet 1847, D. P., 1847, 1, 243 ; — *bid.*, 214-215, avec la note historique ; — *ibid.*, 3, 200.

(2) Sur la juridiction disciplinaire que l'on range parmi les juridictions civiles, cfr. Delangle, *op. cit.*, n° 282 ; et sur quelques questions relatives à la juridiction des référés : Ch. Req., 16 mai 1860, D. P., 1860, 1, 432 ; — et 6 nov. 1865, D. P., 1866, 1, 266 ; — Ch. civ., 9 juin 1858, D. P., 1858, 1, 246.

que, dans le cas où il se croirait fondé à former une demande en nullité, il doit faire sa déclaration dans les cinq jours, et qu'après l'expiration de ce délai il ne sera plus recevable... — Nonobstant la demande en nullité, l'instruction est continuée jusqu'aux débats *exclusivement*. » Ainsi ce pourvoi de l'accusé peut être fait dans un délai de *cinq* jours, délai anormal (*infrà n° 35*), et il aura pour résultat d'empêcher les débats de s'ouvrir. Si la loi n'avait pas restreint les motifs de pourvoi, il eût été à craindre que tous les accusés n'aient saisi ce moyen de retarder l'heure de la justice (1). C'est pour parer à cet abus qu'a été écrit l'art. 299. Mais en dehors des arrêts qu'il vise et des hypothèses qu'il prévoit, le droit commun en matière de cassation doit être appliqué à toutes les décisions de la chambre d'accusation. Si le pourvoi privilégié de l'art. 299 n'avait pas lieu dans le délai de cinq jours, il n'empêcherait plus les débats de s'ouvrir, et ne pourrait plus être soumis à la Cour de cassation qu'après l'arrêt définitif de la cour d'assises (art. 301-2°) (2).

Si l'arrêt définitif de la cour d'assises est un arrêt de condamnation, le droit commun sera applicable. Si au contraire il intervient un arrêt d'absolution ou une ordonnance d'acquittement, nous trouvons [des règles exceptionnelles. Contre les arrêts d'absolution, le ministère public ne peut se pourvoir utilement que pour une seule cause (3), « si l'absolution a été prononcée sur le fondement de la non-existence d'une loi pénale qui pourtant aurait existé (art. 410). » Dans le cas d'acquittement, l'annulation de l'ordonnance qui l'a prononcé ne peut être poursuivie par le ministère public que *dans l'intérêt de la loi*, et sans préjudicier à la partie acquittée (art. 409). Cette règle doit être appliquée même dans l'hypothèse où le

---

(1) Le fait s'est produit en Autriche, et avec une telle extension, qu'une loi du 31 décembre 1877 (art. 8), modifiant sur ce point les dispositions du Code d'instruction criminelle autrichien, a dû interdire tout pourvoi en cassation contre les arrêts statuant sur la mise en accusation, sauf pour cause d'incompétence (*Annuaire de légis. étrangère*, t. VII (1878), p. 229-230).

(2) Cfr. *infra*, n° 56.

(3) Ch. cr., 26 avril 1851, D. P., 1851, 5, 67.

ministère public aurait réclamé au cours des débats contre
des irrégularités de procédure ou de forme, sans qu'on ait
fait droit à ses réquisitions : l'exception était écrite dans le
code de brumaire an IV, mais elle n'existe plus dans le code
de 1810. Il est un cas cependant où un effet *utile* doit être reconnu au pourvoi, c'est le cas où le vice affecterait l'ordonnance
elle-même, le président l'ayant rendue, par exemple, contrairement au verdict du jury. On ne peut pas dire alors qu'il y
ait ordonnance d'acquittement; car le président ne saurait
acquitter un accusé déclaré coupable. Il doit donc y avoir cassation et renvoi à une autre cour d'assises pour l'application
de la loi (1).

Les sentences des juridictions militaires sont, comme celles
des juges de paix, soustraites en général à la censure de la
Cour de cassation, mais non pas complètement. Déjà écrits
dans la loi du 27 ventôse an VIII (art. 77), le principe et les
exceptions se trouvent aujourd'hui dans les articles 80 et 81
du Code de justice militaire pour l'armée de terre (loi du
9 juin 1857), et dans les art. 110 et 111 du Code de l'armée de
mer (loi du 4 juin 1858). De ces articles il ressort en résumé
que les jugements des conseils de guerre et des conseils de révision, des tribunaux maritimes et des tribunaux de révision
ne sont soumis au pourvoi que dans trois cas : 1º lorsque leur
incompétence est invoquée par une personne non militaire
ni assimilée à militaire; 2º lorsque le procureur général de la
Cour de cassation reçoit du garde des sceaux l'ordre d'agir;
3º lorsqu'il agit lui-même d'office dans l'intérêt de la loi (art.
82 et 112). Le pourvoi en cassation pour cause d'incompétence
est même interdit dans les cas exceptionnels où le recours en
révision a été suspendu (art. 71). Empressons-nous d'ajouter
que pour le reste les conseils de révision jouent à l'égard
des conseils de guerre le rôle de tribunaux de cassation, tout
en restant subordonnés au contrôle définitif de la Cour
suprême (2).

Que dire des arrêts de la Cour de cassation ? Pourraient-ils être aujourd'hui, comme au temps du Conseil des parties (1), réformés à la suite d'un pourvoi directement formé contre eux ? Pour les arrêts de rejet en matière criminelle, l'art. 438 du Code d'instruction criminelle dit formellement : « Lorsqu'une demande en cassation aura été rejetée, la partie qui l'avait formée ne pourra plus se pourvoir en cassation contre le même arrêt ou jugement, sous quelque prétexte et *par quelque moyen* que ce soit. » En matière civile, l'art. 39 du règlement de 1738 (1re part., tit. 4) dit à son tour : « Après qu'une demande en cassation d'un arrêt ou jugement aura été rejetée par arrêt sur requête ou contradictoire, la partie qui l'aura formée ne pourra plus se pourvoir en cassation contre le même arrêt ou jugement. » Or permettre à une partie d'attaquer par la voie de la cassation l'arrêt qui a rejeté sa demande, ce serait lui permettre en réalité de se pourvoir une seconde fois contre un même jugement. Ce motif ne se retrouve plus quand il s'agit des arrêts de cassation, qui seraient en général attaqués, non pas par le demandeur originaire qui a eu gain de cause, mais par le défendeur à la première instance. Le motif faisant défaut, trouverons-nous un texte ? Nulle part ; la loi est muette. Que conclure de ce silence ? Qu'il faut appliquer l'art. 24 du règlement de 1738 (1re part., tit. 4), qui admettait le recours en cassation contre les arrêts du Conseil des parties ? Ce serait peut-être logique ; mais à coup sûr peu en harmonie, il faut l'avouer, avec l'ensemble du système actuel de la cassation. Aussi la Cour suprême ne l'a jamais admis.

§ II : Par qui et contre qui un pourvoi en cassation peut être formé

32. — *Des parties au pourvoi, en matière civile.* — Nous savons contre quelles décisions peut être dirigé un pourvoi en cassation ; voyons maintenant quelles personnes ont qualité pour le former ou y défendre. Les diverses règles sur ce point se ré-

______

(1) Règlement de 1738, 1re partie, titre 4, art. 24 ; dans Dalloz, *Répert.*, v° Cassation, p. 7.

duisent à deux ; il faut: 1° avoir été partie au procès ; 2° avoir
un intérêt au pourvoi. Ces deux principes sont toujours
applicables, quelle que soit la nature du jugement attaqué.
Mais la diversité des situations conduit dans l'application à
d'assez grandes différences pour que nous croyions indispensable d'étudier séparément ce qui concerne les matières civiles et les matières criminelles. Nous dirons ensuite quelques mots des droits tout particuliers qui appartiennent au
procureur général près la Cour de cassation.

En matière *civile*, figurent au procès : 1° soit par elles-
mêmes, soit par leurs représentants légaux, les parties proprement dites ; 2° soit comme partie principale, soit comme
partie jointe, le ministère public. — On doit regarder comme
parties au procès non seulement le demandeur et le défendeur
originaires, mais encore les tiers qui sont intervenus au débat par la voie de la tierce opposition ; ces tiers pourront évidemment se pourvoir contre le jugement qui rejetterait leur
recours. S'il y a plusieurs perdants, ils peuvent et doivent se
pourvoir séparément, et ce qui sera jugé contre l'un ne pourra
nuire ni profiter aux autres, qui devront exécuter le jugement, à moins qu'il ne s'agisse de dettes solidaires ou indivi-
sibles (1). En sens inverse, s'il y a plusieurs gagnants, le demandeur en cassation peut ne diriger son pourvoi que contre
un seul. Mais s'il succombe, pourra-t-il recommencer la lutte
contre les autres ? Oui, en principe, sauf encore le cas d'indivisibilité (2).

Si l'une des parties est incapable, on appliquera au pourvoi en cassation les principes généraux sur la capacité d'ester en justice. Ainsi le mineur et l'interdit seront représentés par leurs tuteurs. Le prodigue ou le faible d'esprit
pourvu d'un conseil judiciaire sera assisté de ce conseil. La

______

(1) Cassation, 17 avril 1837; Sirey, 1837, 1, 275.

(2) Sur la matière importante de la *garantie*, qui soulève trop de
questions pour que nous puissions nous y arrêter, cfr. : Ch. civ.,
18 juin 1866, D. P., 1868, 1, 332; — 19 août 1868, D. P., 1868, 1, 437 : —
13 janvier 1869, D. P., 1869, 1, 135-136; — 26 janvier 1874, D. P., 1874, 1,
220; — 2 et 3 juillet 1877, D. P., 1878, 1, 57-58; — 5 février 1879, D. P.,
1879, 1, 52; — et les notes qui accompagnent plusieurs de ces arrêts.

femme mariée devra obtenir une autorisation *spéciale* de son mari ou de justice : l'autorisation générale de plaider, donnée en première instance, peut suffire pour l'appel ; elle ne suffit jamais pour la cassation, qu'on ne saurait considérer comme une suite normale du procès. Les communes, les hospices et autres personnes morales devront de même demander une autorisation spéciale à qui de droit (1), et agir par l'intermé-diaire de leurs représentants naturels. Tout ce qui sera jugé pour ou contre ces représentants le sera pour ou contre les représentés, conformément aux principes généraux. — Au contraire, si des créanciers, exerçant en vertu de l'art. 1166 (2) les droits et actions de leur débiteur, se pourvoient en son lieu et place contre un jugement qui lui donne tort et que ce-pendant il n'attaque pas, ce qui sera jugé contre eux ne le sera pas contre lui. Le débiteur conserve la faculté person-nelle d'intenter en son nom propre un nouveau pourvoi. En effet, dit le procureur général Merlin à la Cour de cassation, dans une affaire où la question s'était présentée, « les juge-ments n'ont l'autorité de la chose jugée que contre les per-sonnes avec lesquelles ils ont été rendus, avec leurs succes-seurs ou ayants cause. Or le débiteur n'est ni le successeur ni l'ayant cause du créancier, puisque, au contraire, c'est le créancier qui est l'ayant cause du débiteur. Il n'y a donc nulle

---

(1) La question a été discutée pour les communes. Sous l'empire de l'édit de 1764, on tenait que cette autorisation spéciale n'était pas né-cessaire ; et cette jurisprudence fut suivie dès le principe par la Cour de cassation, et plus tard, par le Conseil d'État. Les choses ont persisté ainsi jusqu'à la loi du 18 juillet 1837, sur les attributions municipales, dont l'art. 49-2° est ainsi conçu : « Après tout jugement intervenu, la commune ne peut se pourvoir devant un autre degré de juridiction qu'en vertu d'une nouvelle autorisation du conseil de préfecture. » — A partir de cette loi, et malgré la rédaction vicieuse de cet art. 49-2°, on a généralement admis la nécessité d'une nouvelle autorisation pour le pourvoi en cassation, comme pour l'appel. C'est en ce sens en effet que l'art. paraît avoir été entendu, lors de la discussion à laquelle il a donné lieu. Cfr. Delangle, *op. cit.*, n° 157. — *Adde* Ch. civ., 12 déc. 1848, D. P., 1849, 1, 139.

(2) Ch. civ., 24 nov. 1840 ; Dalloz, *Répert.*, v° Cassation, n° 279.

raison pour qu'on regarde comme rendu avec le débiteur le jugement qui a été rendu avec le créancier (1). »

Quant au ministère public, sa position en matière civile n'est pas toujours la même. Il peut être partie principale, et alors le pourvoi lui est certainement permis. Mais il peut n'être que partie jointe ; c'est le cas de beaucoup le plus fréquent. Pourra-t-il se pourvoir ? Cette question se rattache à une autre question plus générale et très controversée, celle de savoir si, en matière civile, le ministère public peut se porter partie principale dans des cas autres que ceux qui sont expressément indiqués par la loi (2). Le doute provient, on le sait, de la rédaction ambiguë de l'art. 46 de la loi du 20 avril 1810, ainsi conçu : « En matière civile, le ministère public agit d'office dans les cas spécifiés par la loi. Il surveille l'exécution des lois, des arrêts et des jugements ; il poursuit d'office cette exécution dans les dispositions *qui intéressent l'ordre public.* » La jurisprudence interprète ces derniers mots en disant que chaque fois que l'ordre public est intéressé, que la loi soit muette ou expresse, le ministère public a le droit et même le devoir d'agir (3). Il résulte de cette jurisprudence, dont la discussion nous entraînerait trop loin, que, même lorsqu'il n'est que partie jointe, le ministère public pourra se pourvoir, *si l'ordre public l'exige* (4).

Il ne suffit pas d'avoir été partie au procès pour pouvoir être demandeur ou défendeur en cassation ; il faut encore avoir aux conséquences du pourvoi un *intérêt,* si petit qu'il soit. — C'est ainsi qu'un tiers saisi ne peut raisonnablement se plaindre d'avoir été obligé de se libérer entre les mains du saisissant, au lieu de payer directement à son créancier ; que lui importe en effet pourvu qu'il soit libéré ? C'est ainsi encore que la Cour de cassation a rejeté des pourvois formés par ces motifs que les juges : avaient refusé d'accorder à

----

(1) Sect. civ., 14 avril 1806 ; Dalloz, *op. cit.,* p. 110, note 3, et p. 111.

(2) Par exemple, art. 184, 491, 2145 du Code civil.

(3) Ch. civ., 20 mai 1856, D. P., 1856, 1, 208 ; — Ch. req., 25 mai 1869, D. P., 1869, 1, 413.

(4) Ch. req., 2 déc. 1851, D. P., 1852, 1, 81.

l'adversaire une preuve testimoniale qu'il réclamait (1); ou avaient admis mal à propos l'intervention d'un tiers dans une action en nullité de mariage, alors que l'annulation du mariage avait été prononcée sur la demande même de l'autre contractant (2) ; ou statuant sur appel, avaient oublié de déclarer nul le jugement de première instance, tout en rendant un arrêt contraire (3) ; ou encore avaient négligé de motiver une partie du jugement favorable au demandeur en cassation (4), etc... On ne peut pas se pourvoir non plus, par défaut d'intérêt, contre l'arrêt d'une cour qui déclarerait à tort un appel tardif ou nul, du moment qu'en fait la cour l'a néanmoins examiné (5), ou contre un arrêt qui rejette un appel comme non recevable, lorsque cet arrêt décide que, l'appel fût-il recevable, il serait mal fondé. *A fortiori*, le pourvoi ne peut être admis lorsque celui qui demande la cassation a intérêt à ce qu'elle ne soit pas prononcée; par exemple, s'il se plaignait de n'avoir pas été condamné à l'amende de fol appel ou aux dépens, ou à une restitution de fruits, etc... (6).

La partie qui aurait *acquiescé* à un jugement ne serait plus recevable à en demander l'annulation (7). C'est une fin de non-recevoir péremptoire, qu'à défaut du défendeur la Cour de cassation pourrait suppléer d'office (8). L'acquiescement peut être exprès ou tacite. Tacite, il résulte des circonstances, que la Cour appréciera. Mais on ne pourra pas toujours l'inférer de l'exécution seule du jugement attaqué. En effet, le pourvoi n'étant pas suspensif en matière civile, les parties perdantes n'ont pas un intérêt bien grand à le former par avance ; elles n'en seront pas moins forcées de s'exécuter. On

---

(1) Ch. req., 17 mai 1830 ; Dalloz, *Répert.*, v° Cassation, n° 304.

(2) Ch. civ., 8 mars 1831 ; Dalloz, *op. cit.*, p. 114, note 3.

(3) Ch. civ., 7 mars 1833 ; *ibid.*, note 4.

(4) Ch. req., 28 novembre 1871, D. P., 1872, 1, 19.

(5) Sect. req., 22 mars 1825; Dalloz, *Répert.*, v° Cassation, p. 115, note 3.

(6) Cfr. Dalloz, *ibid.*, n° 310 et suiv., et les nombreux arrêts qui s'y trouvent cités.

(7) Cfr. art. 241 du Code de procéd. civile.

(8) Ch. req., 6 mai 1839 ; Dalloz, *op. cit.*, n° 325.

peut donc expliquer leur conduite autrement que par un acquiescement tacite. La jurisprudence incline à distinguer entre l'exécution spontanée et sans réserves, qui entraînerait déchéance du pourvoi, et l'exécution faite avec des réserves ou sur la contrainte de l'adversaire, qui conserverait tous leurs droits aux parties.

33. — *Des parties au pourvoi, en matière criminelle.* — En matière criminelle, le nombre des personnes admises à se pourvoir est plus considérable ; et nous devons distinguer avec la loi, qui donne à leur égard des règles différentes : 1° les prévenus, les accusés et les personnes civilement responsables ; 2° le ministère public ; 3° les parties civiles.

I. — Les prévenus ou accusés peuvent se pourvoir contre tous les jugements ou arrêts rendus en dernier ressort, qui portent des condamnations contre eux. Ce droit, qui leur est reconnu en toute matière, de simple police, correctionnelle ou criminelle, par les articles 177, 216, 373, n'a point de restrictions ; il peut être exercé quelque minime que soit la peine prononcée. La loi veut même, au grand criminel, que l'accusé ou le condamné soit averti de son droit de recours, de peur qu'il ne le laisse périr par ignorance. Ce soin est confié au président de la cour d'assises, et doit être constaté par procès-verbal (art. 296, 371). Il n'y a d'exception que pour le contumax. La loi qu'il viole lui-même lui dénie le droit de prétendre qu'on l'a violée à son égard. Il ne pourrait même pas fonder un pourvoi sur l'incompétence de la juridiction qui l'a condamné (1). La loi peut au premier abord paraître dure ; en réalité elle ne l'est pas. Car le contumax a un moyen beaucoup plus court et beaucoup plus sûr de tout faire remettre en question, c'est de se représenter. Les procédures faites depuis l'ordonnance de prise de corps décernée contre lui et l'arrêt qui l'a condamné sont alors anéantis de plein droit, et doivent être recommencés en la forme ordinaire (art. 476). — Le droit pour les personnes civilement responsables de se pourvoir contre des jugements qui portent des condamnations

____

(1) Cfr. Delangle, *op. cit.*, n°ˢ 193 et 194.

contre elles est consacré par l'art. 216 du Code d'instruction criminelle. Mais lors même que cette disposition ne serait pas écrite, leur recours aurait lieu de plein droit, à raison du grief qui résulte pour elles de la condamnation qui les frappe (1).

Le ministère public peut, comme les prévenus et les accusés, se pourvoir contre les jugements ou arrêts rendus en matière criminelle, correctionnelle et de simple police, avec quelques différences toutefois. Le recours peut être exercé par chacun des membres du ministère public siégeant près la juridiction dont émane le jugement ou l'arrêt, c'est la conséquence de l'unité de la fonction; mais en sens inverse il ne peut être formé que par ceux de ses membres qui sont attachés à cette juridiction, car ceux-là seuls sont compétents (2). S'il s'agit, par exemple, d'un jugement de police en dernier ressort, c'est l'officier qui a rempli les fonctions du ministère public près du tribunal qui a seul le droit de se pourvoir; le procureur de la République de l'arrondissement ne l'aurait pas (3). Si le jugement émane d'un tribunal correctionnel, le droit appartient soit au procureur de la République près le tribunal saisi de l'affaire, soit au procureur général du ressort. Ce dernier peut seul attaquer les arrêts de la chambre des mises en accusation (4). Pour les arrêts de la cour d'assises, il faut distinguer suivant que la cour siège ou non au même lieu que la cour d'appel: dans le premier cas, c'est encore le procureur général qui pourra seul saisir la Cour de cassation (art. 373); dans le second cas, ce sera, aux termes de l'art. 284, le procureur de la République du lieu où se tiennent les assises qui remplacera à cet égard le procureur général, à moins que celui-ci ne soit venu en personne porter la parole, ou ne

(1) Cfr. Boitard, *Leçons de droit criminel*, 11ᵉ édit., Paris, Cotillon, 1876, in-8°, p. 761.

(2) Cfr. Faustin-Hélie, *op. cit.*, p. 378.

(3) Cfr. Dalloz, *op. cit.*, p. 129, note 3; — et Ch. cr., 1ᵉʳ mai 1857, D. P. 1857, 1, 270.

(4) Nous devons dire que cette question est fort controversée. La Cour de cassation a plusieurs fois varié sur la solution. Cfr. Dalloz, *Repert.*, vᵒ Cass., n° 404; — et Delangle, *op. cit.*, n° 203.

se soit fait représenter par un des avocats-généraux ou par un de ses substituts. — Le droit de pourvoi appartient dans tous les cas au ministère public, que le prévenu ait été condamné, absous ou acquitté, et alors même que le jugement ou l'arrêt aurait été rendu conformément à ses réquisitions ; car, comme l'a dit depuis longtemps la Cour de cassation elle-même, « l'officier du ministère public qui a conclu n'a exprimé que son opinion ; et s'il s'est trompé, son erreur ne peut préjudicier à la société (1). » Le même principe doit faire décider que le ministère public serait fondé à se pourvoir même après avoir acquiescé (2), et qu'une fois le pourvoi formé, il ne dépend plus de lui d'en empêcher l'examen en *se désistant* : l'action publique qui résulte du pourvoi en cassation appartient en effet à la société, et non au fonctionnaire chargé par la loi de l'exercer (3). Le droit du ministère public n'est pas le même cependant suivant que l'accusé est condamné, absous ou acquitté. En cas d'absolution il ne peut, nous l'avons vu (*supra n°* 31), former de pourvoi utile qu'en démontrant qu'elle a été prononcée sur le fondement de la non-existence d'une loi pénale qui pourtant aurait existé (art. 410). Si l'arrêt était entaché d'une autre cause de nullité, il ne pourrait le faire casser que dans l'intérêt de la loi ; il en est de même toutes les fois qu'il poursuit l'annulation d'une ordonnance d'acquittement *légalement* (4) rendue par le président de la cour d'assises (art. 409).

Enfin la partie civile peut se pourvoir ; mais comme son droit est uniquement fondé sur l'intérêt qu'elle a dans le procès, il est très restreint. Il diffère suivant qu'elle agit en matière correctionnelle ou de simple police, ou en matière criminelle. En matière correctionnelle ou de police, la partie civile peut attaquer tous les arrêts ou jugements définitifs et en dernier ressort qui lèsent ses intérêts, « sans distinction, dit l'art. 413, de ceux

---

(1) Cass., 28 nov. 1811 ; *Journal du palais*, t. IX, p. 710.

(2) Ch. crim., 26 mai 1827, Dalloz, *ibid.*, n° 394.

(3) Ch. crim., 3 janv. 1834 ; Dalloz, *ibid.*, p. 128, note 3.

(4) A titre de commentaire de ce mot *légalement*, cfr. Faustin-Hélie, *op. cit.*, t. IX , p. 380-381.

qui prononcent le renvoi de la partie ou sa condamnation. »
Elle peut, comme le ministère public, invoquer la violation
ou l'omission des formalités, la transgression de la loi pénale,
l'incompétence, etc... Mais son droit est indépendant du sien,
et elle peut par suite l'exercer isolément (1). En cas de renvoi du prévenu, ce droit éprouve une restriction équitable:
nul n'est admis à se prévaloir contre lui_de la violation ou
omission des formes prescrites pour sa défense (art. 413-2°).
Les restrictions s'accentuent en matière de grand criminel.
En premier lieu, la loi a refusé à la partie civile le droit de
se pourvoir séparément contre les arrêts de la chambre des
mises en accusation, sauf peut-être les arrêts de compétence (2). Elle ne peut que se joindre au ministère public, si
ce dernier agit. En second lieu, elle ne peut dans aucun cas
poursuivre l'annulation d'une ordonnance d'acquittement
ou d'un arrêt d'absolution ; mais si l'arrêt qui statue sur les
dommages -intérêts prononce contre elle des condamnations
supérieures aux demandes de l'accusé acquitté ou absous, elle
a le droit de se pourvoir de ce chef (art. 412), mais de ce chef
seulement; car il est de principe, aux termes de l'art. 373,
qu'en matière de grand criminel « la partie civile ne peut
se pourvoir que quant aux dispositions relatives à ses intérêts
civils ». Comme il est probable que l'accusé, suivant l'habitude constante au Palais, demandera toujours plus qu'il n'espère
obtenir, la partie civile ne pourra que rarement profiter du
droit que lui laisse l'art. 412. Cette rigueur de la loi se comprend à merveille : dans les circonstances graves qui néces-
sitent un renvoi en cour d'assises, l'intérêt supérieur de la
répression prime tout. Les intérêts civils lui sont subordonnés
et n'en forment que l'accessoire; ils doivent subir le même
sort. L'accusé acquitté de l'action publique doit l'être aussi
de l'action civile (3).

____

(1) Ch. crim., 3 juillet 1834; Dalloz, *ibid.*, p. 131, note 4; — 9 mars
1850, D. P., 1850, 1, 139 ; — 23 août 1851, D. P., 1853, 1, 68.

(2) Cfr. Faustin-Hélie, *op. cit.*, t. VI, p. 544.

(3) C'est le motif indiqué dans le n° 23 du rapport fait au Corps législatif, au nom de sa commission de législation, sur les chapitres 1 à 3
du tit. III du livre II du Code d'instruct. crim., par M. Cholet, membre

II.— Comme en matière civile, les accusés, prévenus, ou personnes civilement responsables, le ministère public et la partie civile ne sont admis au pourvoi que s'ils y ont *intérêt;* sinon, point d'intérêt, point d'action. La jurisprudence offre de nombreux exemples d'application de cette règle. On en trouve dans le Code lui-même; l'art. 411 dispose en effet : « Lorsque la peine prononcée sera la même que celle portée par la loi qui s'applique au crime, nul ne pourra demander l'annulation de l'arrêt, sous le prétexte qu'il y aurait erreur dans la citation du texte de la loi. » Le défaut d'intérêt, vis-à-vis de la partie condamnée, se manifeste surtout lorsque celle-ci s'est pourvue contre des nullités de formes ou des violations de la loi qui lui ont été favorables, ou qui n'ont eu aucune espèce d'influence sur la condamnation prononcée contre elle. Quant au ministère public, il est sans intérêt lorsque les nullités dont il se plaint n'ont en rien paralysé l'exercice de l'action qui lui est confiée, ou lorsque cette action se trouve éteinte. De même pour la partie civile, lorsque le fait qu'elle invoque n'a pu lui causer aucun préjudice. Quelques exemples éclairciront ces formules.

Ainsi l'accusé ne peut attaquer un arrêt qui le condamne à une peine moindre que celle portée par la loi (1), ou qui l'absout (2), ou qui n'a vu qu'une erreur là où il y avait un faux, et un abus de blanc-seing là où il y avait une escroquerie (3), etc... L'accusé est encore non-recevable à invoquer comme moyen de cassation le fait qu'il aurait été traduit devant une juridiction de droit commun, telle que la cour d'assises, au lieu de l'avoir été devant une juridiction exceptionnelle, telle qu'un conseil de guerre (4). Il serait de

de cette commission, dans la séance du 10 décembre 1808; dans Dalloz *Répert.*, vᵒ Cassation, p. 40, en note.

(1) Ch. cr., 21 oct. 1831; 27 fév. 1832; 18 mai 1837; Dalloz, *op. cit*, p. 139, note 4; — 6 décembre 1867, D. P., 1868, 1, 360; etc.

(2) Ch. cr., 20 janv. 1853, D. P., 1853, 1, 72;

(3) Sect. crim., 11 mars 1825, ét 19 mai 1826; Dalloz, *Répert.*, vᵒ Cass., nᵒ 144.

(4) Ch. cr., 20 juin 1839, *ibid.*, nᵒ 450.

même mal fondé à se plaindre : de ce que l'arrêt est entaché
de nullité à l'égard d'un chef sur lequel il aurait été acquitté (1) ; ou de ce que le délit a été mal qualifié, si la qualification exacte eût entraîné une peine plus forte ou même
égale (2), ou de ce que le jury a omis de répondre sur l'un des
chefs d'accusation (3) ; ou de ce qu'on a refusé d'entendre des
témoins à charge, etc... De son côté, le ministère public ne
pourrait se pourvoir quand l'action publique est éteinte, par
exemple après la mort de l'accusé. Il ne peut non plus attaquer : ni un arrêt qui repousserait une fin de non-recevoir
qu'il aurait proposée, si cet arrêt admet ses conclusions au
fond (4) ; ni un jugement qui en cas de vol ne prononcerait
pas la restitution des objets volés, ce qui n'intéresse que la
personne à qui elle est due ; ni un arrêt qui aurait déclaré
non-recevable un appel interjeté par le condamné seul, ni
une décision qui statuerait sur une contestation relative au
règlement des dépenses entre la partie civile et le prévenu (5).
Enfin la partie civile n'est pas fondée, par exemple, à tirer un
moyen de cassation du refus ou de l'omission d'entendre le
prévenu (6). — Mais dans la plupart de ces cas, le pourvoi
non-recevable peut être transformé par le procureur général
à la Cour de cassation en un pourvoi dans l'intérêt de la
loi, si la décision attaquée contient réellement une violation
de la loi.

34. — *Du pourvoi dans l'intérêt de la loi, et de l'annulation
pour excès de pouvoir.* — Le procureur général près la Cour de
cassation jouit, en effet, d'un droit qui n'appartient qu'à lui,
et qu'il exerce aussi bien en matière civile qu'en matière cri-

(1) Ch. cr., 18 mai 1872, D. P., 1872, 1, 158.
(2) Ch. cr., 14 sept. 1855, D. P., 1855, 1, 445 ; — et 23 août 1872, D. P.,
1873, 1, 169.
(3) Ch. cr., 4 avril 1844 ,Dalloz, *Répert.*, v° Cass., n° 451.
(4) Ch. cr., 26 août 1826 ; Dalloz, *op. cit.*, p. 143, note 6.
(5) Ch. cr., 9 juillet 1853, D. P., 1853, 5, 70.
(6) Cfr. Dalloz, *Répert.*, *loc. cit.*, note 7.

minelle : le droit de déférer à la Cour de cassation, tantôt spontanément, tantôt sur l'ordre formel du garde des sceaux, des décisions judiciaires entachées de nullité ou d'excès de pouvoir. Ce pourvoi n'est point formé dans l'intérêt des parties, bien que dans certains cas elles puissent se prévaloir de ses conséquences (1). La cassation n'est requise et prononcée en principe que dans l'intérêt de la loi, pour prévenir des jurisprudences mal fondées ou réprimer des écarts d'autorité. C'est alors surtout que la Cour suprême manifeste clairement sa grande attribution de tribunal régulateur. — Il faut bien distinguer le rôle du procureur général de la Cour de cassation suivant qu'il agit d'office ou sur l'ordre du ministre de la justice.

Dans le premier cas, il exerce un droit qui lui est personnel, et il l'exerce sous sa propre responsabilité : le garde des sceaux ne pourrait ni l'y contraindre ni l'en empêcher ; il ne peut que l'*inviter* à agir ou à s'abstenir. L'art. 88 de la loi du 27 ventôse an VIII dit en effet : « Si le commissaire du gouvernement apprend qu'il ait été rendu en dernier ressort un jugement contraire aux lois et aux formes de procéder, ou dans lequel un juge ait excédé ses pouvoirs, et contre lequel cependant aucune des parties n'ait réclamé dans le délai fixé, après ce délai expiré, il en donnera connaissance au Tribunal de cassation. » Il n'est pas question ici du ministre de la justice, mais bien du seul commissaire du gouvernement près le Tribunal de cassation, c'est-à-dire du procureur général (2). Le même article nous apprend que ce pourvoi formé dans l'intérêt de la loi ne peut être dirigé que contre un jugement en dernier ressort, et seulement si les parties ne l'attaquent pas : en effet la cassation dans l'intérêt de la loi n'a pas de raison d'être tant que la cassation avec effet utile est possible. En outre, l'intervention intempestive du procureur général aurait pour résultat de favoriser l'une des parties au détriment de l'autre, ce qui ne doit pas être. Il ne faudrait pas conclure de là que le pourvoi dans l'intérêt de la loi est ou-

(1) Cfr. *infra*, n° 57.
(2) Cfr. Delangle, *op. cit.*, n° 219.

vert seulement quand les parties ont elles-mêmes le droit d'exercer un recours ; il existe au contraire avec beaucoup plus d'extension, et sans qu'on puisse lui opposer certaines exceptions qui feraient repousser un pourvoi ordinaire. C'est ainsi que le procureur général peut attaquer pour d'autres causes que pour excès de pouvoir les sentences rendues en matière civile par les juges de paix (1). Si le pourvoi a lieu en matière civile, il y aura de plus cette particularité qu'il sera porté directement à la chambre civile, sans passer par l'examen préalable de la chambre des requêtes (2). La dignité dont est revêtu le procureur général de la Cour de cassation ne permet pas de supposer en effet que ses pourvois ne soient pas sérieux. Il peut les fonder sur la violation des lois et des formes ou sur l'excès de pouvoir des juges, selon l'art. 88 précité. L'art. 442 du Code d'instruction criminelle emploie même une formule plus large ; il suffit que le jugement soit « sujet à cassation », c'est-à-dire mérite d'être annulé, peu importe pour quel motif (3). Ce sont, en d'autres termes, les causes ordinaires de cassation que pourra invoquer le procureur général de la Cour suprême. Dans un cas particulier, le pourvoi dans l'intérêt de la loi peut être formé par le ministère public près les cours d'assises ; c'est le cas, nous l'avons vu, où il a été rendu une ordonnance d'*acquittement* (art. 409). Hors cette hypothèse, le procureur général de la Cour de cassation est seul compétent (4).

Dans le second cas, beaucoup de ces règles sont changées. Le procureur général n'a plus un droit propre ; il n'est que l'organe du gouvernement, et ne peut agir que sur un ordre formel, dont il doit justifier devant la Cour. C'est à vrai dire le gouvernement lui-même qui, par son intermédiaire, se pour-

---

(1) Cfr. Delangle, *op. cit.*, n°ˢ 226 et 224 ; — et *supra*, n° 31.

(2) Il en est de même des pourvois en cassation relatifs à la formation des listes électorales (loi du 30 novembre 1875).

(3) Sur l'application de cette règle en matière militaire, cfr. *infra*, n° 66-II.

(4) Cfr. Delangle, *op. cit.*, n°ˢ 220 et 222 ; — et les arrêts cités dans D. P., *Table des 22 années*, v° Cassation, n°ˢ 721-729.

voit en cassation (1), non plus seulement contre des jugements en dernier ressort, mais contre toute espèce d'actes judiciaires, et sans s'inquiéter de savoir si les parties sont encore ou non dans les délais légaux pour demander de leur côté la cassation, dans les cas où la loi le leur permet. En matière civile, le pourvoi est porté devant la chambre des requêtes, et doit être motivé sur l'excès de pouvoir ou un délit relatif à leurs fonctions, commis par les magistrats auteurs de l'acte incriminé. En matière criminelle, le pourvoi est porté à la chambre criminelle, et il suffit que l'acte déféré à la censure de la Cour de cassation soit *contraire à la loi* (art. 441). — Lorsque la Cour reconnaît le pourvoi fondé, elle *casse*, si le procureur général a agi de son propre mouvement dans l'intérêt de la loi ; elle *annule*, s'il a agi sur l'ordre du garde des sceaux. Il n'y a pas là une simple question de terminologie ; car la cassation dans l'intérêt de la loi et l'annulation pour excès de pouvoir n'ont pas toujours les mêmes effets, comme nous le verrons par la suite (*infra* n° 57.)

§ III : — A QUELLES RÈGLES DE PROCÉDURE UN POURVOI DOIT SATISFAIRE.

Un pourvoi, pour être recevable, doit encore remplir plusieurs conditions, tenant uniquement à la procédure, et que nous allons indiquer le plus rapidement possible. On peut les ranger sous trois chefs distincts : le pourvoi doit être fait dans les délais, revêtu de certaines formes, et accompagné de la consignation d'une amende. En matière criminelle il faut quelquefois une quatrième condition : la mise en état.

35. — *Des délais du pourvoi, en matière civile et criminelle.* — Le délai en matière *civile* a plusieurs fois varié. Il était de six mois d'après le règlement de 1738, et se trouvait ré-

____

(1) Le gouvernement, par la voie de son commissaire, dénoncera... » dit l'article 80 de la loi du 27 ventôse an VIII.

duit de moitié depuis le décret du 27 novembre 1790 (art. 14),
lorsque la loi du 2 juin 1862 (art. 1) le fixa à *deux* mois. C'est
donc aujourd'hui le même délai que pour l'appel et la requête
civile (1). Les deux mois courent du jour de la signification,
à personne ou domicile, de la décision frappée du pourvoi.
Si le jugement ou l'arrêt est par défaut, le délai ne court
qu'à compter du jour où l'opposition n'est plus recevable
(art. 1-2°) (2). Il est d'ailleurs susceptible d'être augmenté à
raison de l'éloignement du domicile du demandeur (art. 5),
ou à raison de l'absence forcée de l'une des parties, employée
par exemple hors de France à un service public de terre ou
de mer (art. 4.) Il est au contraire restreint en matière d'ex-
propriation pour cause d'utilité publique (3). Quant aux lettres de relief de laps de temps, usitées devant le Conseil des
parties, elles ont été formellement abrogées par le décret de
1790 (art. 14). De même toutes les distinctions tenant à la
qualité des personnes ont disparu. Le délai est devenu le
même pour tout le monde ; les mineurs mêmes y sont
soumis (4).

En matière *criminelle*, le délai est beaucoup plus court.
L'art. 373 du Code d'instruction porte en effet : « Le condamné aura trois jours *francs*, après celui où son arrêt aura
été prononcé, pour déclarer au greffe qu'il se pourvoit en cassation. » Ainsi un arrêt rendu le 1er juillet ne serait plus valablement attaqué le 6 (5), à moins cependant que le condamné ne justifiât de ses diligences pour réaliser sa déclaration de pourvoi. La jurisprudence admet même la recevabilité d'un pourvoi, lorsqu'il est constaté que c'est par un fait

____

(1) Dans certains pays, le délai du pourvoi en cassation est beaucoup
plus court. En Portugal, il est de dix jours ; dans le canton de Neufchâtel, de sept (*Ann. de légis. étrangère*, t. VI (1877), p. 453, et t. VII (1878),
p. 636.

(2) Cfr. Ch. req., 8 nov. 1865, D. P., 1866, 1, 203 ; — et Ch. civ.,
9 avril 1873, D. P., 1873, 1, 439.

(3) Loi du 3 mai 1841, art. 20 et 42.

(4) Suivant le règlement de 1738, il fallait leur réitérer la signification
à leur majorité pour faire courir les délais (*supra*, n° 17).

(5) Cfr. Delangle, *op. cit.*, n° 527.

indépendant de la volonté du demandeur qu'il a été tardivement formé (1). Le ministère public et la partie civile ont en principe le même délai (art. 373) ; mais l'art. 374 n'accorde que vingt-quatre heures pour se pourvoir : 1° au ministère public contre les ordonnances d'acquittement dans l'intérêt de la loi (art. 409) ; 2° à la partie civile, dans les cas d'acquittement ou d'absolution, contre les dispositions qu'il lui est permis d'attaquer (art. 412). — L'art. 373 n'est relatif qu'aux affaires soumises au jury. Mais, comme les art. 177 et 216, en autorisant le pourvoi en matière de police simple ou correctionnelle, ne fixent pas le délai dans lequel il doit être exercé, il a bien fallu recourir à l'art 373, et l'étendre à toutes les matières pénales en général (2). — Par exception, l'accusé renvoyé en cour d'assises par la chambre des mises en accusation, et le procureur général ont un délai de *cinq* jours pour se pourvoir contre l'arrêt de renvoi, dans les quatre cas suivants : 1° pour cause d'incompétence ; 2° si le fait n'est pas qualifié crime par la loi ; 3° si le ministère public n'a pas été entendu ; 4° si l'arrêt n'a pas été rendu par le nombre de juges fixé par la loi (3).

Les divers délais que nous venons d'énumérer ne courent en cas de jugements préparatoires ou d'instruction qu'à compter du jugement définitif, conséquence forcée de cette règle que le recours n'est ouvert qu'à partir de ce dernier jugement. Ils courent au contraire, en cas de jugements interlocutoires qui sont définitifs sur le point qu'ils tranchent, et en cas de jugements provisoires, à dater du jour où ils sont prononcés. Un pourvoi formé contre le jugement définitif ne pourrait pas attaquer en même temps ceux des jugements interlocutoires à l'égard desquels le délai serait expiré. — La fin de non-recevoir opposable au pourvoi tardif est de telle rigueur que la Cour de cassation doit la suppléer d'office. Ce point est très

(1) Cfr. Faustin-Hélie, *op. cit.*, t. IX, p. 386-387.

(2) Cfr. Delangle, *op. cit.*, n° 528; — Ch. cr., 16 nov. 1848, D. P., 1848, 5, 40; — et 1er avril 1865, D. P., 1867, 5,56; etc.

(3) Art. 296, 298, 299, cbn. — Cfr. *supra*, n° 31 ; et Delangle, *op. cit.*, n° 529.

important à constater, parce que les déchéances ont en cette matière un résultat irréparable ; on ne peut pas renouveler un pourvoi rejeté alors même qu'on serait encore dans les délais pour en former un second, et qu'on prétendrait avoir d'autres moyens (1).

Les pourvois présentés d'office dans l'intérêt de la loi, ou sur l'ordre du garde des sceaux, par le procureur général près la Cour de cassation, ne sont limités par aucun délai. Le procureur général est seulement tenu d'attendre, pour agir de lui-même, l'expiration du délai donné aux parties. Le garde des sceaux, dans les cas où la loi lui confère l'initiative, n'est pas soumis à cette restriction (2).

36.— *Des formes du pourvoi en matière civile.*— Le pourvoi doit revêtir certaines formes, qui varient suivant qu'il est dirigé contre un jugement civil ou un jugement criminel. Mais dans les deux cas ces formes sont en général de rigueur, et ne peuvent être remplacées par aucune autre ; il importe en effet que la volonté de se pourvoir soit constatée suivant le mode établi par la loi. La jurisprudence n'admet qu'il soit possible de déroger aux formes que dans le cas où quelque empêchement de fait s'oppose à leur accomplissement, voulant tout à la fois préserver le droit des parties contre les entraves qu'il pourrait rencontrer, et protéger les droits acquis par l'expiration des délais. Ce sont ces deux principes qui dominent la matière (3). La Cour de cassation les applique avec rigueur en matière civile ; elle s'en relâche plus facilement en matière criminelle.

Les formes du pourvoi *civil* sont encore déterminées aujourd'hui par le règlement de 1738. Le décret de 1790 (art. 28) disait en effet que ce règlement demeurerait en vigueur « provisoirement et jusqu'à ce qu'il en ait été autrement statué ». Or, en compulsant la longue série des documents législatifs

____

(1) Règlement de 1738, 1ʳᵉ partie, titre IV, art. 39.

(2) Cfr. art. 80, 88 de la loi du 27 ventôse an VIII, et 441, 442 du Code d'instruct. crim.

3) Cfr. Faustin-Hélie, *op. cit.*, p. 393.

ou règlementaires relatifs à la cassation, on ne trouve de règlementation nouvelle qu'en matière criminelle. En matière civile, le provisoire dure toujours. Ce sera donc par une requête en forme de vu d'arrêt adressée aux membres de la Cour de cassation que sera introduit le pourvoi. Cette requête doit être signée par un avocat à la Cour de cassation; et cette signature est une condition essentielle à sa réception. Seuls, le ministère public et les préfets plaidant en matière domaniale en sont dispensés. Le règlement de 1738 (art. 7) exigeait en outre la signature de deux avocats consultants; mais cette obligation a été supprimée par un décret du 19 août 1793. Peut-être faut-il le regretter; car c'était un moyen d'empêcher certains pourvois dépourvus de tout fondement d'arriver jusqu'à la Cour de cassation et de lui faire perdre des instants précieux.

La requête doit contenir l'indication des parties et du jugement attaqué, l'exposé des moyens, des conclusions à fin de cassation et de restitution des amendes, et l'énonciation des pièces produites. L'indication des parties et du jugement attaqué peut être faite d'une manière sommaire et même incomplète, sans faire encourir au demandeur la déchéance de son pourvoi, parce que cette désignation se trouvera toujours faite avec tous les détails voulus dans les pièces annexées à la requête. Mais l'exposé des moyens de cassation doit être clair et précis. La Cour suprême rejette impitoyablement, et avec raison, tous les pourvois où ces moyens sont indiqués d'une façon trop vague. Toutefois elle n'exige pas qu'ils soient *développés* dans la requête (1). Dans la pratique, les avocats les y mentionnent simplement, se réservant de les développer par la suite dans un mémoire ampliatif qui peut être déposé même après les délais. Cette pratique a été consacrée par l'art. 11 de l'ordonnance royale du 15 janvier 1826 (2). — La Cour, en principe, par respect pour l'autorité de la chose jugée, ne doit pas suppléer d'office les moyens proposés par le demandeur: s'ils sont insuffisants, elle doit

(1) Cfr. Delangle, *op, cit.*, n°ˢ 450 à 452.
(2) Ch. civ., 13 nov. 1844, D. P.. 1845, 1, 63.

rejeter le pourvoi, alors même qu'à côté des ouvertures de cassation invoquées il s'en trouverait de péremptoires. Mais l'avocat général de service peut toujours transformer le pourvoi dont il s'agit en un pourvoi dans l'intérêt de la loi. La Cour va quelquefois plus loin : quand l'ordre public l'exige impérieusement, elle supplée les moyens d'office; mais c'est un fait très rare en matière civile, plus fréquent en matière criminelle.

A sa requête le demandeur doit annexer toutes les pièces qu'il annonce devoir fournir; mais cette mesure, prescrite dans son intérêt, ne l'est pas à peine de nullité. Au contraire il serait déchu irrévocablement, s'il omettait de joindre au pourvoi la copie signifiée ou une expédition en forme de la décision attaquée. Cette exigence a lieu aussi bien pour le ministère public que pour les parties; et on comprend aisément qu'elle soit de rigueur : comment la Cour de cassation pourrait-elle casser un jugement dont elle ne connaîtrait la teneur que par les indications intéressées des parties ? Il est évidemment nécessaire que les conseillers aient sous les yeux le texte même de ce jugement. Cette nécessité doit conduire à décider qu'en cas de contrariété d'arrêts, il faudra joindre aux pièces la copie des deux arrêts, et non pas seulement de celui qui est l'objet du pourvoi (1). De même quand une cour d'appel adopte les motifs des premiers juges, il sera bon d'annexer à l'arrêt le jugement du tribunal (2); cependant la loi ne l'ayant pas formellement prescrit, la Cour de cassation ne pourrait pas rejeter le pourvoi comme irrégulièrement fait, mais seulement comme non justifié (3). — Une fois le pourvoi en règle, c'est au greffe civil de la Cour de cassation qu'il doit être déposé, et déposé entre les mains du greffier. Fait hors du greffe, le dépôt ne serait pas valable. Le règlement de 1738 et l'ordonnance royale de 1826 s'expriment à cet égard en termes formels (4).

---

(1) Cass., 14 fév. 1837 ; Dalloz, *Répert.*, v° Cass., p. 214, note 2.

(2) Cfr. en ce sens plusieurs arrêts de la Cour de cass., l'un|notamment du 11 nov. 1828 ; Dalloz, *ibid.*, p. 215, note 1.

(3) Cass., 22 juillet 1840 ; *ibid.*, note 2.

(4) Règl. de 1738, 1re partie, tit. 4, art. 7 : « La requête... sera remise au *greffier* du Conseil, » -- et ordon. du 15 janv. 1826, art. 7 : « Il y a

37. — *Des formes du pourvoi en matière criminelle.* — Tout autres sont les formes du pourvoi en matière *criminelle*. Ce n'est pas par une requête déposée au greffe de la Cour de cassation qu'il s'introduit, c'est par une déclaration faite au greffier de la cour ou du tribunal qui a rendu la sentence incriminée (1). Les art. 417 et 422 du Code d'instruction criminelle n'ont fait que reproduire à cet égard les art. 440 et 447 du Code de brumaire an IV (2). Il est certainement dans le vœu de la loi que la déclaration soit faite au greffe même; mais elle ne l'exige pas. Il suffit que la déclaration soit reçue par le greffier (art. 417) (3). Exiger en effet qu'elle fût portée au greffe, c'eût été dans beaucoup de cas mettre obstacle au pourvoi, par la difficulté de le réaliser. Quand un condamné est détenu, par exemple, il est beaucoup plus simple d'appeler le greffier près de lui, que de le conduire près du greffier. Il peut se faire que le greffier, prévenu cependant en temps utile, n'arrive à la maison d'arrêt qu'après le délai du pourvoi. La déclaration reçue dans ces conditions sera-t-elle tardive ? Il serait évidemment inique d'imputer au détenu une faute qu'il n'a point commise; aussi la jurisprudence admet-elle que la manifestation de la volonté de se pourvoir, faite par le condamné au concierge de la prison ou même à sa femme, suffit pour éviter la déchéance. Si le greffier refusait de venir ou refusait de recevoir la déclaration, il a été jugé que le condamné pourrait valablement la faire recevoir par un notaire ou un autre officier public, à la charge toutefois de faire constater par lui le refus du greffier (4). Si le greffier donnait

pour le service de la Cour un registre général sur lequel sont inscrites toutes les affaires par ordre de dates et de numéros, au moment de leur dépôt au *greffe.* » Ces dispositions n'ont pas toujours été fidèlement observées dans la pratique; cfr. Dalloz, *op. cit.*, n°s 814 et 815.

(1) Ch. cr., 28 fév. 1879, D. P., 1880, 5, 51.

(2) Dans Duvergier, *op. cit.*, t. VIII, p. 506.

(3) M. Faustin-Hélie, *op. cit.*, p. 394, semble être d'un avis différent et regarder ce qui se passe en pratique comme un tempérament apporté par la jurisprudence à la loi. Mais cette opinion excède les termes de l'art. 417.

(4) Cfr. Dalloz, *Répert.*, v° Cass., n°s 832 et 836; — Delangle, *op. cit.*, n° 554; — Ch. cr., 24 juillet 1874, D. P., 1876, 1, 505.

acte lui-même de son refus, cet acte équivaudrait évidemment
à la réception de la déclaration. Mais hors ces cas où aucune
faute n'est imputable au condamné, la Cour de cassation n'admet pas, et à juste titre, qu'on puisse substituer à la déclaration faite au greffier des formalités équivalentes (1).

Il n'est pas nécessaire du reste que la déclaration du pourvoi soit faite par le condamné lui-même ; elle peut l'être aussi,
aux termes de l'art. 417, « par son avoué, ou par un fondé de
pouvoir spécial. » Comme il est rare qu'en matière criminelle
l'inculpé ait un avoué, il a été admis pour donner un sens à
l'article, qu'un avoué quelconque du tribunal ou de la cour
qui a prononcé la condamnation pourrait former un pourvoi
au nom du condamné, sans avoir besoin pour cela d'un mandat spécial (2). L'avocat qui a prêté son concours au condamné
pendant les débats pourrait-il former un pourvoi en son
nom ? Comme l'art. 417 ne le nomme pas à côté de l'avoué,
il s'est produit deux opinions : l'une tend à le confondre au
point de vue qui nous occupe avec la personne même de son
client, et à le regarder « comme investi de ses pouvoirs à
l'effet de rendre sa défense complète », jusques et y compris
le pourvoi en cassation (3). L'autre, plus juridique à notre avis,
se fonde sur les termes mêmes de l'art. 417, et exige que l'a-
vocat soit muni d'un pouvoir spécial (4). Ce pouvoir demeure
annexé à la déclaration, laquelle doit être signée par le greffier, et par le condamné ou par son représentant. Si le déclarant ne peut ou ne veut signer, le greffier en fait mention. Il
inscrit ensuite la déclaration sur un registre à ce destiné,
public, et dont toute personne a le droit de se faire délivrer
un extrait (art. 417).

Ces règles s'appliquent aussi au pourvoi formé par le ministère public ou par la partie civile. Mais il faut de plus qu'il soit

____

(1) Cfr. les nombreux arrêts cités dans Dalloz, *Répert.*, v° Cass.,
n° 826 ; — et Delangle, *op. cit.*, n° 551.

(2) Cfr. Delangle, *op. cit.*, n° 556.

(3) Cassat., 1er décembre 1854 ; — c'est aussi l'opinion de M. Faustin-
Hélie, *op. cit.*, p. 393.

(4) Dalloz, *op. cit.*, n°° 376 et 848 ; — et Delangle, *op. cit.*, n° 557.

notifié dans le délai de trois jours à la partie contre
laquelle il est dirigé. Cette notification lui est faite par le
greffier si elle est détenue, par ministère d'huissier si elle est
en liberté (art. 418). Le délai de trois jours n'est pas fixé à
peine de nullité : la notification pourrait donc être encore faite
régulièrement après son expiration. C'est ce qu'a décidé un
arrêt des chambres réunies qui déclare «qu'aucune déchéance
du pourvoi formé en temps utile n'est prononcée par l'art. 418
pour le cas où la notification à la partie ne serait faite que
postérieurement au délai indiqué par cet article (1). » Le défaut même de notification n'entraînerait point déchéance du
pourvoi (2); mais il ne faut pas néanmoins que l'omission de
cette formalité puisse nuire à la défense. Si donc le condamné,
non averti, n'a pu présenter ses moyens devant la Cour de
cassation, l'arrêt rendu par la chambre criminelle sera considéré comme étant par défaut à son égard; et par une dérogation formelle aux règles de procédure suivies devant la Cour
suprême, il pourra lui former opposition (3).

Après avoir fait la déclaration, le condamné et la partie
civile ont deux voies ouvertes devant eux : ils peuvent soit
déposer la requête contenant les moyens de cassation au
greffe qui a déjà reçu la déclaration (art. 422), soit la transmettre directement au greffe de la Cour de cassation (art. 424).
Dans le premier cas, le condamné n'est pas obligé de joindre
à sa requête la copie du jugement prononcé contre lui ; il le
peut, mais il n'y est pas forcé. Sous l'empire du décret des
7-10-15 avril 1792 (art. 2), c'était au commissaire du gouvernement que ce soin appartenait exclusivement; il doit encore
le remplir aujourd'hui. Le Code d'instruction criminelle ne
s'exprime pas, il est vrai, dans des termes d'une grande précision ; mais l'art. 423, qui impose au ministère public l'obligation de faire passer au ministre de la justice les *pièces du*

----

(1) Ch. réunies, 2 mars 1838, et autres arrêts cités dans Faustin-
Hélie, *op. cit.*, p. 397.

(2) Cfr. les arrêts cités *ibid*.

(3) Cfr. les arrêts cités dans Faustin-Hélie, *op. cit.*, p. 398, en note ; —
et la critique de cette jurisprudence dans Delangle, *op. cit.*, nᵒˢ 562 et
563.

procès et les requêtes des parties, peut être considéré comme ayant compris dans les mots *pièces du procès* la copie authentique du jugement. Si, au lieu du condamné, c'est la partie civile qui se pourvoit, elle ne pourrait se reposer sur le ministère public du soin d'envoyer l'expédition de l'arrêt; l'art. 419 lui en fait à elle-même une obligation. Le règlement de 1738, auquel est empruntée cette disposition, ajoutait : « Sinon, la requête ne pourra être reçue (1). » Ces mots n'ont pas été réproduits dans l'art. 419; et l'on en a conclu que la Cour de cassation peut, avant de rejeter la requête, accorder à la partie civile un délai pour produire l'expédition exigée. Quand toutes les pièces sont rassemblées au greffe, le ministère public les expédie au garde des sceaux, dix jours après la déclaration. Le garde des sceaux à son tour les transmet dans les vingt-quatre heures à la Cour de cassation, qui se trouve ainsi saisie de l'affaire (art. 423, 424). — Ce moyen était autrefois le seul possible : l'art. 424-2° du Code d'instruction criminelle, en permettant la transmission directe de la requête à la Cour de cassation, soit par le condamné, soit par la partie civile, a introduit une faculté nouvelle. Mais la partie civile n'en peut user que par le ministère d'un avocat à la Cour de cassation, ce qui est une restriction gênante; et si le condamné oublie d'annexer quelque pièce à son pourvoi, il devient responsable de son omission. La Cour de cassation prononcera sa déchéance, au lieu de réclamer la pièce oubliée par un arrêt d'avant-dire droit, comme elle le fait toujours quand le condamné s'est fié au ministère public.

38.— *De la consignation d'une amende, en matière civile et criminelle.* — La troisième condition que doit remplir le demandeur en cassation pour que son pourvoi soit reçu est la consignation d'une amende, dont la quittance doit être en principe annexée à la requête. Cette amende a pour but : 1° de rendre plus difficile l'usage du pourvoi en cassation, qui ne doit jamais perdre son caractère de remède extra-

____

(1) Règl. de 1738, 1ʳᵉ partie, tit. IV, art. 4.

ordinaire ; 2° de forcer la partie à' réfléchir plus sérieusement aux chances qu'elle peut avoir de réussir dans sa demande,
et à s'abstenir de faire un pourvoi dépourvu de fondement.
L'amende n'est donc autre chose que la sanction du respect
dû aux décisions judiciaires. Aussi n'est-elle pas consignée
pour les pourvois en règlement de juges ou en contrariété
d'arrêts (1); et doit-elle être restituée si la cassation est prononcée, le demandeur ayant eu dans ce cas raison de se
pourvoir (2).

I. — Cette nécessité de consigner une amende est très ancienne. Nous l'avons vue consacrée dans l'ordonnance de
1331 (*suprà* n° 6) pour la proposition d'erreur. L'art. 16 du
titre XXXV de l'ordonnance d'avril 1667 la fixa pour les requêtes civiles à 300 livres envers le roi et 150 livres envers
la partie adverse, si le jugement attaqué était contradictoire,
et à 150 et 75 livres s'il était par défaut. L'art. 62 du règlement du 3 janvier 1673 sur la procédure du Conseil privé
étendit cette dernière disposition aux requêtes en cassation.
En 1674, on fit un essai malheureux : l'art. 8 du règlement
du 17 octobre supprima la consignation d'amende, « afin de
laisser aux sujets du roi, dit le préambule. la liberté d'appro-
cher de son trône. » Mais des abus se produisirent, les requêtes se multiplièrent à l'excès, et il fallut rétablir la mesure supprimée (3 février 1714). En même temps, l'amende fut
dédoublée : le demandeur ne fut plus obligé de consigner en
présentant sa requête que 150 livres pour le roi et 75 pour la
partie adverse, si le jugement était contradictoire ; il ne con-
signait le reste que si sa requête était admise. Ces chiffres
étaient réduits de moitié pour les jugements par défaut. Le
règlement de 1738 vint encore modifier ce point, et poser

(1) Règl. de 1738, 1ʳᵉ partie, tit. VI, art. 2.

(2) En Russie, existe une institution analogue : aucun recours en
cassation ne peut être reçu, si le demandeur ne fournit au préalable
une *caution*. Cette caution est exigée en principe de toute personne,
sauf les exceptions indiquées dans la loi. Une loi du 10 (22) juin 1877,
modifiant le Code de procéd. crim. russe, en dispense les prévenus
maintenus en détention (*Ann. de législat. étrangère.*, t. VII (1878), p. 683 et
685).

dans l'art. 5 (1re p., tit. IV) la règle suivante : « Le demandeur en cassation sera tenu de consigner la somme de 150
livres pour l'amende envers Sa Majesté, lorsqu'il s'agira d'un
arrêt ou jugement contradictoire, et celle de 75 livres, s'il ne
s'agit que d'un jugement par défaut ou par forclusion, desquelles sommes le receveur des amendes se chargera sans
droits ni frais, et sera la quittance de consignation jointe à la
requête en cassation, sinon ladite requête *ne pourra être reçue*. » Il n'est plus question, on le voit, de consignation d'a-
mende envers la partie adverse, mais seulement envers le roi.

Cette obligation subsista jusqu'à la fin de la monarchie,
tant en matière criminelle qu'en matière civile, mais en 1791,
l'art. 12 du décret des 2-3 juin disposa : « Toute consignation d'amende en matière criminelle est défendue. » Comme
en 1674, les abus obligèrent de restreindre cette règle. Les
pourvois en matière correctionnelle et de simple police devinrent si nombreux qu'il fallut y mettre un frein : la loi du
14 brumaire an V remit en vigueur l'art. 5 du règlement de
1738 en matière correctionnelle et municipale ; et l'art. 419
du Code d'instruction criminelle imposa la consignation de
l'amende à la partie civile, même en matière criminelle, de
sorte que sous l'empire de ce Code les seules personnes exemptées de la consignation d'amende étaient, aux termes de l'art.
420, les personnes dispensées de l'amende elle-même, et les
indigents. L'art. 420 a été récemment modifié par une loi du
28 juin 1877, qui ajoute en troisième lieu « les condamnés en
matière correctionnelle et de police emportant privation de
la liberté. »

II. — Un mot sur chacune de ces catégories. Les personnes
exemptées de l'amende elle-même sont : en matière *civile*, le
ministère public et les préfets plaidant en matière domaniale ;
et en matière *criminelle* : 1° le ministère public ; — 2° « les
agents publics pour affaires qui concernent directement l'administration et les domaines de l'État. » Ces derniers mots de
l'art. 420-1° s'appliqueront par exemple aux agents de l'administration des eaux et forêts, des douanes, des contributions
indirectes, des postes et des télégraphes, etc..., mais non au
ministère public, dont le droit ne saurait évidemment être

restreint au cas qu'ils indiquent. Pour lui le principe ressort
de la force des choses et non de l'art. 420 ; — 3° les condamnés en matière criminelle. La loi n'a pas voulu, à cause de la
gravité des peines qui les frappent, mettre obstacle à leurs
pourvois, en leur imposant une consignation qu'ils peuvent
être hors d'état d'opérer.

C'est le même motif qui a conduit le législateur de 1877 à
dispenser de la consignation tout condamné à des peines
correctionnelles ou de simple police emportant privation de la
liberté. Mais pour éviter les abus qui s'étaient produits après
1791, il n'a pas cru devoir les dispenser de l'amende elle-
même, espérant que les condamnés frappés seulement de
peines légères hésiteraient à formuler des pourvois sans fondement, par crainte de l'amende qui reste suspendue sur
leur tête, espoir évidemment chimérique lorsqu'il s'agit des
pénalités criminelles. Dans ce dernier cas d'ailleurs, l'humanité commandait de n'entraver d'aucune manière des recours
qui peuvent conduire à prévenir d'irréparables erreurs. Quant
aux condamnés à des peines pécuniaires de police correctionnelle ou simple, ils sont toujours soumis à la consignation.
Il en est de même des individus absous ou acquittés sur l'action publique, quand ils ne sont condamnés qu'à des dommages-intérêts, alors même que l'accusation aurait porté sur
un fait qualifié crime (1).

Pour les indigents, sous l'empire du règlement de 1738, ils
étaient dispensés de la consignation par le chancelier (2).
Aujourd'hui ils doivent remplir certaines formalités énoncées
dans l'art. 420-2°, ainsi modifié par la loi du 28 juin 1877 :
« Sont dispensées de la consignation : 1°... 2° Les personnes
qui joindront à leur demande en cassation : premièrement, un
extrait du rôle des contributions constatant qu'elles payent
moins de six francs, ou un certificat du percepteur de leur
commune portant qu'elles ne sont point imposées, et deuxième-

____

(1) Cfr. les arrêts cités dans Dalloz, *op. cit.*, p. 179, note 2 ; — et dans
Faustin-Hélie, *op. cit.*, p. 405, note 2. — *Adde* Ch. cr., 12 déc. 1872,
D. P., 1873, 1, 399, et la note qui accompagne cet arrêt.

(2) Tolozan, *op. cit.*, p. 268 ; — Dénizart, *op. cit*, v° Cassation, § 6, t. IV,
p. 297.

ment un certificat constatant qu'elles sont, à raison de leur
indigence, dans l'impossibilité de consigner l'amende. Ce certificat leur sera délivré par le maire de la commune de leur
domicile ou par son adjoint, approuvé par le sous-préfet de
l'arrondissement, ou dans l'arrondissement du chef-lieu
de département par le préfet (1). » L'indigence ne peut être
prouvée que par ces deux pièces, qui doivent être person-
nelles et délivrées en vue du pourvoi. La Cour de cassation
s'est toujours montrée rigoureuse pour la stricte exécution
de ces règles (2). Cependant il a été admis qu'en matière
civile l'irrégularité des certificats n'entraînerait pas immédiatement déchéance, et que la Cour pourrait assigner un
délai pour les régulariser ; mais cette décision est difficile à
appliquer en matière criminelle, la Cour étant obligée de statuer sur les recours dans le mois au plus tard (art. 425). Il y
a donc nécessité de prononcer la déchéance, si les pièces
n'ont pas été régularisées dans ce délai (3). Si l'on admettait
en effet avec trop de facilité les dispenses de consignation
pour indigence, on enlèverait à la règle la plus grande partie
de son utilité.

III. — L'amende doit être consignée entre les mains du
receveur de l'enregistrement, soit du lieu où siège la cour ou
le tribunal qui a rendu le jugement attaqué, soit du lieu où
siège la cour de cassation. Il faut justifier de la consignation
avant le jugement du pourvoi, et pour cela annexer à la
requête la quittance du receveur. Cette règle est exigée à
peine de nullité en matière civile (4). On se montre moins
rigoureux en matière criminelle ; et pourvu que la quittance
soit mise sous les yeux de la Cour avant l'arrêt à intervenir,
la déchéance ne sera pas prononcée (5). La Cour rétracte

______

(1) L'ancien art. 420-2° exigeait à la fois le *visa* du sous-préfet et l'*approuvé* du préfet.

(2) Ch. req., 2 avril 1872, D. P., 1872, 1, 365 ; — et 11 juin 1872, D. P.,
1873, 5, 49, etc... — Ch. cr., 8 nov. 1866, D. P., 1867, 5, 51 ; — et les
arrêts cités dans D. P., *Table des* 22 *années*, v° Cassation, n°° 112 et suiv.

(3) Cfr. Faustin-Hélie, *op. cit.*, t. IX, p. 413.

(4 Règlement de 1738, 1°° partie, tit. 1V, art. 5.

(5) Ch. cr., 29 juin 1850, D. P., 1850, 5, 50.

même ses arrêts de rejet, lorsque, la consignation ayant été faite en temps utile, on ne peut imputer au demandeur le défaut ou le retard de la justification (1) ; mais elle ne les rétracte pas si le demandeur est en faute (2).

Lorsqu'un seul demandeur se pourvoit par une même requête contre plusieurs jugements, doit-il consigner plusieurs amendes ? Une distinction est ici nécessaire. Si les jugements attaqués sont la conséquence les uns des autres, une seule amende suffit ; tels seraient par exemple les cas où un demandeur attaque à la fois un jugement statuant sur la compétence et un jugement statuant sur le fond (3), ou bien l'arrêt de renvoi devant la cour d'assises et l'arrêt de cette cour (4). Il faut au contraire consigner autant d'amendes qu'il y a de décisions attaquées, lorsqu'elles portent sur des faits différents, ou se réfèrent à des intérêts distincts (5). Il le faut toujours lorsque le demandeur fait des pourvois séparés. — En sens inverse, si plusieurs demandeurs se pourvoient contre un même jugement, doivent-ils une ou plusieurs amendes ? Une distinction analogue à la précédente, et susceptible de se combiner avec elle, doit être faite. Une seule amende suffit, lorsque tous les demandeurs ont le même intérêt (6) ; ce sont par exemple des cohéritiers, qui se pourvoient contre un jugement qui leur dénie leur qualité ; ou des individus condamnés pour un même délit, qu'ils invoquent (7) ou non (8) les mêmes moyens de cassation, et alors même

(1) Cfr. pour les applications de cette idée : Delangle, *op. cit.*, n° 637 ; — Faustin-Hélie, *op. cit.*, t. IX, p. 407 ; — les arrêts cités par ces auteurs ; — et Ch. cr., 1er fév. 1872, D. P., 1872, 1, 205.

(2) Ch. cr., 24 déc. 1844, Dalloz, *Répert.*, v° Cass., p. 218, note 3.

(3) Ch. civ., 21 déc. 1842 ; 21 août 1843 ; Dalloz, *op. cit.*, p. 170, note 2 .

(4) Ch. crim., 26 août 1837 ; et autres exemples, dans Faustin-Hélie, *op. cit.*, p. 409.

(5) Cfr. Dalloz, *op. cit.*, n° 618 ; — et Delangle, *op. cit.*, n° 433.

(6) Ch. civ., 23 déc. 1879, D. P., 1880, 1, 136 ; — 14 juin 1881, D. P., 1882, 1, 105.

(7) Ch. cr., 9 août 1843, et arrêts antérieurs, Dalloz, *Répert.*, v° Cassat., p. 172, note 2 ; — 19 déc. 1868, D. P., 1872, 5, 62.

(8) Ch. cr., 16 janvier 1843, Dalloz, *Répert.*, *loc. cit.*, note 3.

qu'ils se pourvoient par des actes séparés (1) ; ou encore des
personnes condamnées solidairement, soit à une amende, soit
à des dommages-intérêts (2). Il faut plusieurs consignations
au contraire, lorsque les intérêts des demandeurs sont différents (3) ; les uns par exemple ont succombé par une fin
de non-recevoir, les autres au fond. Si dans ce dernier cas
les demandeurs ne consignaient qu'une seule amende, ils
seraient tous déchus de leur pourvoi ; car, à moins d'une
réserve de leur part, l'amende ne saurait être attribuée à
l'un plutôt qu'à l'autre ; et il faudrait les considérer comme
en ayant chacun fourni une partie aliquote, évidemment
insuffisante pour chacun d'eux à satisfaire aux termes de la
loi (4).

39. — *De la mise en état, en matière criminelle.* — Les conditions que nous venons d'étudier suffisent pour les pourvois
en matière civile ; mais pour certains pourvois en matière criminelle, il en est une quatrième empruntée, comme la consignation d'amende, à notre ancien droit. Nous voulons parler
de la *mise en état,* c'est-à-dire de l'acte du demandeur qui se
constitue prisonnier. Cette mesure est édictée par l'art. 421 du
Code d'instruction criminelle, modifié par la loi du 28 juin 1877,
pour les condamnés à une peine emportant privation de la liberté pour une durée de plus de six mois (5). Elle se justifie
par une double considération que l'on retrouve nettement ex-
primée dans les travaux préparatoires du Code d'instruction
criminelle. « Pour implorer la protection de la justice, disait
M. Muraire au Conseil d'Etat, il faut d'abord lui obéir (6). »
Et le rapporteur du Corps législatif ajoutait : « L'art. 421

(1) Cfr. les arrêts cités dans Faustin-Hélie, *op. cit.,* p. 409, notes 10 à
12 ; — et Ch. cr., 23 avril 1863, D. P., 1863, 1, 267 ; — et 31 déc. 1864,
D. P., 1865, 1, 323.

(2) Cfr. Faustin-Hélie, *ibid.,* note 14.

(3) Ch. civ., 4 mai 1881, D. P., 1881, 1, 471.

(4) Cfr. Ch. civ., 20 juin 1855, D. P., 1855, 1, 313.

(5) L'ancien art. 421 exigeait la mise en état pour tout condamné à des
peines privatives de liberté, même pour moins de six mois.

(6) Cfr. Locré, t. XXIV, p. 331.

empêchera les condamnés à l'emprisonnement de se pourvoir en cassation dans l'unique but de se soustraire aux peines contre eux prononcées (1). » Ces motifs sont certainement fondés ; mais sont-ils suffisants ? On peut en douter. Si l'on réfléchit surtout que le pourvoi en matière criminelle a un effet suspensif, il peut paraître à bon droit singulier d'exiger d'un condamné jusqu'alors laissé en liberté qu'il commence l'exécution d'une peine qui n'est pas encore exécutoire. Avant la modification introduite par la loi de 1877, le principal effet de la mise en état exigée était d'empêcher le recours des petits condamnés, et sous ce rapport la portée pratique de l'art. 421 avait dépassé les prévisions du législateur (2). Aujourd'hui les inconvénients de la mesure sont fort affaiblis, mais la distinction faite en 1877 entre les peines supérieures ou inférieures à six mois ne nous semble pas complètement rationnelle. Il aurait mieux valu, croyons-nous, distinguer suivant que le condamné avait été ou non l'objet d'un mandat d'arrêt ou de dépôt, le soumettre à la mise en état dans le premier cas, et l'en dispenser dans le second. L'art. 421 permet, il est vrai, d'arriver à ce résultat par la pratique intelligente de la mise en liberté provisoire.

Cet article commence ainsi : « Seront déclarés déchus de leur pourvoi en cassation les condamnés à une peine emportant privation de la liberté pour une durée de plus de six mois, qui ne seraient pas en état, ou qui n'auraient pas été mis en liberté provisoire avec ou sans caution. » Ainsi la mesure s'applique à tout condamné à un emprisonnement de plus de six mois, même lorsqu'il n'a été décerné contre lui avant le jugement aucun mandat de dépôt ou d'arrêt ; à plus forte raison lorsqu'ayant été mis sous mandat de dépôt, il s'est évadé. Elle s'applique même encore au condamné qui attaque le jugement rendu pour cause d'incompétence ; l'ancien art. 421-3°,

____

(1) Cfr. Locré, t. XXVII, p. 83 ; — Dalloz, *Répert.*, v° Cass., p. 40, en note.

(2) Cfr. Carnot, *De l'inst. crim.*, Paris, Nève, 1830, in-4°, t. III, p. 181 ; — Dalloz, *op. cit.*, n°° 719 à 730 ; — Faustin-Hélie, *op. cit.*, t. IX, p. 413 ; — Paringault, *De l'effet du pourvoi en cass.*, etc..., dans la *Revue critique de législ.*, Paris, Cotillon, in-8°, t. X (1857), p. 142-143.

qui lui accordait une faveur spéciale, aujourd'hui généralisée,
peut servir à prouver qu'il est à cet égard soumis au droit
commun. En sens inverse, la mesure n'est applicable qu'à des
condamnés ; les prévenus qui se pourvoient contre les jugements ou arrêts interlocutoires qui leur préjudicient, avant
qu'il n'ait été statué au fond, n'y sont pas soumis. — Sont dispensés de la mise en état : 1° depuis 1877, les condamnés à
un emprisonnement inférieur ou égal à six mois ; — 2° les
condamnés qui ont obtenu leur mise en liberté provisoire
(art. 421-1°) ; — 3° ceux qui ont fait, mais en vain, tout ce qui
dépendait d'eux pour obtenir cette mise en liberté, lorsqu'elle
ne leur a été refusée que par une fausse interprétation de
la loi ; mais il faut alors que le demandeur ait usé de toutes les
voies de droit que la loi lui ouvre ; il faut par conséquent qu'il
ait attaqué en cassation la décision qui lui refusait illégalement son admission à caution ; — 4° enfin ceux qui ne peuvent
pas être mis en arrestation sans une autorisation, lorsque cette
autorisation n'a pas été accordée: ceci s'applique spécialement aux membres des Chambres législatives. Le cas s'est
présenté en 1842 pour un député condamné à une peine d'emprisonnement pour délit de presse (1).

Pour prouver la mise en état, l'ancien art. 421-2° prescri-
vait aux condamnés de faire annexer à leurs pourvois l'acte
de leur écrou ou de leur mise en liberté provisoire, à peine de
nullité. Il résultait de cette disposition que, quand les demandeurs se constituaient en état dans la maison de justice du
lieu où siégeaient les juges qui les avaient condamnés, ils
étaient obligés de le faire plusieurs jours avant que leurs
pourvois ne fussent jugés, afin de pouvoir envoyer les actes
d'écrou. L'ancien art. 421-1° exigeait en outre que les condamnés fussent incarcérés *actuellement,* c'est-à-dire au moment où le pourvoi allait être jugé : ils pouvaient donc se
trouver soumis à une assez longue détention. Les rédacteurs
du Code s'étaient préoccupés de cette conséquence, mais seulement dans le cas où le jugement de condamnation était

____

(1) Sur tous ces points, cfr. pour plus de détails Faustin-Hélie, *op.
cit.,* t. IX, p. 414-418.

attaqué pour cause d'incompétence (1). Ils avaient pour cette hypothèse ajouté à l'art. 421 le paragraphe suivant : « Néanmoins lorsque le recours en cassation sera motivé sur l'incompétence, il suffira au demandeur, pour que son recours soit reçu, de justifier qu'il est actuellement constitué dans la maison de justice du lieu où siège la Cour de cassation : le gardien de cette maison (la Conciergerie) pourra l'y recevoir, sur la représentation de sa demande adressée au procureur général près cette Cour, et visée par ce magistrat. » Logiquement cette disposition devait être restreinte au cas expressément indiqué par ces termes de la loi. Mais, en face des résultats iniques qu'eût laissés subsister une interprétation aussi rigoureuse, la Cour de cassation avait fini par passer outre, et par appliquer à d'autres pourvois la faveur réservée aux pourvois pour incompétence (2). Aujourd'hui la question ne se pose plus. Confirmant et étendant la jurisprudence de la Cour suprême, la loi du 28 juin 1877 a généralisé l'art. 421-3° pour tous les demandeurs en cassation soumis à la mise en état ; en sorte qu'il peuvent utilement produire leur acte d'écrou ou de mise en liberté provisoire, au moment seulement où leur affaire est appelée (3).

Section II. — Des ouvertures de cassation.

40. — *Généralités sur les différentes ouvertures de cassation.* — Nous arrivons maintenant à rechercher quelles sont les ouvertures de cassation, c'est-à-dire dans quels cas un pourvoi sera fondé et devra entraîner la cassation du jugement.

(1) Voir la discussion au Conseil d'État, dans Locré, t. XXIV, p. 331-332.

(2) Arrêt du 9 déc. 1836, rendu après un arrêt de partage ; dans Sirey, 1836, 1, 905. — Cfr. Paringault, *ibid.*, p. 132-133.

(3) Cfr. l'art. 421 nouveau.

A proprement parler, il n'y a qu'une ouverture de cassation :
la contravention à la loi ; car soit que les juges aient méconnu
les règles de leur compétence ou franchi les bornes
de leur autorité, soit qu'ils aient négligé d'observer les formes judiciaires, soit qu'en statuant au fond ils se soient
mis en contradiction formelle avec une loi déterminée,
ou qu'ils en aient fait une fausse application, soit que
sur une même contestation ils aient jugé contrairement
à un autre tribunal, il y a toujours, dans ces cas, contravention ou aux lois de procédure, ou aux lois civiles et
pénales, ou enfin à la loi positive qui fait de la chose jugée
une présomption *juris et de jure* (1). Cette idée n'est pas
nettement indiquée dans l'art. 3 du décret du 27 novembre 1790, ni dans les articles des constitutions de 1791,
de l'an II, et de l'an III, qui l'ont reproduit. Il y est dit en
effet que le Tribunal de cassation doit casser « les jugements
rendus sur une procédure dans laquelle les formes auront été
violées ou qui contiendront quelque contravention expresse
à la loi (2). » L'art. 1 de la loi du 20 avril 1810 ajoute dans les
mêmes termes : « Les arrêts des cours impériales, quand ils
sont revêtus des formes prescrites à peine de nullité, ne peuvent être cassés que pour une contravention expresse à la
loi. » Dans tous ces articles apparaît une distinction entre,
d'une part les jugements qui ne sont pas revêtus des formes
prescrites à peine de nullité, les jugements irréguliers en
d'autres termes, et d'autre part les jugements réguliers. Les
premiers seront mis à néant pour nullité de formes, les seconds pour violation de la loi. Cette distinction n'a guère
qu'une importance théorique, qui se manifeste surtout dans
la terminologie. Ainsi on doit s'abstenir de dire qu'un jugement entaché d'une nullité de formes a été *cassé*. Le jugement irrégulier doit être en effet considéré comme n'existant
pas à proprement parler ; la Cour de cassation ne saurait

(1) Cfr. Poncet, *Traité des jugements*, 1822, in-8°, t. II, p. 280.

(2) Constit. de 1791, tit. III, ch. 5, art. 20 ; dans Dalloz, *op. cit.*, p. 24,
note 2. — L'art. 3 du décret du 27 nov. 1790 disait d'une façon plus restrictive : contravention expresse *au texte* de la loi (*ibid.*, p. 22,
note 1).

donc le casser : ce serait lui reconnaître une consistance qu'il n'a pas. Elle ne peut que l'*annuler*. Au contraire, on dira très-exactement d'un jugement régulier en la forme, mais violant une loi au fond, qu'il a été *cassé*. L'annulation frappe sur les moyens de formes et sur la compétence ; la cassation s'applique aux moyens du fond. Mais on chercherait en vain cette pureté de langage dans la loi. La division entre la forme et le fond y est rarement faite avec netteté (1); et c'est à une autre classification qu'il faut s'attacher pour étudier les divers cas de contravention à la loi qui peuvent donner lieu à cassation.

Si l'on rapproche les uns des autres les décrets du 27 novembre 1790 (art. 3) et du 4 germinal an II, les constitutions de l'an II (art. 99), de l'an III (art. 255), et de l'an VIII (art. 66), les lois du 27 ventôse an VIII (art. 80, 88), du 20 avril 1810 (art. 7), et enfin le Code d'instruction criminelle (art. 408, 410, 413, 441, 442), on reconnaît facilement que ces divers documents législatifs établissent comme ouvertures de cassation : 1° la violation de certaines formes ; 2° l'incompétence et l'excès de pouvoir des juges ; 3° la violation de la loi ; 4° la contrariété des jugements rendus par différents tribunaux (2). Ce sont les divers cas de cassation que nous avons rencontrés, énumérés dans ce même ordre, dans le mémoire de Gilbert de Voisins, complété par le règlement de 1738 (*suprà* n° 21). Cette classification a donc à la fois le mérite d'être simple et traditionnelle ; c'est ce qui nous détermine à l'adopter, de préférence à toutes celles plus compliquées qui ont pu être proposées (3).

(1) On la trouve cependant dans l'art. 7 de la loi du 20 avril 1810.

(2) Cette classification peut, à la rigueur, être ramenée à la précédente. Dans les deux premiers cas, nous nous trouvons en présence d'un jugement irrégulier, qui sera *annulé*; dans les deux autres, d'un jugement régulier, mais violant la loi au fond, qui sera *cassé*.

(3) Les quatre mêmes causes de cassation se retrouvent nettement indiquées dans le nouveau Code de procéd. civ. du canton de Neufchâtel, dont les trois premiers titres ont été promulgués le 2 juin 1876 (*Ann. de lég. étrangère*, t. VII (1878), p. 636). Il en est à peu près de même pour le Tribunal suprême de justice du Portugal (*ibid.*, t. VI (1877)

Dans cette classification, nous n'avons pas fait rentrer le *mal jugé*. C'est qu'en effet le mal jugé n'a jamais été considéré en principe comme un moyen de cassation. Gilbert de Voisins faisait observer avec raison « qu'admettre contre un arrêt souverain un pareil moyen, ce serait le réduire à l'état d'une sentence sujette à l'appel ; ce qui n'est pas proposable. » Tolozan, moins précis mais tout aussi formel, faisait valoir les difficultés et les conséquences déplorables qu'entraînerait en pratique la cassation pour mal jugé. Dans le droit actuel, plus que jamais, le principe est hors de toute atteinte : la Cour de cassation n'a été instituée que pour examiner si les décisions judiciaires sont conformes à la loi, et non point si elles sont conformes à la justice ou à la vérité. « Mal juger, dit Merlin, et juger contre une loi expresse sont deux choses totalement différentes ; et si la Cour peut et doit casser tous les arrêts qui jugent contre la loi, elle ne doit, elle ne peut jamais casser un arrêt qui ne juge que contre la raison, qui n'offense que des principes, universellement reçus il est vrai, mais auxquels le législateur n'a pas imprimé le sceau de sa puissance (1). » La Cour de cassation n'a pas à se préoccuper, en un mot, des rapports de l'arrêt qui lui est déféré avec les circonstances de l'affaire, mais seulement de ses rapports avec les lois. S'il est en contradiction avec les premières, il n'en subsistera pas moins ; s'il est en contradiction avec ces dernières, il sera cassé.

§ I : DE LA VIOLATION DES FORMES

41. — *Quelles formes doivent être violées pour qu'il y ait lieu à cassation, en matière civile.* — L'exacte observation des formes légales de procéder est exigée comme une garantie que la loi a voulu accorder aux justiciables pour la sécurité de leurs droits et l'exercice utile de leurs actions. Montesquieu,

---

p. 436 et 453). Cfr. pour la Belgique, *ibid.*, p. 472 ; et pour le canton du Valais, *ibid.*, t. VII, p. 649, etc...

(1) Merlin, cité par Dalloz, *Répert.*, v° Cass., n° 1304. — *Adde* Meyer, *Esprit, orig. et progrès des institut. judiciaires*, Paris, Dufour, 1823, in-8°, t. V, p. 162 et suiv.; — et Ch. req., 18 juin 1839 ; Dalloz, *ibid.*, p. 321, note 2.

qui à l'exemple de La Bruyère, avait d'abord raillé les formes judiciaires dans ses *Lettres persanes*, avait fini dans l'*Esprit des lois* par en reconnaître la nécessité (1). Cette nécessité en effet est telle, qu'à une époque où circulaient déjà ces théories bizarres sur la manière de rendre la justice, qui amenèrent un instant la suppression des procureurs et des avocats, l'Assemblée constituante n'hésita pas cependant à faire de la violation des formes un des principaux motifs de cassation. L'art. 3 du décret du 27 novembre 1790 prescrit en effet au Tribunal de cassation « d'annuler toutes procédures dans lesquelles les formes auraient été violées. » Cet article devait s'étendre à la fois aux matières civiles et aux matières criminelles ; mais on a vu que la Constituante n'avait pas tardé à consacrer à ces dernières des décrets spéciaux, qui ont ouvert la voie à des règles un peu différentes. Nous les étudierons après celles qui concernent les matières civiles.

Le décret de 1790, après avoir dit que le Tribunal de cassation annulerait toutes les procédures dans lesquelles les formes auraient été violées, ajoutait : « Jusqu'à la formation d'un code des lois civiles, la violation des formes de procédure *prescrites sous peine de nullité*, et la contravention aux lois particulières des différentes parties de l'empire donneront ouverture à la cassation. » Ces mots *prescrites sous peine de nullité* devaient-ils s'appliquer seulement aux lois antérieures à 1789, ou comprenaient-ils également les décrets rendus par la Constituante? La rédaction équivoque de l'article donna lieu à quelques difficultés, que trancha, d'une façon malheureuse mais très explicite, le décret des 4-15 germinal an II : « *Art.* 2 : A l'avenir tou violation ou omission des formes prescrites en matière civile par les décrets émanés des représentants du peuple depuis 1789, quand même ils ne prononceraient pas expressément la peine de nullité, donnera ouverture à cassation. — *Art.* 3 : En conséquence, la disposition de l'art. 3 du décret du 27 novembre 1790, qui jusqu'à la formation d'un corps unique de lois civiles, ne permet de casser les jugements pour violation des formes que lorsqu'il s'agit de

(1) Cfr. Meyer, *op. cit.*, t. V, p. 178.

formes prescrites à peine de nullité, demeure restreinte aux
formes déterminées par les lois antérieures à 1789 qui ne
sont pas encore abrogées (1). » C'était aller beaucoup trop
loin. Il y a en effet des formalités qui n'ont qu'une utilité très
limitée ; les sanctionner d'avance par la nullité, en permettant,
en enjoignant même au Tribunal de cassation d'annuler
toutes les procédures qui les violeraient, c'était vouloir de
gaîté de cœur aller au-delà des prévisions du législateur lui-
même, qui en établissant ces formalités n'aurait pas jugé à
propos d'en assurer l'exécution par un moyen aussi radical·
C'était encore inquiéter outre mesure les parties, qui ne sont
jamais sûres de remplir à la lettre de la loi toutes les formalités qu'elle exige. C'était enfin répudier sans raison une distinction traditionnelle entre les formalités substantielles,
seules indispensables, et les formalités secondaires, édictées
dans une pensée d'ordre et de régularité, mais n'ayant aucune influence sur la valeur des actes en eux-mêmes (2). Aussi
l'art. 1030 du Code de procédure civile de 1806 est-il venu
déclarer qu' « aucun exploit ou acte de procédure ne pourrait
être déclaré nul, si la nullité n'en était pas formellement prononcée par la loi. » L'art. 1041 ajoutant que « toutes lois,
coutumes, usages et règlements relatifs aux procédures civiles, étaient abrogées, » on considéra qu'en vertu de ces
deux dispositions, le décret de germinal an II était aboli. La
question fut tranchée définitivement dans ce sens par l'art. 7
de la loi du 20 avril 1810, qui déclare que les arrêts revêtus
des formes prescrites *à peine de nullité* ne peuvent être cassés
que pour contravention à la loi. Ainsi, en principe, la violation
des formes prescrites à peine de nullité peut seule constituer
une ouverture de cassation. A titre d'exemples, la loi de 1810,
dans le même article 7, indique comme susceptibles d'être
annulés : les jugements qui n'ont pas été rendus publiquement, ou par le nombre de juges prescrit par la loi, ceux qui
ont été rendus par des juges qui n'ont pas assisté à toutes les

(1) Dans Dalloz, *op. cit.*, p. 28, en note.
(2) Cfr. Delangle, *op. cit.*, n° 324.

audiences de la cause, ceux enfin qui ne contiennent pas les
motifs.

Malheureusement, si le principe est facile à énoncer, il est
beaucoup moins aisé à appliquer. Il y a des formes véritablement
constitutives des actes, que la loi a cependant oublié de prescrire
à peine de nullité. Leur inobservation ne donnera-t-elle pas lieu à
cassation? La doctrine et la jurisprudence ont depuis longtemps
répondu à cette question, en distinguant trois sortes de formalités : les formalités prescrites à peine de nullité, telles que
celles de l'art. 61 du Code de procédure; les formalités substantielles non prescrites à peine de nullité; les formalités non
substantielles et non prescrites à peine de nullité. La violation
des premières entraîne certainement la cassation ; la violation des dernières ne l'entraîne certainement jamais. Le doute
ne pouvait donc exister que pour les formalités de la seconde
catégorie. Après hésitation, on se décida à les sanctionner
par la nullité (1). Mais où poser au juste la limite entre les
formalités substantielles et celles qui ne le sont pas ? C'est là
une de ces questions qui se présentent fréquemment en droit,
et dont on est forcé de laisser la solution à la sagesse des tri-
naux. On peut dire cependant en théorie que des formalités
ne peuvent être regardées comme substantielles que si elles
intéressent l'ordre public, ou si elles sont constitutives des
actes. Mais quand seront-elles d'ordre public, ou constitutives des actes ? C'est une question d'espèce.

42.— *Dans quels cas la violation des formes donne lieu à requête civile, et non à cassation.*— Une autre difficulté a surgi.
On lit dans l'art. 480-2° du Code de procédure civile que la
violation des formes prescrites à peine de nullité est une ouverture de requête civile ; or nous venons de voir qu'elle est
aussi une ouverture de cassation. Pourra-t-on donc user

(1) En Belgique, la loi est formelle : « Les arrêts et les jugements rendus en dernier ressort pourront être déférés à la Cour de cassation,
pour contravention à la loi ou pour violation des formes, soit substantielles, soit prescrites à peine de nullité. » (Loi du 25 mars 1876, art. 20;
Ann. de légis. étrangère, t. VI, p. 472).

cumulativement de ces deux voies de recours ? Cette idée est
inadmissible ; les principes sur lesquels sont fondés le pourvoi en cassation et la requête civile ne permettent pas de
supposer que la loi ait voulu laisser le choix aux parties entre
ces deux moyens. Là où la requête civile est possible, il faut
exclure le recours en cassation : la requête civile est en effet
plus rapide, moins coûteuse, et plus respectueuse pour le juge
qui a rendu la sentence dont on lui demande la rétractation.
Dans l'ancien droit, où la cassation était vue avec défaveur,
cette doctrine ne soulevait aucun doute. Rien n'indique dans
la législation actuelle qu'elle ait été abandonnée. Mais alors
il faut se demander dans quels cas l'inobservation des formes
prescrites à peine de nullité donnera lieu à la requête civile,
dans quels cas au pourvoi en cassation. C'est seulement, il
faut bien le remarquer, sur les formalités prescrites *à peine
de nullité* que se pose la question : elles seules en effet, aux
termes de l'art. 480-2°, peuvent donner lieu à la requête civile.
Il en résulte que dans les quatre cas indiqués par l'art. 7-2°
de la loi de 1810, ou lorsqu'il s'agit d'une formalité substantielle non prescrite à peine de nullité, mais touchant à l'ordre
public ou constitutive d'un acte, il y aura toujours lieu à cassation, et jamais à requête civile. Mais en dehors de ces cas, la
difficulté existe.

Elle se présentait déjà dans l'ancien droit, où les nullités
qui pouvaient donner lieu à cassation « passaient ordinairement, nous dit l'abbé Fleury, en ouvertures de requête civile
(*supra n°* 14). » Gilbert de Voisins et Tolozan s'en sont préoccupés. L'ordonnance de 1667 (tit. XXXV, art. 34) faisait de
l'inobservation des formes qu'elle indiquait un moyen de requête civile ; de son côté le règlement de 1738 faisait également
ment de l'inobservation des formes une ouverture de cassation, et cependant il défendait d'opter entre les deux moyens
(1re p., tit. IV, art. 24). Il y avait donc là une situation qu'il
importait de dénouer dans l'intérêt des parties, qui pouvaient
se voir privées de la seconde voie de recours par l'expiration
des délais, lorsqu'elles se trompaient sur la première. Dans
la pratique on conciliait tout par une distinction ingénieuse : si la partie n'avait pas invoqué devant les juges du

fond les moyens de nullité qu'elle veut maintenant produire,
on considérait que l'erreur des juges avait été involontaire ;
ce n'était qu'une omission, une surprise peut-être, qu'ils s'em-
presseraient de réparer. Si au contraire la partie avait déjà
proposé, et vainement proposé, devant le tribunal saisi de la
question du fond, ses moyens de nullité, alors ce n'était plus
par la requête civile, mais par la cassation qu'il fallait se
pourvoir. On comprend en effet, que lorsque la question a été
formellement soulevée devant les juges, et que c'est en connaissance de cause qu'ils ont violé les formes, il serait inutile
d'aller leur demander une rétractation qu'ils n'accorderaient
pas.

Ce système est encore adopté par un grand nombre d'auteurs (1), et par la Cour de cassation (2). Un second système
propose de distinguer entre les vices de formes imputables
aux parties, et les vices de formes imputables aux juges : ces
derniers seuls donneraient lieu à cassation. Il est certain que,
dans l'art. 7 de la loi de 1810, les quatre cas indiqués comme
ouvertures de cassation semblent bien procéder de cette idée.
Cette remarque est toutefois insuffisante pour justifier un système contraire à la tradition ; mais elle peut nous servir à
la compléter, en ce sens que nous exigerons, pour qu'il y ait
lieu à requête civile, non seulement que la nullité n'ait pas
déjà été invoquée, mais encore qu'elle provienne des parties,
et non des juges, qui pourraient l'avoir commise volontairement. — Ce système éclectique a pour lui une grave autorité, celle de l'art. 4 du décret des 4-15 germinal an II, qui
l'admettait de la façon la plus formelle. Voici en effet comment cet article était conçu : « Si c'est par le fait de l'une des
parties ou des fonctionnaires publics agissant à sa requête
qu'a été omise ou violée une forme prescrite, soit à peine de
nullité par les lois antérieures à 1789, soit purement et sim-

<hr>

(1) Notamment Merlin, *Questions de droit*, 4ᵉ édit., Bruxelles, Tarlier,
1829, in-8°, t. III, p. 233 ; — Boitard, *Leçons de procéd. civ.*, 12ᵉ édition,
Paris, Cotillon, 1876, in-8°, t. II, p. 138 ; — et Rodière, *Compét. et procéd.
civ.*, 3ᵉ édit., Toulouse, Delboy, 1867, in-8°, t. II, p. 130.

(2) Ch. req., 5 mars 1873, D. P., 1873, 1, 285.

plement par les décrets émanés des représentants du peuple,
cette violation ou omission ne peut donner ouverture à la
cassation que lorsqu'elle a été alléguée par l'autre partie, devant le tribunal dont celle-ci prétend faire annuler le jugement pour n'y avoir pas eu égard (1). » Ainsi, quand la violation des formes est imputable aux parties, il y a lieu à
requête civile, à moins que le moyen de nullité n'ait été invoqué devant le juge du fond : c'est bien l'application de la
double distinction que nous croyons devoir faire (2). Quelque
soit d'ailleurs le système qu'on adopte, les cas de requête civile pour omission ou violation des formes prescrites à peine
de nullité seront assez rares; car la plupart du temps ces
nullités, si elles existent avant le jugement, seront de nature
à être couvertes pour n'avoir pas été proposées devant les
juges du fond (art. 480.)

43. — *Quelles formes doivent être violées pour qu'il y ait lieu
à cassation, en matière criminelle.* — En matière criminelle, où
il s'agit de l'honneur, de la liberté, de la vie, et de la fortune
des citoyens, la rigoureuse observation des formes devient
pour l'inculpé un droit qu'il faut lui garantir soigneusement.
Cependant on distingue aussi, à peu près comme en matière
civile, entre les formalités substantielles et les formalités secondaires, pour n'attacher qu'aux premières, dans le silence
de la loi, l'énergique sanction de la cassation. Cette distinction
fut établie dès l'origine par la Constituante, dans le décret
sur les jurés du 16 septembre 1794 (tit. VIII, art. 24), où il
était dit que les jugements ne seraient annulés « qu'à raison
de violation ou omission de formes *essentielles* dans l'instruction
du procès. » Une certaine différence de termes, dans la formule employée par l'instruction législative du 29 septembre,
obligea, comme nous l'avons vu, la Convention à préciser davantage, et à rendre le décret du 1er brumaire an II, qui ne
permit la cassation pour violation ou omission des formes que

____

(1) Dans Dalloz, *Répert.*, vᵒ Cassation, p. 28, en note.
(2) Cfr. Bardot, *Étude sur le pourvoi devant la Cour de cassation en matière civ.* (Thèse pour le doct.), Paris, 1873, in-8ᵉ, p. 127-128.

dans les cas où la peine de nullité était *expressément* prononcée par la loi. En dehors de ces cas, le décret ajoutait une assez longue énumération d'hypothèses où la cassation devait encore être prononcée (*suprà n° 25*). L'art. 456 du Code du 3 brumaire an IV visait de même « les formes ou procédures prescrites par la loi sous peine de nullité ». Ce point de vue n'a pas été abandonné par l'art. 408 du Code d'instruction criminelle. Quand cet article fut soumis à la discussion du Conseil d'État, Regnaud de Saint-Jean d'Angély et Treilhard avaient demandé qu'on formât un tableau des nullités pour vices de formes, qui pourraient servir de fondement à un pourvoi (1); mais Berlier répliqua avec raison « qu'il n'était pas possible, en cas de condamnation, de refuser au condamné ni à la partie publique le recours motivé sur l'infraction de dispositions prescrites sous peine de nullité, quels qu'en soient le nombre et le caractère particulier (2). » L'art. 408 fut rédigé dans le sens de cette observation, et Berlier dans son exposé des motifs put se référer sur ce point à la législation antérieure (3)

Au Corps législatif, Cholet fit observer, dans le même sens, que l'esprit général du Code d'instruction criminelle avait été de diminuer les causes de nullité, répandues avec trop de profusion par les lois de la Révolution, et de distinguer parmi les formalités celles qui étaient indispensables de celles qui ne l'étaient pas. Voici en quels termes il s'exprima : « Les lois que vous avez sanctionnées, messieurs, ne rangent pas dans la même classe les infractions qui peuvent être commises : la justice exigeait cette distinction. En effet, parmi les formalités qui sont prescrites, les unes sont principales et considérées comme étant de nature à influer sur l'instruction et le jugement ; les autres sont recommandées comme généralement utiles, mais leur oubli ne peut avoir des conséquences aussi graves que l'omission des premières. L'inobservation des formalités les moins importantes est punie par des

---

(1) Cfr. Locré, t. XXVII, p. 24 et suiv.

(2) Cfr. Locré, *ibid.*, p. 47.

(3) Dans Dalloz, *op. cit.*, p. 37, en note.

amendes contre les officiers ministériels, et par des injonctions aux juges qui auraient commis ou laissé commettre ces infractions. Ainsi sont écartées ces causes trop fréquentes de nullités, prononcées pour l'omission de détails peu essentiels. Le Code évite le double inconvénient justement reproché aux lois anciennes d'obliger, souvent sur de légers motifs, à recommencer des procédures dispendieuses, et à laisser évanouir, par le dépérissement des preuves, la conviction des coupables. Quant aux omissions des formalités principales, elles entraînent la nullité de la procédure et celle des jugements. L'art. 408 de la loi qui vous est présentée détermine avec précision ces causes de nullité. Elles sont à peu près les mêmes que celles désignées par la loi de brumaire (1). » L'art. 408-1° ne parle en effet, comme l'art. 456 du Code du 3 brumaire an IV, que des formalités prescrites *à peine de nullité.*

L'art. 408 ne s'applique par lui-même qu'aux matières de grand criminel ; mais l'art. 413 l'ayant étendu, avec plus de largeur même, aux matières correctionnelles et de simple police, les principes qui découleront de cet article seront, par suite, des principes généraux.

Le premier principe est donc que les formalités prescrites à peine de nullité donneront lieu à cassation. C'est ce qui arrivera notamment : si l'un des conseillers de la cour d'appel qui ont voté sur la mise en accusation fait partie de la cour d'assises (art. 257) ; si le président omet de désigner un avocat d'office à un accusé qui n'en a point choisi (art. 294) ; si les jurés n'ont pas prêté le serment requis (art. 312) ; si leur déclaration mentionne le nombre des voix qui ont formé la majorité (art. 347), etc... (2). D'après la loi du 20 avril 1810 (art. 7), la Cour de cassation devra encore annuler les jugements qui n'ont pas été rendus publiquement ou par le nombre de juges prescrit par la loi (3), ceux qui ont été rendus par des

---

(1) Dans Dalloz, *op. cit.*, p. 39, note 1.

(2) *Adde* art. 271, 317, 332, 333, 339, 341, 381, 383, 392, 394, 406.

(3) Cfr. sur ce cas et en général sur la constitution illégale de la juridiction : Faustin-Hélie, *op. cit.*, t. IX, p. 453-454.

juges qui n'ont pas assisté à toutes les audiences, enfin ceux qui ne sont pas motivés (1).

Mais en dehors de toutes ces formalités auxquelles la loi attache la nullité, il en est de très importantes, qui assurément méritent une sanction également sérieuse. Pourra-t-on faire de leur violation ou de leur omission une ouverture de cassation ? A s'en tenir aux termes stricts de l'art. 408, et aux principes développés par Cholet, il semble que non. L'art. 408-2° prévoit même le cas où l'on réclamerait l'exécution d'une de ces formalités, et dispose ainsi (2) : « Il y aura nullité, lorsqu'il aura été omis de prononcer, soit sur une ou plusieurs demandes de l'accusé, soit sur une ou plusieurs réquisitions du ministère public, tendant à user d'une faculté ou d'un droit accordé par la loi, bien que la peine de nullité ne fût pas textuellement attachée à l'absence de la formalité dont l'exécution aura été demandée ou requise. » Doit-on dire qu'en accordant cette faculté aux parties, l'art. 408-2° leur refuse implicitement le droit d'invoquer directement la violation d'une formalité non prescrite à peine de nullité, lorsqu'elles n'auront pas réclamé son exécution ? Dans une interprétation rigoureuse on l'a prétendu. Tout au plus, fait-on exception pour les formalités qui tiennent à l'ordre public, et pour celles que la loi prescrit en employant les mots prohibitifs *ne pourront*, considérés comme équivalents à la peine de nullité, suivant une maxime célèbre de Dumoulin (3). La Cour de cassation n'a pas été si sévère. S'appuyant sur le principe général qu'en matière criminelle l'inculpé a droit à la stricte exécution de la loi, elle n'a pas attaché une aussi grande importance à des

(1) Cfr. sur les cas dans lesquels le défaut de motifs peut donner lieu à cassation : Faustin-Hélie, *op. cit.*, t. VII, p. 457 et suiv., 787 et suiv.; t. VIII, p. 118 et suiv; t. IX, p. 325 et 329.

(2) V. dans Delangle, *op. cit.*, nᵒˢ 337 à 342, le commentaire de cet article 408-2°. — *Adde* Dalloz, *op. cit.*, nᵒˢ 1490 à 1505 ; — et Boitard, *Droit crim.*, *op cit.*, p. 768.

(3) « Particula negativa proposita verbo potest tollit potentiam juris et facti, designans actum impossibilem. » On trouve des exemples dans les art. 246, 261, 315, 322, 350, 360, 385, etc... Cfr. Bourguignon, *Manuel du jury*, 1827, in-8°, p. 341.

rédactions peut-être accidentelles ; et, allant même plus loin qu'en matière civile, elle tend à poser comme règle que la violation ou l'omission de toute formalité substantielle donnera lieu à cassation. — Mais là encore, la ligne de démarcation entre les formalités substantielles et les formalités secondaires est fort délicate à faire. La Cour suprême a plusieurs fois varié dans sa jurisprudence, et l'on ne saurait *a priori* poser des règles générales. On peut citer comme exemples de formalités déclarées substantielles : l'application à tous les incidents de l'audience de la disposition de l'art. 335, qui veut que l'accusé ait la parole le dernier ; la disposition de l'art 349, qui ordonne que la déclaration du jury sera revêtue de la triple signature du chef du jury, du président, et du greffier ; la disposition de l'art. 393, qui règle le mode de formation et de complètement de la liste des jurés, etc... (1). Ajoutons que la jurisprudence exige à peine de cassation que l'accomplissement de ces formalités essentielles soit *mentionné*.

44. — *Suite ; particularités relatives à diverses juridictions.* — Tels sont les principes généraux sur la violation des formes en matière *criminelle*. Indiquons maintenant quelques particularités relatives à diverses juridictions. — Jusqu'ici nous n'avons pas distingué entre les nullités commises dans le jugement et les nullités commises dans la procédure qui l'a précédé. Une telle distinction devient nécessaire, lorsqu'il s'agit des arrêts de la chambre des mises en accusation. Qu'on pèse en effet les termes de l'art. 408 : « Lorsque l'accusé aura subi une condamnation, et que, soit dans l'arrêt de la cour d'appel qui aura ordonné son renvoi devant une cour d'assises, soit dans l'instruction ou la procédure qui auront été faites devant cette dernière cour, soit dans l'arrêt même de condamnation, il y aura eu, etc., » on reconnaîtra qu'il ne s'applique pas à la procédure antérieure à l'arrêt de renvoi. Il en résulte que cet arrêt, quand il a acquis l'autorité de la chose jugée, couvre toutes les irrégularités de la procédure

(1) Cfr. les arrêts cités dans Faustin-Hélie, *op. cit.*, p. 460 et suiv.

qui l'a précédé. Les divers actes de cette procédure ne euven pas être attaqués isolément ; ils ne peuvent l'être, s'il y a lieu, qu'en attaquant l'arrêt lui-même qui prononce sur l'instruction écrite (1). Si l'accusé garde le silence, ce silence couvre les nullités (2). Mais il faut conclure de là, avec M. Faustin-Hélie, cette double règle : 1° que les nullités, dont l'instruction écrite se trouvait entachée, doivent être relevées par l'arrêt de la chambre d'accusation ; 2° que, si cet arrêt omet de les relever ou les écarte irrégulièrement, il y a ouverture à cassation. En effet, déclarer que les vices de la procédure antérieure à l'arrêt de renvoi sont couverts par le défaut de pourvoi contre cet arrêt, c'est reconnaître que ces vices peuvent faire l'objet d'un pourvoi, et qu'il suffit que l'arrêt se les soit appropriés en maintenant une procédure irrégulière, pour qu'il puisse être par cela même attaqué. Si l'arrêt les couvre, ils n'étaient donc pas couverts avant cet arrêt ; s'il y a chose jugée sur ces vices, depuis que l'arrêt est devenu définitif, il était donc permis de les faire valoir avant qu'il eût acquis ce caractère ; en un mot, si le défaut de pourvoi les efface, le pourvoi pouvait donc les faire valoir (3). Seulement il est très-difficile de discerner les formalités dont la violation peut fonder un pourvoi, et celles dont l'inobservation, quels que soient ses effets, ne peut motiver le recours. Seules, sans doute, les formes qui sont essentielles à l'exercice de l'action publique, ou aux droits de la défense, permettront d'annuler l'arrêt ; mais quelles sont-elles ? Nous retombons ici sur la difficulté générale. Bien entendu, aux termes de l'art. 408-2°, le refus ou l'omission de statuer sur les demandes de l'accusé ou les réquisitions du ministère public, tendant à l'exécution d'une formalité quelconque, serait pour les arrêts de la chambre d'accusation, comme pour toute autre sentence, un cas incontestable de cassation (4).

(1) Ch. crim., 27 janvier 1838 ; Dalloz, *op. cit.*, p. 327, note 3 ; — et 7 décembre 1865, D. P., 1869, 5, 245.

(2) Ch. cr., 25 juillet 1867, *ibid.*, 244.

(3) Faustin-Hélie, *op. cit.*, t. VI, p. 492-493.

(4) Le délai du pourvoi est celui de l'art. 373. On se souvient qu'il y a

En matière correctionnelle, le silence du prévenu couvre de même les irrégularités commises dans la procédure écrite. On comprend en effet que ces irrégularités ne peuvent vicier un jugement qui puise ses éléments dans une procédure postérieure, la procédure orale ; mais ici encore on exceptera le cas où le prévenu aurait relevé les nullités devant le juge du fond ; et ce, par application des art. 408-2° et 413 combinés. Il faut déclarer en outre que les moyens de nullité pris dans la procédure de première instance et que l'on a négligé de faire valoir devant la cour d'appel, ne pourront plus être relevés devant la Cour de cassation. La loi du 29 avril 1806 (art. 2) porte en effet : « Le prévenu en police correctionnelle ne sera pas recevable à présenter, comme moyens de cassation, les nullités commises en première instance, et qu'il n'aurait pas opposées devant la cour d'appel, en exceptant seulement la nullité pour cause d'incompétence. » Cet article n'a pas été abrogé par le Code d'instruction criminelle ; et la jurisprudence l'a même étendu, par identité de motifs, aux matières de simple police (1). Rappelons enfin qu'aux termes de l'art. 413-2°, lorsque le renvoi du prévenu a été prononcé, nul ne peut se prévaloir contre lui de la violation ou omission des formes prescrites pour assurer sa défense, ce qui serait à la fois illogique et injuste.

§ II : DE L'INCOMPÉTENCE ET DE L'EXCÈS DE POUVOIR DES JUGES

45. — *Distinction entre l'incompétence et l'excès de pouvoir.* — La seconde ouverture de cassation est l'incompétence ou l'excès de pouvoir des juges. On la trouve indiquée dans les art. 77, 80, 88 de la loi du 27 ventôse an VIII, dans l'art.

un délai spécial dans quatre cas énumérés par l'art. 299, et dont les deux derniers sont des cas de violation des formes ; cfr *supra*, n°˚ 31 et 35.

(1) Voir de nombreuses applications de ces idées dans Faustin-Hélie, *op. cit.*, t. IX, p. 473-475. — *Adde* Ch. cr., 28 mai 1864, D. P., 1867, 1, 362 ; — 16 nov. 1866, *ibid.*, 87 ; — et les arrêts cités dans D. P., *Table des 22 années*, v° Cassation, n°˚ 811 et suiv.

408-2° du Code d'instruction criminelle, et dans les lois des 29 avril 1806 (art. 2) et 25 mai 1838 (art. 15). A vrai dire, il y a là deux ouvertures de cassation; car ces expressions d'incompétence ou d'excès de pouvoir, qui sont souvent confondues dans la pratique, et qui semblent au premier abord synonymes, doivent être soigneusement distinguées. Sans doute, tout excès de pouvoir renferme une incompétence, comme toute incompétence est un excès de pouvoir, puisque dans l'un et l'autre cas, le juge a franchi le cercle de ses attributions normales, et les limites dans lesquelles son autorité est renfermée. Les articles précités cependant, et l'on en pourrait trouver d'autres, ont entendu donner un sens distinct à ces deux termes, dont ils font découler parfois des règles différentes. C'est ainsi que l'art. 15 de la loi du 25 mai 1838 ne permet le pourvoi en cassation contre les sentences des juges de paix que pour cause d'excès de pouvoir, et non pour cause d'incompétence (1); et que l'art. 80 de la loi du 27 ventôse an VIII n'autorise également le garde des sceaux à déférer à la chambre des requêtes de la Cour de cassation, par l'intermédiaire de son procureur général, que des actes ou jugements entachés d'excès de pouvoir, quand ces actes ou jugements sont relatifs aux matières civiles. Il y a donc une différence; on ne l'a jamais contesté, mais on a quelque peine à la préciser, par la difficulté qu'on éprouve à caractériser l'excès de pouvoir, dont la loi n'a donné nulle part la définition.

Henrion de Pansey avait proposé de distinguer entre l'excès de pouvoir, l'abus de pouvoir, et l'incompétence : « Le juge excède ses pouvoirs, dit-il, lorsque franchissant les limites de l'autorité judiciaire, il se porte dans le domaine d'un autre pouvoir. Il abuse de ses pouvoirs, lorsqu'il viole la loi, ou qu'il prévarique dans l'exercice de ses fonctions judiciaires. Il en use incompétemment, lorsqu'il statue sur une question dont la connaissance appartient à un autre tribunal. Ainsi point d'excès de pouvoir dans le jugement même le plus

____

(1) Contrairement à l'art. 77 de la loi du 27 ventôse an VIII. — Cfr. *suprà*, n° 31.

inique, le plus incompétent, en un mot le plus illégal, toutes les fois qu'il a statué sur une question qui par sa nature était judiciaire. Celui-là seul commet un excès de pouvoir, qui usurpe des fonctions étrangères à celles dont il est investi, et que la constitution de l'Etat avait placées dans les attributions de l'un des autres pouvoirs de la société (1). » En développant sa pensée, Henrion de Pansey arrive très nettement à conclure qu'il n'y a jamais d'excès de pouvoir quand un juge reste sur le terrain judiciaire, et qu'il ne peut avoir lieu qu'en cas de violation, par des actes autres que des actes judiciaires, du principe constitutionnel de la séparation des pouvoirs. Dans cette doctrine, par conséquent, un juge de paix qui défendrait dans une de ses sentences l'exécution d'un jugement rendu par un tribunal de première instance ou une cour d'appel, ne commettrait par un excès de pouvoir, et il serait impossible de recourir en cassation contre sa décision! De telles conséquences ne permettaient pas d'accepter la distinction, d'ailleurs arbitraire en notre matière, d'Henrion de Pansey; et de fait, la Cour de cassation ne l'a jamais admise: M. le conseiller Lasagni le constatait déjà en 1835 (2). La Cour s'est rangée à l'opinion de Merlin, qui voyait un excès de pouvoir dans tous les cas où le juge franchit le cercle dans lequel la loi a renfermé le pouvoir qu'elle lui a confié (3), c'est-à-dire, pour préciser davantage, lorsque le juge use du pouvoir que la loi lui accorde dans des circonstances ou pour des motifs autres que ceux qu'elle a eus en vue, ou surtout lorsqu'il s'arroge des droits qui ne lui appartiennent pas et n'appartiennent non plus à aucune autre juridiction.

Seulement le juge pouvant aller plus ou moins loin dans cette usurpation, la Cour de cassation fut amenée à une distinction, par la nécessité de combiner ensemble les art. 80 et 88 de la loi de ventôse an VIII, nécessité qu'indiqua très bien en

____

(1) Henrion de Pansey *op. cit.*, t. II p. 254 et suiv.

(2) Rapport du 12 avril, à la Ch. des req., dans Dalloz, *op. cit.*, au n° 1043.

(3) Cfr. Merlin, *Répert. op. cit.*, t. VIII, p. 176, note 1. — Merlin confond ici l'incompétence et l'excès de pouvoir; c'est un point qu'il faut écarter de sa théorie.

1832 un rapport de M. le conseiller Mestadier ! « D'nne part, dit-il, c'est le gouvernement qui par la voie de son commissaire, dénonce à la chambre des requêtes les actes par lesquels les juges auraient excédé. leurs pouvoirs (art. 80). D'autre part, c'est le commissaire du gouvernement qui dénonce à la Cour de cassation les jugements contraires aux lois, aux formes de procéder, ou dans lesquels un juge a excédé ses pouvoirs (art. 88) ; alors c'est la section civile qui prononce. Le cas d'excès de pouvoir se trouve dans l'un ou l'autre article : il y a donc des excès de plusieurs genres, et l'expression est assez élastique pour donner ouverture à plusieurs interprétations (1). » La suite du rapport propose de regarder comme visés pur l'art. 80, tous les excès de pouvoir qui blessent profondément l'ordre public, compromettent la sûreté de l'État, ou empiètent sur les attributions du législateur et du pouvoir administratif (2). Dans tous les autres cas où les juges dépasseraient leurs fonctions ordinaires, régulières ; quelles qu'elles soient, il y aurait excès de pouvoir soumis à l'article 88.

Mais en laissant de côté cette distinction des deux espèces d'excès de pouvoir, on aperçoit en quoi il se sépare de la simple incompétence. Il y a incompétence, lorsqu'un tribunal connaît d'une affaire que la loi réserve à un autre tribunal. Il y a excès de pouvoir, lorsqu'il s'arroge des droits qui n'appartiennent à aucune autre juridiction, par exemple s'il prononce par voie de disposition generale et règlementaire, fait un statut de police, défend l'exécution d'une loi, contrarie des mesures prises par l'administration, ou statue par voie d'injonction, adressée non seulement aux parties de la cause, mais à d'autres tribunaux, ou à d'autres autorités, administratives ou judiciaires, etc.., (3).

46. — *De l'incompétence et de l'excès de pouvoir en matière*

(1) Rapport du 17 avril 1832 ; dans Dalloz, *ibid.*

(2) Cfr. Ch. req., 10 fév. 1868, D P., 1868, 1, 422.

(3) Cfr. l'exposé des motifs de la loi sur les juges de paix, présenté à la Chambre des députés, le 8 mai 1837, par le garde des sceaux ; *Monit. universel,* 1837, p. 1157 ; — et Tarbé, *op. cit.,* p. 54.

civile et criminelle. — L'incompétence n'est pas toujours, au moins en matière *civile*, une ouverture de cassation. Il faut distinguer en effet entre l'incompétence *ratione materiæ*, et les incompétences *ratione personæ* ou *ratione loci*. Ces dernières ne donneront lieu à cassation que si les parties n'y ont pas renoncé; et aux termes de l'art. 169 du Code de procédure civile, la renonciation est présumée et la nullité est couverte, par cela seul que l'exception d'incompétence n'a pas été proposée *in limine litis*. Aussi l'incompétence *ratione personæ* ou *loci* sera rarement une ouverture de cassation; il faudrait supposer pour cela : ou que l'arrêt attaqué est par défaut, ou bien que les parties ont en vain excipé de l'incompétence et en première instance et en appel. Encore ce dernier cas constitue-t-il plutôt une violation de la loi quant au fond; il y a en effet une infraction formelle à la loi dans le fait de refuser de dire droit sur une semblable exception, quand elle est présentée. — Au contraire l'incompétence *ratione materiæ*, tenant, non point à des intérêts privés, mais à l'organisation générale des juridictions, c'est-à-dire à un intérêt public, peut être invoquée en tout état de cause, même devant la Cour de cassation, lorsqu'elle n'a pas été et bien qu'elle n'ait pas été proposée en appel. La raison en est que les tribunaux auraient dû dans ce cas se déclarer d'office incompétents (art. 170). Ayant négligé de le faire, leurs jugements seront de ce chef sujets à cassation (1).

En matière *criminelle*, ferons-nous entre les diverses incompétences la même distinction qu'en matière civile ? Considèrerons-nous les unes comme absolues, les autres comme relatives ? Dans l'ancien droit, Jousse et Muyart de Vouglans ne faisaient aucune distinction : que le juge fût incompétent parce que le fait incriminé ne rentrait pas dans sa juridiction, ou parce que l'accusé n'était pas son justiciable, ou parce que ce n'était pas sur son territoire que le délit avait été commis ou le coupable arrêté, ce dernier avait toujours le droit de

---

(1) Cfr. Ch. civ., 28 juin 1870, D. P., 1870, 1, 311; — 5 juin 1872, D. P., 1872, 1, 231; — et les nombreux arrêts cités dans D. P., *Table des 22 années*, v° Cassation, n°° 346 et suiv.

proposer l'incompétence en tout état de cause; un acquiescement formel de sa part ne l'en privait même pas (1). En 1791, le décret du 16 septembre (tit. IV, art. 15), en l'an IV, le Code du 3 brumaire (art. 202) consacrèrent le même principe. Depuis cette époque le droit pour un accusé de n'être pas distrait de ses juges naturels est écrit dans toutes les constitutions (2). Or aujourd'hui comme autrefois, il ne saurait lui être permis de renoncer à une protection que la loi lui accorde: les garanties données à la défense sont d'ordre public. On doit donc décider encore que, quel que soit le motif de l'incompétence des juges, l'inculpé pourra toujours l'invoquer; on ne doit pas s'attacher ici à la cause, mais au fait même de l'incompétence. La Cour de cassation n'a jamais hésité sur l'incompétence *ratione materiæ*, ni sur l'incompétence *ratione personæ*; mais dans sa première jurisprudence, elle sembla reconnaître que l'incompétence *ratione loci* pouvait se couvrir. Aujourd'hui elle est revenue aux véritables principes, et elle n'admet plus qu'il puisse y avoir en matière criminelle des incompétences purement relatives (3). — L'incompétence est même aux yeux de la loi un moyen de cassation si favorable qu'elle permet de l'employer, avec certaines restrictions toutefois, contre les sentences des juridictions militaires et maritimes, soustraites pour toute autre cause à la censure de la Cour de cassation (4). Les arrêts de renvoi en cour d'assises, rendus par les chambres des mises en accusation, peuvent aussi pour incompétence être attaqués par ce pour-

(1) Jousse, *Traité de la just. crim.*, Paris, Debure, 1771, in-4°, t. I, p. 419, 525 ; — Muyart de Vouglans, *Inst. au droit criminel*, Paris, Le Breton, 1757, p. 124-125. Ce dernier ne met à part que l'incompétence résultant d'un *privilège* de l'accusé, laquelle est évidemment dans son intérêt particulier ; il n'en existe plus de semblable aujourd'hui.

(2) Constit. de 1791, tit. III, ch. 5, art. 4; — de l'an III, art. 204; — charte de 1814, art. 62; — de 1830, art. 53; — constit. de 1848, art. 4; — de 1852, art. 1 et 56. — *Adde* art. 539, Code d'instruct. crim.

(3) Cfr. Faustin-Hélie, *op. cit.*, t. VI, p. 703 à 711 ; — Ch. cr., 17 janv. 1861, D. P., 1, 143 ; — 22 mai 1862, 5 déc. 1862, 9 déc. 1864, D. P., 1867, 5, 93 ; — etc...

(4) Voir art. 80, 81 de la loi du [9 juin 1857, et 110, 111 de celle du 4 juin 1858. — Cfr. *supra*, n° 31, et surtout *infra*, n° 67.

voi privilégié de l'art. 299, dont le délai est de cinq jours, et qui met obstacle à l'ouverture des débats en cour d'assises.

En revanche une grave exception à la théorie que nous venons d'exposer, se trouve consacrée par l'art. 365 du Code d'instruction criminelle, en ce qui concerne la plus importante des juridictions criminelles, la cour d'assises. L'art. 365 dispose en effet que « la cour d'assises prononcera la peine établie par la loi, même dans le cas où d'après les débats, le fait se trouverait n'être plus de sa compétence ». Il résulte des termes généraux de cet article que la cour d'assises doit maintenir sa compétence : soit lorsque les faits perdent leur caractère de crimes pour revêtir celui d'un délit ou même d'une contravention, soit lorsqu'elle reconnaît, d'après les débats, qu'elle n'est pas le juge du lieu du crime, du domicile de l'accusé, ou du lieu de la capture. Dans le premier cas, la loi a pensé que le prévenu ne pourrait se plaindre d'être jugé par la cour d'assises, qui présente pour lui des garanties plus puissantes que le tribunal correctionnel ou de simple police, devant lequel il aurait dû être traduit (1). Dans le second cas, elle a pensé qu'il était contraire à la bonne administration de la justice, d'interrompre des débats commencés et peut-être sur le point d'être terminés, pour les rouvrir ensuite devant une autre juridiction du même ordre. Ce dernier motif, à vrai dire, n'est pas excellent; car il aurait pu conduire à prohiber également le recours pour incompétence *ratione personæ* ou *ratione loci* des tribunaux correctionnels ou de simple police, lorsque cette incompétence n'a pas été invoquée *in limine litis*. Il est vrai que ces tribunaux étant permanents et usant d'une procédure moins compliquée, les retards et les inconvénients sont moindres qu'ils ne le seraient pour les cours d'assises. Quoi qu'il en soit, l'art. 365 ne distingue pas : pour échapper à son application, l'accusé qui croit la cour d'assises incompétente, pour un motif quelconque, doit se hâter de se pourvoir avant le commence-

______

(1) En dehors même de l'art. 365, ce motif aurait conduit à rejeter le pourvoi de l'accusé, pour cause de défaut d'intérêt. Cfr. *suprà*, n° 33.

ment des débats. Du moment qu'il les a laissés s'ouvrir sans protester, la nullité est couverte.

A la différence de l'incompétence, l'*excès de pouvoir* est *toujours* en matière civile une ouverture de cassation. Il est même l'ouverture la plus large; car, comme nous l'avons vu, il peut *seul* fonder un pourvoi contre les décisions des juges de paix, et il est une des deux causes qui permettent au garde des sceaux de déférer à la Cour de cassation des actes judiciaires quelconques (art. 80 de la loi du 27 ventôse an VIII) (1). En matière criminelle, l'excès de pouvoir n'est nulle part mentionné dans la loi; mais Berlier nous en donne la raison dans son exposé des motifs : les rédacteurs du Code d'instruction criminelle ont banni cette expression, comme faisant double emploi avec le mot *incompétence,* et constituant une redondance inutile (2). Il résulte de cette explication même que le mot seul, et non la chose, a été proscrit. L'excès de pouvoir se trouve compris dans l'incompétence, dont la signification s'élargit ainsi; et par conséquent, il donnera lieu à cassation comme en matière civile. La Cour de cassation ne s'astreint même pas dans ses arrêts à employer le terme d'incompétence; et les cassations pour excès de pouvoir sont fréquemment provoquées, et fréquemment prononcées. Par la nature même des règles du droit pénal, qui sont en général de rigueur, ce moyen de nullité est assuré d'un résultat presque certain. C'est ainsi que la Cour suprême a déclaré qu'il y a excès de pouvoir : à ne condamner qu'aux dépens un accusé reconnu coupable (3), à prononcer un sursis indéfini (4),

(1) A titre d'exemples, cfr. Ch. req., 21 juin 1880, D. P., 1881, 1, 222; — Ch. cr., 13 janvier 1881, D. P., 1881, 1, 89.

(2) Berlier, *Exposé des motifs,* n° 5 : « Messieurs, vous ne trouverez plus l'excès de pouvoir au nombre des nullités; mais cette suppression d'un mot vague et qui n'a jamais été bien défini, se trouve éminemment remplacée par le maintien seul de la cause de nullité tirée de l'incompétence; et s'il convient d'éviter les expressions oiseuses ou redondantes, c'est surtout dans les lois » (dans Dalloz, *Répert.,* v° Cass., p. 38. en note).

(3) Ch. crim., 31 juillet 1830; Dalloz, *op. cit.,* n° 1477.

(4) Ch. crim., 7 juillet 1838; *ibid.*

à admettre en matière de contravention l'excuse tirée de la bonne foi, de l'erreur ou de l'usage contraire, fût-il immémorial (1), etc... Sous l'empire de l'art. 75 de la constitution de l'an VIII, le fait par un tribunal de condamner ou même d'acquitter un agent du gouvernement sans avoir obtenu l'autorisation préalable du Conseil d'État, constituait un des cas les plus caractérisés d'excès de pouvoir (2).

§ III : DE LA VIOLATION DE LA LOI QUANT AU FOND

47. — *Première condition : existence d'une loi que les juges devaient appliquer.* — La violation de la loi quant au fond est la source la plus féconde de la cassation. Elle a donné lieu à une immense quantité de monuments de jurisprudence, sur les questions les plus variées, et souvent les plus délicates. Nous ne pouvons songer un instant à exposer la doctrine de tous ces arrêts, ni à discuter les controverses qu'ils ont soulevées parmi les auteurs ; il faudrait pour cela passer en revue toutes les matières du droit (3). Nous nous bornerons donc à exposer les principes généraux, à en présenter quelques applications saillantes, et à effleurer les principales questions qui s'y rattachent, en nous plaçant à un point de vue général, embrassant aussi bien les matières civiles que les matières criminelles.

Pour qu'il y ait violation de la loi pouvant entraîner cassation, il faut évidemment trois choses, que Tolozan avait déjà nettement indiquées au siècle dernier (4) ; il faut : 1° qu'il y ait une loi en vigueur que les juges devaient appliquer ; 2° que

(1) Ch. crim., 23 juillet 1836, 20 avril 1837, 31 juillet et 24 sept. 1830 ; *ibid.*, n° 1478.

(2) Ch. crim., 20 août 1833 ; *ibid.*, n° 1477.

(3) En Allemagne, au contraire, le recours en révision au tribunal suprême, le *Reichsgericht*, n'est pas admis pour violation d'une loi quelconque, mais seulement de certaines lois, dont une ordonnance impériale du 28 sept. 1879, sanctionnée par le Reichstag le 10 avril 1880, a donné l'énumération (*Ann. de législ. étrangère*, t. X, 1881, p. 56-58).

(4) Tolozan, *op. cit.*, p. 261.

leur jugement contienne une disposition en contradiction avec cette loi; 3° qu'il n'y ait rien dans les faits particuliers de l'espèce qui fasse disparaître cette contradiction. Nous allons développer ces trois points.

Il faut, *en premier lieu*, qu'il y ait une loi en vigueur que les juges devaient appliquer. — Mais qu'entendrons-nous par le mot *loi*? Ce ne sera pas seulement l'acte législatif qui porte ce nom *proprio sensu;* ce sera aussi tout ce qui en a l'autorité. Ce sera par exemple : les anciennes ordonnances royales non abrogées, dont la violation était jadis la principale ouverture de cassation (1); les décrets de Napoléon 1er, même les décrets inconstitutionnels, s'ils n'ont pas été dans les délais voulus annulés par le Sénat conservateur (2) ; les actes émanés du gouvernement provisoire de 1848; les décrets-lois rendus pendant la période dictatoriale de 1852; ceux des décrets du gouvernement du 4 septembre qui n'ont pas été annulés par l'Assemblée nationale; les ordonnances ou décrets du chef du pouvoir exécutif rendus dans les limites de ses attributions (3) ; les arrêtés des préfets et des maires, quand ils sont restés dans les bornes de leur compétence (4); et les traités politiques régulièrement conclus (5). Quant aux lois étrangères, comme elles n'ont en principe aucune autorité en France, et que la Cour de cassation n'a pas été instituée pour en assurer l'exécution, les parties ne peuvent invoquer leur violation pour s'en faire un moyen de cassation (6).

---

(1) Cfr. *supra*, n° 21, ce que dit Gilbert de Voisins, et l'art. 8 du tit. 1 de l'ordonnance d'avril 1667. — Il faudra vérifier si ces ordonnances ont été enregistrées par le Parlement du ressort.

(2) Cfr. les arrêts de la Cour de cassation, cités dans Dalloz, *op. cit.* n° 1383.

(3) Toutes les fois que la cassation est motivée sur la violation d'une ordonnance royale ou d'un décret du président de la République, il faut viser, non seulement l'ordonnance ou le décret, mais encore *la loi en exécution de laquelle* cet acte est intervenu (Tarbé, *op. cit.*, p. 52 ; Dalloz, *op. cit.*, n° 1376).

(4) Cfr. Dalloz, *op. cit.*, n° 1384; — Delangle, *op. cit.*, n° 317.

(5) Cfr. Delangle, *op cit.*, n° 312.

(6) Ch. req., 15 avril 1861, D. P., 1861, 1, 421; — 4 juin 1872, D. P., 1873, 5, 62.

Il y a bien quelques cas où les tribunaux français sont obligés de tenir compte des lois étrangères, par exemple pour apprécier la validité d'un acte d'état civil rédigé sous leur empire, conformément à la règle *locus regit actum*, ou pour établir le statut personnel de leurs sujets : si dans ces cas ils les méconnaissent, leurs jugements seront cassés, mais moins pour avoir violé la loi étrangère, que pour avoir contrevenu à l'art. 47 ou à l'art. 3 du Code civil. Il en serait de même, si un tribunal correctionnel punissait un Français pour délit commis hors du territoire, alors que ce délit n'est pas puni par la législation pénale du pays où il a été commis (art 5-2° nouveau du Code d'instr. crim.) (1).

La violation du droit romain, tel qu'il était appliqué dans les pays de droit écrit (2), et la contravention aux coutumes dûment homologuées (3) de l'ancienne France peuvent aussi fournir matière à cassation, quand il s'agit d'actes ou de contrats, remontant à une époque assez éloignée pour se trouver encore sous leur empire, en vertu de la non rétroactivité des lois promulguées depuis. C'est ainsi qu'on trouve des arrêts de cassation qui ont annulé des jugements pour violation de la loi 30, au Code, *De jure dotium*, et de la loi 1, au Code, *De jure emphyteutico* (4). Il s'est même présenté en 1835 une hypothèse assez curieuse, où deux fragments du Digeste, du titre *De regulis juris* (5), ont été invoqués par un garde national, condamné par un conseil de discipline. La Cour de cassation accueillit le moyen, et cassa la sentence du conseil, mais sans oser viser les fragments en question, ce qui, pour le dire en passant, était de sa part une contravention formelle à l'art. 17

(1) Cfr. Ch. req., 12 nov. 1872, D. P., 1874, 1, 168.

(2) Cfr. Ch, civ., 15 mars 1881, D. P., 1881, 1, 355-357.

(3) Denizart, *op. cit.*, v° Cassat., § 2, n° 2 : « La contravention aux coutumes est une ouverture de cassation, pourvu toutefois que ces coutumes aient été homologuées ou par le roi lui-même. ou par les cours au greffe desquelles elles sont déposées, parce que ce n'est que par cette homologation qu'elles sont adoptées par le législateur et mises au rang des lois. » *Adde* Merlin, *Répert.*, v° Cass , § 2, n° 6.

(4) Cass., 24 juillet 1821, 26 juin 1822 ; Dalloz, *Répert.*, v° Cassation, n° 1388.

(5) Loi 39, de Pomponius ; loi 185, de Celsus.

du décret du 27 novembre 1790, qui l'oblige à toujours viser dans ses arrêts le texte de loi violé. Voilà une application de leurs maximes, que certes ni Pomponius ni Celsus n'ont dû prévoir (1)!

Enfin la contravention aux usages et à la jurisprudence, qui constituait autrefois une ouverture de cassation (2), ne peut plus y donner lieu aujourd'hui. Dans les premiers temps le Tribunal de cassation, sans doute sous l'influence des souvenirs de l'ancien droit, n'avait pas fermement adopté cette doctrine; elle est maintenant hors de conteste (3). Seuls les usages commerciaux revêtus de l'autorité législative par la loi du 13 juin 1866 échappent à cette règle. Tous les autres usages y sont soumis, alors même que la loi imposerait au juge du fond de les suivre, parce que celui-ci conserverait toujours un pouvoir discrétionnaire pour les apprécier.

48. — *Suite ; de la violation de la loi du contrat.* — Reste un point délicat. L'art. 1134 du Code civil dispose que les « conventions légalement formées tiennent lieu de *loi* à ceux qui les ont faites. » Doit-on assimiler cette loi privée aux lois générales, et si un tribunal la viole, son jugement pourra-t-il être cassé ? La question a été et est encore très controversée. La Cour suprême elle-même a varié. Elle avait commencé, avec quelque hésitation cependant, par admettre l'affirmative (4) ; mais en 1808, il y eut un revirement subit de jurisprudence, provoqué par le procureur général Merlin. Malheureusement, dans son réquisitoire, Merlin ne se plaça pas franchement sur le terrain des principes, et le

____

(1) Ch. crim., 5 nov. 1836 ; Dalloz, *op. cit.*, n° 1394.

(2) « Avec cette observation néanmoins, dit Gilbert de Voisins, que ce qui consiste dans l'usage et dans la tradition, n'est pas toujours susceptible d'une précision aussi exacte que ce qui est consigné dans la disposition textuelle d'une ordonnance, d'où il faut conclure que pour l'application de ce principe de cassation souvent si important, il faut que le principe de droit soit assuré et la contravention expresse. » Dalloz, *ibid*, n° 401),

(3) Cfr. les arrêts cités dans Dalloz, *ibid.*, *passim*, n°° 1402 à 1423.

(4) Cfr. les nombreux arrêts cités dans Dalloz, *op, cit.*, n° 1569.

principal argument qu'il fit valoir fut un argument de fait qui n'a plus de base aujourd'hui. Voici comment les choses se présentèrent. Il était intervenu le 16 septembre 1807 une loi, qui permettait à la Cour de cassation, après un second pourvoi, et lui ordonnait, après un troisième pourvoi fondé sur les mêmes moyens, de s'adresser au Corps législatif pour obtenir un décret déclaratoire de la loi (1). Or, si la Cour cassait pour violation d'un contrat, le Corps législatif allait être mis dans la nécessité d'interpréter les conventions des parties ! Était-ce possible ? C'est ce que la Cour eut à se demander en 1808 ; et Merlin, qui avait déjà professé la négative, développa ainsi son opinion devant les sections réunies : « Quel décret, dit-il, le gouvernement pourrait-il rendre sur votre référé ? Un décret déclaratoire de la loi suppose nécessairement une loi préexistante. Il ne peut donc y avoir lieu à un décret pareil sur une matière qu'aucune loi n'a encore réglée ; il ne pourrait donc y avoir lieu sur cette matière qu'à une loi nouvelle ; et l'on sent assez qu'une loi nouvelle ne pourrait pas motiver la cassation d'un jugement antérieur (2). » La Cour de cassation, se heurtant en effet à une véritable impossibilité, déclara que la violation d'un contrat, dont aucune loi ne déterminait l'essence, ne pouvait entraîner cassation.

Mais depuis 1837, le référé législatif est aboli et l'obstacle a disparu. La question est donc redevenue entière. Comment la résoudre ? Carré propose de distinguer suivant que la clause violée est claire ou obscure (2). Boncenne objecte que la limite entre la clarté et l'obscurité est trop difficile à tracer, et que « la violation de la loi du contrat n'est qu'un mal jugé qui échappe à la Cour de cassation » (3). La Cour au contraire, changeant une seconde fois de jurisprudence, tend à

(1) Cfr. *infra*, n° 61.

(2) Merlin, *Répert.*, v° Société, t. XXXI, p. 275 ; — *Adde* Poncet, *op.*, *cit.*, t. II, n° 257.

(3) Carré, *Lois de l'organisation judiciaire et de la compétence*; Paris, 1833-1834, in-8°, t. VIII, p. 130 et suiv.

(4) Boncenne, *Théorie de la procédure civile*, Poitiers, Catineau, 1828 n-8°, t. I, p. 488 et suiv.

retirer aux tribunaux le pouvoir discrétionnaire et sans contrôle qu'elle leur accordait après 1808, ce qui ne laissait pas
que d'être dangereux pour les intérêts et la sécurité des parties. Tout en respectant le pouvoir d'appréciation des faits qui
appartient aux juges du fond, elle paraît établir en principe,
qu'il y a lieu à cassation toutes les fois que le jugement, après
avoir reconnu en fait l'existence de tous les éléments constitutifs d'un contrat, a refusé de lui donner la qualification et
les effets que la loi lui assigne (1). Au contraire, il y a seulement
mal-jugé et non violation de la loi, ni par conséquent ouverture à cassation, si le jugement s'est borné à apprécier des
actes d'après les circonstances, ou à interpréter la convention
d'après les faits (2). Quoi qu'il en soit de cette distinction (et
nous n'en voulons pour le moment retenir que ce point), son
existence même prouve qu'aujourd'hui, contrairement à l'opinion trop absolue de Merlin, la cassation pourra protéger la
loi privée du contrat, comme elle protège les lois générales.

49. — *Deuxième condition: existence d'une contravention expresse à la loi.* — Il faut, *en second lieu*, pour qu'un jugement
viole la loi, qu'il contienne quelque disposition qui se trouve
en contradiction avec elle. — Le décret du 27 novembre 1790
(art. 3) exigeait une contravention expresse *au texte* de la
loi ; mais cette rédaction vicieuse a été abandonnée dans les
décrets ultérieurs, qui n'exigent plus qu'une contravention
expresse *à la loi*, à son esprit par conséquent aussi bien qu'à
son texte. Mais quand une contravention est-elle *expresse* ?
La jurisprudence du Conseil des parties se montrait sur cette
question très rigoureuse : Joly de Fleury répète à plusieurs
reprises dans son mémoire qu'on n'écoute que les moyens
fondés sur une contravention claire et précise, claire et littérale (*supra* n° 21) ; et ce sont les mêmes expressions que reproduit Tolozan. Il faut pour lui que les dispositions de la loi et
celles du jugement soient tellement opposées, qu'elles se dé-

<hr>

(1) Ch. req., 24 février 1868, D. P., 1868, 1, 308.
(2) Cfr. Dalloz, *Répert.*, v° Cass., n° 1577 ; — Delangle, *op. cit.*, n° 353 ;
— Ch. req., 22 nov. 1865, D. P., 1866, 1, 108.

truisent pour ainsi dire respectivement, et ne puissent plus
subsister ensemble. A la suite de ces auteurs, Henrion de
Pansey déclare que la contravention est expresse toutes les
fois que le jugement et la loi sont en opposition diamétrale (1).
Mais cette doctrine restrictive ne peut se comprendre qu'à
une époque où l'uniformité n'existe pas dans la loi, où par
conséquent il est à peu près indifférent de maintenir parmi les
tribunaux l'unité de jurisprudence.

Aujourd'hui, la Cour de cassation devant surtout chercher
à atteindre ce but, il faut de toute nécessité étendre la notion
de la contravention : ainsi l'on dira que la contravention est
expresse, quand elle est certaine et prouvée, et non seulement quand elle est claire et littérale ; que la fausse interprétation suffit à entraîner cassation, et non pas seulement l'opposition diamétrale (2) ; que la fausse application elle-même
est une ouverture de cassation. Au surplus pour la fausse application, la règle a été formellement consacrée en matière
criminelle par le décret du 29 septembre 1791 et par l'art.
456 du Code de brumaire an IV. Quoique le Code de 1810 ne
s'en soit pas nettement expliqué, il paraît bien résulter des
art. 410 et 411, qu'il n'a pas voulu modifier l'état de choses
alors existant. L'art. 410 dit en effet : « Lorsque la nullité
procédera de ce que l'arrêt aura prononcé une peine autre
que celle appliquée par la loi à la nature du crime, l'annulation de l'arrêt pourra être poursuivie tant par le ministère
public que par la partie condamnée. » C'est bien l'hypothèse
d'une fausse application de la loi. L'art. 410 ne prévoit que
le cas où l'arrêt porte une peine *autre* que la peine légale ;
mais il ne faudrait pas l'interpréter d'une façon trop restrictive. C'est ainsi que la Cour e cassati on n'hésite

____

(1) Henrion de Pansey, *op. cit.*, p. 229. — *Adde* Carnot, *op. cit.*, t. III,
p. 107.

(2) Henrion de Pansey déplore comme une innovation malheureuse la
cassation pour fausse interprétation : « La Cour suprême a été subju-
guée, dit-il, par l'opinion qu'il fallait maintenir ce système d'uniformité
auquel on mettait un si grand prix » (*op. cit.*, p. 246). Mais ce motif justifie précisément l'innovation ! La Cour, dès l'origine, comprenait sa mis-
soin. — Cfr. Carré, *op. cit.*, t. II. p. 154 ; et Delangle, *op. cit.*, n° 322.

pas à l'appliquer : quand la peine prononcée est bien celle que la loi indique, mais plus faible ou plus forte ; quand les juges en prononçant la peine principale ont oublié les peines accessoires qu'ils doivent y ajouter, ou quand ils n'ont pas tenu compte d'une récidive qu'ils connaissaient cependant, etc. (1).

Toutefois, elle ne pourrait pas l'étendre au cas où la peine portée étant bien la peine légale, l'arrêt commettrait une erreur sur la citation du texte de la loi ; car l'art. 411 excepte expressément cette hypothèse. L'on ne peut pas dire d'ailleurs qu'il s'agisse là d'une fausse application de la loi : il s'agit seulement d'une fausse citation (2). Mais il peut se présenter tels cas où il sera bien difficile de distinguer si l'on se trouve en face d'une fausse citation ou d'une fausse application de la loi, si par conséquent on doit rejeter ou admettre le pourvoi (3). Entre les fausses applications elles-mêmes, il faut faire une distinction : quelques-unes peuvent ne constituer qu'un mauvais raisonnement, un simple mal jugé (4) ; dans ce cas, il n'y a pas lieu à cassation. Mais le plus souvent on ne peut faussement appliquer une loi sans la violer elle-même, si elle est à la fois impérative et prohibitive (5), ou sans en violer une autre. Dans ces cas le recours est ouvert et doit triompher. — Il serait repoussé, bien entendu, si le demandeur se plaignait, non d'une fausse application, mais d'une application trop rigoureuse d'un texte, quelque injuste qu'elle puisse être dans l'espèce. Ainsi que le dit un avis du Conseil d'État des 18-31 janvier 1806, « un arrêt de la Cour de cassation qui détruirait un jugement pour s'être trop littéralement conformé au texte de la loi, offrirait dans l'ordre judi-

---

(1) Cfr. Faustin-Hélie, *op. cit.*, t. IX, p. 466, et les arrêts cités en note.

(2) Cfr. Ch. cr., 7 novembre 1879, D. P., 1880, 1, 437 ; — et 13 août 1880, D. P., 1881, 1, 142.

(3) Cfr. Faustin-Hélie, *ibid.*, p. 468-469 ; — et Boitard, *Leçons de droit criminel, op. cit.*, p. 771.

(4) Merlin, *Quest.*, v° Cassat., t. III, p. 240.

(5) Tarbé, *op. cit.*, p. 52 : « Violer une loi, c'est permettre ce qu'elle défend, défendre ce qu'elle permet, ou ne pas faire ce qu'elle ordonne. »

ciaire un scandale, dont, il faut l'espérer , nous ne serons jamais témoins (1). »

Rappelons enfin que pour qu'il y ait violation de la loi, il faut que cette violation se rencontre, non pas dans les considérants ou dans les motifs de l'arrêt attaqué, mais bien dans le dispositif. Un raisonnement erroné, ou l'interprétation inexacte d'un article de loi, qui ne se trouverait que dans les motifs, et qui n'aurait pas vicié au fond le dispositif, ne saurait dans aucun cas autoriser la cassation de l'arrêt (2). De même il n'y a pas violation de la loi, si cette loi n'est pas impérative, si elle ne fait que donner au juge des conseils qu'il peut ne pas suivre, ou des règles d'interprétation dont il peut s'écarter.

50. — *Troisième condition : inexistence de faits particuliers faisant disparaître la contravention.* — *En troisième lieu ,* avons-nous dit, la loi n'est violée que si, dans les faits particuliers du procès, rien ne peut faire disparaître la contradiction qui existe entre elle et le jugement attaqué. — Ici se présente une des plus graves difficultés de la matière. La Cour de cassation, on le sait, n'est instituée que pour réprimer la violation de la loi; elle sortirait de ses attributions si elle entrait dans l'appréciation du fait, et si elle exerçait son examen sur des décisions rendues par des tribunaux ordinaires, dans des matières qui sont abandonnées à leur discernement et à leur conscience (3). Elle n'a pas à s'occuper de la question de savoir si les juges se sont trompés, en affirmant que tel fait, sur lequel ils sont appelés à prononcer, existe ou n'existe pas, si telle circonstance qui l'accompagne n'a pas été prise en considération, ou si telle autre, qui ne s'y joignait pas, y

(1) Dans Dalloz, *Répert.*, **v°** Cassation, n° 1363.

(2) Cfr. *supra,* n° 29 ; — Boitard, *Leçons de procéd. civile, op. cit.,* t. II, p. 136 ; — Dalloz, *op. cit.,* n° 1430; — Ch. req., 9 janvier 1866, D. P., 1866, 1, 395 ; — 3 février 1869, D. P., 1870, 1, 13 ; — 4 février 1873, D. P., 1874, 1, 122 ; — 22 décembre 1873, *ibid.,* 472 ; — Ch. civ., 16 mars 1874, D. P., 1876, 1, 249.

(3) Cfr. une note du président Barris lue en 1822 devant la Cour de cass.; dans Dalloz, *Répert.*, **v°** Cassation, n° 1224.

a été mal à propos rattachée. Ce sont là autant de questions sur lesquelles prononcent souverainement les tribunaux ordinaires, seuls investis du droit de statuer à la fois sur le fait et sur le droit ; elles ne sauraient appartenir à la Cour de cassation, qui ne constitue pas un troisième degré de juridiction. Mais alors comment la Cour de cassation pourra-t-elle reconnaître que dans les faits particuliers de l'instance, rien ne fait disparaître la contradiction apparente du jugement et de la loi, si elle ne peut pas examiner ces faits particuliers? La question peut se poser en d'autres termes : où se place la limite qui sépare le fait et le droit? où s'arrête le pouvoir d'appréciation des tribunaux et où commence celui de la Cour de cassation? La réponse n'a pas toujours été nettement donnée par les arrêts ; et leur nombre est tellement considérable qu'il était bien difficile en effet que quelques-uns au moins ne s'écartassent pas des principes. Pour arriver à une solution aussi précise que possible du problème, nous croyons devoir distinguer, avec M. Bonnier (1), trois points fondamentaux sur lesquels doit successivement se porter l'examen des juges : 1° Les faits qui servent de base au procès existent-ils, oui ou non? 2° Si oui, comment faut-il les qualifier? Constituent-ils une vente, un prêt, un louage, une donation, etc... ; et quelle espèce de vente, de prêt, de louage ou de donation... ? Constituent-ils un crime, un délit, ou une contravention; et quel crime, quel délit, quelle contravention? 3° La nature du fait étant déterminée et la qualification légale appliquée, quelle conséquence doivent-elles entraîner au point de vue de l'application de la loi, civile ou pénale?

Ce dernier point doit être immédiatement écarté du débat ; on comprend en effet qu'il ne soulève jamais qu'une pure question de droit, éminemment du ressort de la Cour de cassation. — Sur le second point, il faut encore lui reconnaître toute liberté d'appréciation. En effet la qualification n'est autre chose que le rapport des faits constatés avec la loi qui leur attache telle ou telle conséquence civile ou pénale. Ce

____

(1) Bonnier, *Éléments d'organisation judiciaire*, Paris, Joubert, 1847, in-8°, t. I, p. 214.

rapport, qui peut être contesté, soulève également une question de droit. Si par exemple une cour d'appel, après avoir constaté en fait que tous les éléments légaux d'une substitution prohibée ou d'un pacte sur succession future se trouvent réunis, déclarait qu'en droit la convention litigieuse n'offre pas l'un de ces caractères, il est impossible d'admettre que la Cour de cassation ne puisse pas casser un arrêt qui viole aussi ouvertement la loi ; et pour le faire, elle n'a pas besoin d'entrer dans l'appréciation des faits : elle les prend tels que la cour d'appel les constate, et se contente d'examiner si la loi a été bien appliquée. Il en serait de même si une chambre d'accusation, ayant reconnu dans une infraction pénale tous les caractères d'un crime, s'abstenait de renvoyer l'inculpé en cour d'assises sous le prétexte que le fait en question ne doit pas être qualifié crime; ou bien si, établissant en fait qu'un meurtre a été volontaire, elle en faisait un homicide par imprudence. Il ne peut pas être permis aux tribunaux d'échapper ainsi, sous prétexte de déclarations de fait, à la haute surveillance sous laquelle la loi a voulu les placer. Autrement l'application de la loi deviendrait arbitraire, et l'unité de législation si péniblement acquise se trouverait rapidement compromise. Aussi les trois chambres de la Cour de cassation n'ont jamais hésité à se reconnaître le droit de censurer les fausses qualifications de faits reconnus constants (1).

51. — *Suite ; pouvoir d'appréciation des faits qui appartient au juge du fond.* — Reste donc le premier point : *l'existence des faits*, et c'est ici que les hésitations de la Cour de cassation se sont manifestées. En principe, les tribunaux sont compétents pour la constater souverainement, et leurs juge-

---

(1) Cfr. un réquisit. du procureur général Dupin, du 23 mai 1834, dans Dalloz, *op. cit.*, n° 363 ; — Faustin-Hélie, *op. cit.*, t. VI, p. 475 et suiv. ; — Ch. cr., 28 juin 1862, D. P., 1862, 1, 305 : — Ch. civ., 3 mars 1869, D. P., 1869, 1, 200 ; — 15 janvier 1873, D. P., 1873, 1, 180 ; — et 12 janv. 1875, D. P., 1875, 1, 145 ; — Ch. cr., 12 mai 1875, D. P., 1876, 1, 45 ; — et 12 nov. 1875, *ibid.*, 141 ; — Ch. req., 24 juin 1877, D. P., 1878, 1, 342 ; — Ch. cr., 15 mai 1881, D. P., 1882, 1, 89, avec la note qui accompagne cet arrêt.

ments ne peuvent être cassés pour erreur de constatation. Mais ce droit certain doit être exercé dans les limites de la loi et conformément aux modes de preuve qu'elle a établis. Ainsi les tribunaux ne pourraient constater une paternité naturelle, dont la recherche est défendue; ils ne pourraient pas en matière civile admettre un fait en se fondant sur de simples présomptions, lorsque la preuve par témoins n'est pas permise, ou regarder comme un commencement de preuve par écrit un acte qui n'émanerait pas de la personne à laquelle on l'oppose, ou enfin refuser d'attacher à des actes authentiques non argués de faux, ou à des actes sous seing privé vérifiés ou non contestés, la force probante que la loi leur accorde, etc... Dans tous ces cas en effet, le jugement devrait être cassé comme violant les art. 340, 1353, 1347, 1319 et 1322 du Code civil (1). Mais si le tribunal se conforme à la loi, il reprend sa pleine indépendance. Quand il lui est permis de statuer sur simples présomptions par exemple, l'appréciation de ces présomptions est abandonnée à ses lumières et à sa prudence (art. 1353). A lui seul, il appartient de les trouver graves, précises et concordantes; et si elles lui ont paru telles, il serait impossible de prétendre contre son jugement qu'elles ne l'étaient pas (2).

C'est qu'en effet, la loi n'ayant pas défini quels faits étaient nécessaires pour rendre des présomptions graves, précises et concordantes, les juges du fond ne peuvent jamais la violer; il n'y a pas ici de fausse qualification pouvant donner ouverture à cassation. Mais on comprend qu'il peut se présenter telle hypothèse où la loi ne s'est pas contentée de définir les caractères légaux d'un fait pris dans son ensemble, où elle a poussé la précaution jusqu'à établir les caractères de ses divers éléments eux-mêmes. L'appréciation légale de ces éléments entre alors pour une part dans la constatation du

____

(1) Cfr. Ch. civ., 4 avril 1821 ; Dalloz, *Répert.*, v° Cassat., n° 1439 ; — Ch. req., 17 mai 1855, D. P., 1855, 1, 247.

(2) Cfr. Boncenne, *op. cit.*, t. I, p. 505 ;—les arrêts cités dans D. P., *Table des 22 années*, v° Cassation, n° 301 ; —Ch. req., 14 juin 1869, D. P., 1873, 1, 158 ; —11 juin 1872, D. P., 1872, 1, 464 ; — 29 juillet 1872, D. P., 1874, 1, 430 ; etc... *Contra* : Carré, *op. cit.*, t. II, p. 786 et suiv.

fait : peut-elle être contrôlée par la Cour suprême ? La raison de douter, c'est que la Cour, si elle le fait, se trouvera obligée de pénétrer jusque dans l'examen du fait lui-même, et alors que devient la distinction du fait et du droit ? Pour la sauve-garder, à quel point la Cour s'arrêtera-t-elle ? En 1822, dans une affaire de diffamation, le président Barris essaya de tracer une limite : il admit que la Cour de cassation pouvait examiner si les éléments constitutifs d'un fait se trouvaient réunis, lorsque la loi avait défini et caractérisé ces éléments; qu'elle ne le pouvait pas, si la loi était muette : « Les juges, dit-il, sont de véritables jurés dans la décision de tout ce qui n'a pas été réglé par la loi (1). » La Cour suivit quelque temps cette doctrine, puis elle finit par l'abandonner à cause des inconvénients pratiques qui en résultaient. Aujourd'hui elle ne paraît pas avoir de système préconçu; elle rend des arrêts d'espèce, et évite les arrêts de principe.

Peut-être pourrait-on, malgré la difficulté du problème, le résoudre en établissant la sous-distinction suivante: Il y a tels faits, qui existent par cela seul qu'ils sont matérielle-ment reconnus; d'autres qui n'existent qu'à la condition par les juges de joindre à la constatation matérielle l'attribution d'un certain caractère moral; d'autres enfin pour lesquels il faut en plus l'attribution d'un certain caractère légal. Ainsi appréciation matérielle, appréciation morale, appréciation légale (2), voilà trois degrés qui peuvent se rencontrer dans la constatation de l'existence de divers faits, quelquefois d'un même fait.

Sur le premier point, sans controverse possible, les tribu-naux sont souverains. Ainsi ils peuvent déclarer qu'un testa-ment olographe n'a pas été écrit par celui auquel il est attribué; que des offres réelles sont insuffisantes; qu'un ter-

____

(1) Dans Dalloz, *Répert.*, v° **Cass.**, n° 1224.

(2) Il ne faut pas confondre cette appréciation légale avec la qualifica-tion légale dont nous avons parlé *supra* n° 50. Le juge peut en effet ap-précier exactement les faits au point de vue légal, et se tromper néan-moins sur la qualification de l'opération civile ou de l'infraction pénale qu'ils constituent.

rain formé par les eaux d'un fleuve constitue un alluvion ou un atterrissement; qu'un débiteur a fourni ou non les sûretés promises; qu'un mur dans lequel s'ouvre une fenêtre dont la suppression est demandée est à la distance légale, si toutefois il n'y a pas erreur sur la distance légale elle-même; qu'un écrit réputé contrefait ne l'est pas; qu'un enfant tué par sa mère n'était pas nouveau-né, etc... (1). En matière criminelle, le pouvoir d'appréciation matérielle des faits s'étend naturellement beaucoup plus loin qu'en matière civile.

Nous accorderons de même aux tribunaux le pouvoir d'attribuer aux faits constatés un certain caractère moral; — de dire par exemple que les injures adressées par un mari à sa femme sont suffisamment graves pour motiver la séparation de corps ; que tels faits impliquent une réconciliation; qu'un acquéreur a juste sujet de craindre une éviction; qu'un contrat est entaché de simulation; que la volonté d'un testateur n'a pas été libre; que les faits prouvés constituent une possession d'état; qu'un acte qualifié partage d'ascendant renferme en réalité une aliénation à titre onéreux; qu'un article de journal n'est pas injurieux; que tel acte constitue un commencement d'exécution; que les circonstances qui lui ont fait manquer son effet sont indépendantes ou non de la volonté de l'agent, etc, etc... (2).

Au contraire l'appréciation légale des faits reconnus matériellement par les juges du fond doit toujours tomber suivant nous, que la loi les ait ou non définis expressément, sous la censure de la Cour de cassation. Ainsi la Cour a, à notre avis, jugé avec raison: qu'elle a le droit de vérifier si tel fait qu'un jugement a déclaré interruptif de prescription doit être réellement considéré comme tel aux termes des art. 2243 et 2244

---

(1) Voir des arrêts en ce sens et une foule d'autres exemples dans : Dalloz, *op. cit.*. n°ˢ 1651, 1649, 1652, etc...; — Delangle, *op. cit.*, n° 360; — Faustin-Hélie, *op. cit.*, t. IX, p. 482-483 ; — D. P., *Table des années* 1867-77, v° Cass., n°ˢ 280 et suiv.

(2) Cfr. des arrêts et d'autres exemples dans: Delangle, *op. cit.*, n° 361; — Dalloz, *Répert.*, v° Cassation, n°ˢ 1600, 1606, et suiv.; — Faustin-Hélie, *ibid.*; — D. P., *ibid.*

du Code civil (1); qu'elle peut aussi rechercher si les caractères des substitutions prohibées ou du droit de retour successoral se trouve réunis dans l'espèce (2), ou encore examiner si la clause litigieuse d'un testament renferme un legs à titre particulier ou à titre universel, si la volonté de nover attribuée aux parties s'est manifestée dans l'un des trois cas déterminés par l'art. 1271 pour qu'il y ait novation (3), etc... De même en matière criminelle, la Cour de cassation doit vérifier si les faits, tels qu'ils ont été constatés par les juges du fond, ont les caractères légaux nécessaires pour être constitutifs d'un crime ou d'un délit.

Pour préciser davantage et résumer toute cette matière, prenons un exemple, bien fréquent, où se rencontre *à la fois* cette triple appréciation matérielle, morale et légale : le vol. Il y a vol, d'après l'art 379 du Code pénal, lorsqu'il y a soustraction frauduleuse de la chose d'autrui. Les juges du fond auront donc à constater, d'abord que l'inculpé a appréhendé la chose d'autrui, en second lieu que cette appréhension a été frauduleuse, en troisième lieu qu'elle constitue une soustraction. Conformément aux principes précédents, nous dirons que le fait matériel de l'appréhension, et son caractère frauduleux sont constatés souverainement par le tribunal correctionnel, mais que l'attribution du caractère légal de soustraction doit être contrôlée par la Cour de cassation (4). Elle peut dire par exemple que les juges du fond ont eu tort de déclarer qu'il y avait une soustraction dans le fait par un individu de refuser de rendre une pièce de monnaie qu'on lui a laissé tenir pour l'examiner (5). Au mot de *soustraction* en

---

(1) Cfr. Dalloz, *Répert.*, v° Cass., n° 1592.

(2) Cfr. *ibid.*, n° 1642 ; — Ch. civ., 3 mai 1869, D. P., 1869, 1, 254.

(3) Cfr. Dalloz, *Répert.*, v° Cassat., n° 1644; — Ch. req., 18 avril et 31 mai 1854, D. P., 1854, 1, 347 ; — 12 décembre 1866, D. P., 1867, 1, 433; — Ch. civ., 29 novembre 1871, D. P., 1873, 1, 82; — Ch. req., 3 juin 1874, D. P., 1875, 1, 468.

(4) Une fois ces trois éléments déterminés, il faudra qualifier légalement le fait que leur ensemble constitue; cette qualification légale (*supra*, n° 50, *in fine*) consiste ici dans le mot *vol.*

(5) Ch. cr., 7 janvier 1864, D. P., 1864, 1, 327.

effet se rattache un ensemble d'idées que la loi n'a pas, il est
vrai, définies, mais qu'elle suppose implicitement par l'emploi de
ce terme juridique. La Cour suprême doit veiller à ce que les
tribunaux ne fassent pas rentrer sous cette expression des faits
qu'elle ne saurait viser. Elle doit s'efforcer de maintenir partout la même l'interprétation, la définition, patente ou latente,
des dénominations juridiques (1).

Ces distinctions sont fort subtiles, nous l'avouons; et dans
la pratique la Cour de cassation, surtout en matière de transactions et de délits de presse (2), ne s'est pas toujours tenue
dans les limites que nous avons cherché à établir. Elle est
allée plus loin; elle s'est aventurée jusque sur le terrain défendu
de l'examen des faits; mais dans ces cas-là, ses arrêts sont
contradictoires, et sa jurisprudence trop souvent variable manifeste aux yeux les moins clairvoyants qu'elle se sent hors de
son domaine : le procureur général Dupin le lui a fait observer
plusieurs fois (3). C'est à lui que nous emprunterons la formule qui résume à nos yeux toute la théorie que nous venons
d'exposer : « Pour que la Cour suprême puisse contrôler les
raisonnements qui constituent les jugements déférés à sa
censure, *il faut que la loi soit l'un des termes du syllogisme* (4). »

(1) Le président Barris n'admet cette doctrine, comme on l'a vu, que
dans le cas des définitions explicites. Mais le même intérêt d'uniformité d'interprétation se rencontre évidemment au cas des définitions
implicites. Il est donc à la fois illogique et dangereux de distinguer.

(2) Cfr. Delangle, *op. cit.*, n°° 354, 370, 372.

(3) Réquisitoires prononcés en 1833 et 1834; cfr. Delangle, *op. cit.*,
n° 371.

(4) Réquisitoire du 23 mai 1834; Dalloz, *Répert.*, v° Cass., n° 1227. —
Les principes précédents reçoivent purement et simplement leur application en matière d'enregistrement. Dans l'ancien droit au contraire, le Conseil des parties pouvait casser pour simple mal jugé,
quand il s'agissait de sauvegarder les droits du roi en matière fiscale.
Merlin et Henrion de Pansey avaient, dans les premiers temps, soutenu
la même doctrine; mais l'un et l'autre l'ont rétractée par la suite, et
aucun auteur ne la soutient plus. (Voir la question traitée dans Tarbé,
op. cit., p. 63 et 64; — Delangle, *op. cit.*, n°° 375-376 ; — et Dalloz, *op. cit.*,
n°° 1594-1596).

§ IV : DE LA CONTRARIÉTÉ DES JUGEMENTS ÉMANÉS DE TRIBUNAUX DIFFÉRENTS

52. — *A quelles conditions cette contrariété est une ouverture de cassation.* — La quatrième ouverture de cassation est indiquée en ces termes par l'art. 504 du Code de procédure *civile:* « La contrariété de jugements rendus en dernier ressort entre les mêmes parties et sur les mêmes moyens, en différents tribunaux, donne ouverture à cassation. » C'est le second jugement qui doit être cassé ; car c'est lui qui viole la loi, en violant l'autorité de la chose jugée, érigée en présomption légale par l'art. 1351 du Code civil. Mais pour que cette violation existe, il faut que toutes les conditions exigées par la loi pour qu'il y ait présomption légale se trouvent réunies: même cause, mêmes parties, mêmes moyens. Dans l'ancien droit, nous avons déjà rencontré cette ouverture de cassation dans l'ordonnance de 1667 et le règlement de 1738 (1), avec cette particularité que le tribunal de cassation compétent pour en connaître était, non pas le Conseil des parties, mais le grand Conseil. On faisait du reste dès cette époque une distinction qui s'est perpétuée en matière *civile:* on distinguait suivant que les deux jugements contradictoires émanaient d'une même juridiction, c'était alors un cas de requête civile ; ou émanaient de tribunaux différents, c'était alors un cas de cassation. Aujourd'hui l'art. 480 du Code de procédure, qui a remplacé l'art. 34 de l'ordonnance de 1667 (tit. 35), énumère parmi les cas de requête civile « la contrariété de jugements en dernier ressort, rendus entre les mêmes parties et sur les mêmes moyens, dans les *mêmes* cours et tribunaux (art. 480-6°) », tandis que l'art. 504 vise les jugements rendus par des tribunaux *différents*.

On s'accorde toutefois à reconnaître que cette distinction ne doit pas être poussée rigoureusement jusqu'au bout, et qu'il y a un cas où le recours en cassation est ouvert, bien qu'il

____

(1) Ordonnance de 1667, tit. 35, art. 34 ; règl. de 1738, 1re partie, tit. VI; — cfr. *supra*, n°s 14 et 21.

s'agisse de deux jugements émanés d'un même tribunal : c'est le cas où l'exception de la chose jugée ayant été invoquée lors du second jugement, le tribunal a cependant volontairement persisté à se contredire. La contrariété des jugements ne pouvant plus être attribuée à la surprise ou à l'erreur, la requête civile ne se conçoit pas. A quoi bon en effet l'intenter ? Le tribunal ayant agi en connaissance de cause, sciemment, refusera évidemment de revenir sur sa décision, et la contrariété subsistera. C'est pour éviter ce résultat, qui conduirait à laisser impunie la violation de l'art 1351, qu'on permet le pourvoi en cassation (1). Nous avons déjà donné une solution analogue pour l'inobservation volontaire des formalités prescrites à peine de nullité (*suprà n° 42*).

La contrariété peut exister, soit entre deux arrêts de cours d'appel, soit entre deux jugements de tribunaux de première instance, soit entre l'arrêt d'une cour d'appel et le jugement d'un tribunal de première instance, pourvu que ce dernier ait acquis l'autorité de la chose jugée (2) : dans tous ces cas, nous nous trouvons dans les termes mêmes de l'art. 504 du Code de procédure; c'est à la Cour de cassation qu'il faut s'adresser. Mais que dire si les deux jugements émanent de deux chambres différentes d'un même tribunal ou d'une même cour ? Faut-il voir là deux tribunaux différents ? L'affirmative était enseignée dans l'ancien droit par Ferrières et Denizart (3) ; mais aujourd'hui la majorité des auteurs se prononcent en sens contraire (4), en se fondant sur la solidarité morale qui unit les magistrats d'un même siège, et surtout sur les termes décisifs de l'art. 480-6°, qui établit la requête civile quand les décisions contraires ont été rendues « par les mêmes cours ou tribunaux, » sans distinguer entre leurs diverses chambres.

---

(1) Cfr. Boitard, *Procédure civile, op. cit.*, p. 139 ; — Delangle, *op. cit.*, Dalloz, *op. cit.*, n° 1509 ; — et les arrêts cités par ces auteurs.

(2) Cfr. Dalloz, *op. cit.*, n° 1516.

(3) Denizart, *op. cit.*, v° Contrariété d'arrêts, t. V, p. 465.

(4) Dalloz, *op. cit.*, n° 1519 ; — Delangle, *op. cit.*, n° 383 ; — Poncet, *op. cit.*, t. II, p. 299.

En matière *criminelle*, où la requête civile n'est pas admise, la distinction qu'on vient d'établir pour les matières civiles ne peut pas être reproduite. La contrariété de deux jugements sera donc toujours un cas de cassation, qu'ils soient rendus par deux tribunaux différents ou par un même tribunal. Mais si l'on n'a pas ici à tenir compte de la requête civile, il faut tenir compte de la révision. Il est un cas en effet où cette voie de recours se substituera au pourvoi en cassation; c'est le cas où « après une condamnation pour crime ou délit, un nouvel arrêt ou jugement aura condamné pour le même fait un autre accusé ou prévenu, et où les deux condamnations ne pouvant se concilier, leur contradiction sera la preuve de l'innocence de l'un ou de l'autre condamné (1). »

Quand la contrariété d'arrêts est invoquée comme moyen de cassation, le demandeur n'a chance de faire réussir son pourvoi qu'en prouvant qu'il est dans l'impossibilité d'exécuter simultanément les deux arrêts. Il ne suffirait pas qu'il y ait entre eux une simple différence; il faut qu'il y ait une contradiction formelle. Dans l'ancien droit, où la contrariété d'arrêts était cependant (on ne sait trop pourquoi) regardée comme une ouverture de cassation plus favorable que les autres, le principe était déjà reconnu. « Par exemple, disait Tolozan (2), un arrêt qui déboute une partie qui demande à faire preuve d'un fait est véritablement contraire à un autre arrêt qui admettrait la même partie à faire preuve du même fait, parce qu'il y a de la contradiction entre refuser et admettre une preuve. Mais un arrêt qui permettrait de faire preuve d'un fait par titres serait seulement *différent* d'un second arrêt qui permettrait de faire entendre des témoins pour prouver le même fait; il n'y aurait pas contradiction, puisqu'on peut vérifier un fait tant par titres que par témoins. »

53. — *Digression sur la théorie des moyens nouveaux.* —

(1) Art. 443-2° du Code d'instruct. criminelle, ainsi modifié par la loi du 29 juin 1867.

(2) Tolozan, *op. cit.*, p. 327.

Qu'une cause de cassation existe, c'est sans doute une condition *sine quâ non* de la cassation. Mais cela ne suffit pas : il faut encore qu'elle puisse être invoquée devant la Cour suprême. A cette remarque se rattache ce qu'on appelle la théorie des *moyens nouveaux*, dont nous devons dire quelques mots pour en finir avec les ouvertures de cassation. — Les moyens nouveaux, doivent être distingués tout d'abord des demandes nouvelles, qui élargissent le procès, et des arguments nouveaux, qui ne tendent qu'à justifier avec plus de force les moyens employés. Les demandes nouvelles ne sont pas admises en appel, à fortiori en cassation. Les arguments nouveaux au contraire peuvent être présentés en tout état de cause (1). Les moyens nouveaux se trouvent placés dans une situation intermédiaire : ils n'élargissent pas le procès, mais ils le modifient. Celui qui les invoque ne change pas ses prétentions ; mais il veut arriver à ses fins par une autre voie. En principe, ces moyens ne peuvent être produits pour la première fois devant la Cour de cassation. Il faut bien en effet que la Cour prenne le débat tel qu'il s'est présenté devant les juges du fond, et qu'elle l'apprécie dans les éléments qui l'ont constitué : il serait injuste de censurer la décision d'un tribunal, quand les actes ou les faits qui pourraient motiver la censure ne lui ont pas été soumis.

Tout moyen qui n'a été discuté ni en première instance, ni en appel, est évidemment un moyen nouveau (2). Il en est de même du moyen qui proposé en première instance n'a pas été reproduit en appel, parce que la Cour de cassation doit évidemment prendre pour base de son examen le dernier état de la cause (3). Pour que la Cour puisse savoir si un moyen a déjà été proposé, il faut que les avoués aient bien soin de les faire constater dans les qualités du jugement ou de l'arrêt. Un moyen non invoqué par les parties pourra cependant n'être pas toujours un moyen nouveau. Si le juge du fond l'a

---

(1) Cfr. Ch. civ., 11 janvier 1881, D. P., 1881, 1, 134.
(2) Ch. req., 26 janvier 1875, D. P., 1876, 1, 124-125.
(3) Ch. civ., 12 janvier 1830; Dalloz, *Répert.*, v° Cassat., n° 1818; — Ch. req., 9 juillet 1873, D. P., 1874, 1, 80.

suppléé d'office, la Cour de cassation pourra l'admettre (1); loin d'être une exception au principe, cette décision en est au contraire l'exacte application. Aux moyens nouveaux, on doit assimiler la présentation de documents, pièces, ou titres nouveaux.

Entre les moyens nouveaux et les arguments nouveaux, la distinction est souvent délicate à faire. On peut par quelques exemples empruntés à la jurisprudence de la Cour de cassation indiquer des limites qu'il serait difficile de préciser. Ainsi en matière civile, la Cour a toujours considéré comme moyen nouveau, par argument de l'art. 2224 du Code civil, le moyen tiré de la prescription (2). Elle ne permet pas non plus d'invoquer pour la première fois devant elle la chose jugée (3), ni une imputation de paiement, ni une subrogation, ni une compensation, ni une novation, etc... (4). En matière criminelle, nous avons vu, avec l'art. 408 du Code d'instruction criminelle, que le défaut de pourvoi contre l'arrêt de renvoi en cour d'assises couvre toutes les nullités commises dans la procédure antérieure (5), et avec l'art. 2 de la loi du 29 avril 1806 que les nullités commises en première instance et non relevées en appel se trouvent également couvertes, sauf la nullité résultant de l'incompétence (6).

Cette exception spécialement faite par la loi de 1806 nous

______

(1) Cass., 28 nov. 1826; Dalloz, *Répert.*, v° Cass., n° 1815.

(2) Cfr. une foule d'arrêts en ce sens, cités dans Dalloz, *op. it.*, n° 1874; — et Delangle, *op. cit.*, n° 388. — *Adde* Ch. civ., 21 avril 1868, D. P., 1868, 1, 300; — et Ch. req., 25 janv. 1881, D. P., 1881, 1, 246.

(3) Cfr. les nombreux arrêts cités dans Dalloz, *Répert.*, v° Cass., n° 1898; — et dans D. P., *Table des 22 années*, v° Cassat., n° 366 et suiv.; — *Table de* 1867-77, v° Cass., n° 408; — Ch. req., 21 juillet 1879, 22 nov. 1880, 21 mars 1881, D. P., 1881, 1, 348, 58, 305.

(4) Cfr. les arrêts cités dans Dalloz, *Répert.*, v° Cass., n° 1823, 1824; — et dans Delangle, *op cit.*, n° 389. — *Adde* Ch., req., 12 août 1873, D. P., 1875, 1, 262.

(5) Cfr. *supra*, n° 44; et divers exemples dans Dalloz, *Répert.*, v° Cass., n° 1919.

(6) *Supra*, n° 44, et Dalloz, *op. cit.*, n°s 1923 et 1924. — Cfr. sur l'incompétence et les distinctions possibles en cette matière, *supra*, n° 46.

amène à formuler une exception générale très-importante :
c'est qu'un moyen nouveau sera admis par la Cour de cassation s'il touche à l'ordre public, parce qu'alors les juges du fond auraient dû le suppléer d'office. La Cour suprême se trouve en droit de leur reprocher leur négligence, et recouvre le pouvoir de les censurer. Seulement nous nous heurtons ici à l'inéluctable difficulté qui se présente chaque fois qu'on invoque l'ordre public : la difficulté de le définir. Les atteintes aux principes de la séparation des pouvoirs (1), et du non-cumul des peines (2), etc... sont évidemment d'ordre public. La Cour a admis également que les communes, les établissements publics, et même les femmes mariées, pouvaient invoquer pour la première fois devant elle le défaut d'autorisation préalable à ester en jugement (3). Encore sur tous ces points faut-il faire une réserve : la Cour suprême repousse comme nouveaux même les moyens d'ordre public, lorsque les titres demandes, ou faits qui leur servent de base n'ont pas été invoqués devant les juges du fond (4).

Nous en avons fini avec l'étude des conditions de la cassation. Supposons-les maintenant remplies. La Cour de cassation est appelée à se prononcer. Elle rend son arrêt. La sentence attaquée est cassée. Que va-t-il en résulter ?

(1) Cfr. les arrêts cités dans Dalloz, *op. cit.*, n° 1832 et suiv.

(2) Ch. cr., 19 mars 1841, *ibid.*, p. 438, note 2.

(3) Cfr. Dalloz, *op. cit.*, n°ˢ 1843 à 1850 ; — Ch. civ., 15 déc. 1847, D. P., 1848, 5, 18 ; — 20 janv. 1868, D. P., 1868, 1, 128 ; — 31 juillet 1878, D. P., 1878, 1, 381 ; — 22 juillet 1879, D. P., 1879, 1, 121 ; etc.

(4) Ch. req., 9 mai 1865, D. P., 1867, 1, 293 ; — 11 nov. 1867, D. P., 1868, 1, 426 ; — 19 mai 1868, *ibid.*, 486 ; — 12 déc. 1871, D. P., 1872, 1, 315 ; — 18 juillet 1876, D. P., 1876, 1, 478 ; — Ch. civ., 31 juillet 1878, D. P., 1878, 1, 381.

CHAPITRE II

DES EFFETS DE LA CASSATION

La cassation prononcée produit relativement aux parties des effets non pas identiques, mais au moins fort analogues à ceux que l'art. 501 du Code de procédure civile attribue aux jugements de rétractation en matière de requête civile. En effet on distingue dans la requête civile, avec le Code lui-même, deux instances séparées et successives : le *rescindant* qui rétracte le jugement attaqué, puis le *rescisoire* dans lequel on débattra la question du fond. Ces expressions ne sont consacrées ni par la loi, ni par l'usage devant la Cour de cassation; mais la même division dans les faits s'y retrouve exactement (1). L'instance devant la Cour suprême correspond au rescindant; l'instance devant le tribunal auquel la Cour doit renvoyer la connaissance du fond de l'affaire, correspond au rescisoire. Il y a donc lieu de distinguer dans les effets de la cassation deux catégories, que nous allons étudier séparément. Dans la première, nous rangerons les effets qui découlent d'une façon immédiate de l'arrêt de cassation; et dans la seconde, les effets qui découlent du renvoi prononcé, lequel tend à faire remplacer par une autre la sentence annulée.

(1) Boitard, *Procéd. civ.*, *op. cit.*, t. II, p. 144.

Section I. — De l'arrêt de cassation, et de ses effets immédiats.

54. — *Effets des arrêts de cassation et de rejet sur les conséquences du pourvoi.*— Les arrêts de cassation sont rendus soit par la chambre civile, soit par la chambre criminelle, soit par les chambres réunies. La chambre des requêtes ne peut rendre que des arrêts de rejet, ou quand elle admet le pourvoi, des arrêts non motivés de *soit communiqué* qui saisissent la chambre civile. Par exception, elle rend des arrêts d'annulation dans le cas de l'art. 80 de la loi de ventôse an VIII, c'est-à-dire dans les pourvois formés d'ordre du ʹgarde-des-sceaux par le procureur généralde la Cour de cassation. Ces pourvois ne sont pas, en effet, comme les pourvois formés d'office, portés devant la chambre civile (*suprà n° 34*); pour quel motif? Il serait difficile de le dire. Dans tous les cas, les arrêts de cassation, qui sont la manifestation la plus solennelle du pouvoir de la Cour, produisent immédiatement un double effet: ils effacent les conséquences du pourvoi formé, et les conséquences du jugement cassé. Il faut excepter toutefois les arrêts de cassation dans l'intérêt de la loi, dont nous examinerons à part les effets tout spéciaux (*infrà n° 57*).

La première des conséquences du pourvoi, qui en est en même temps l'une des conditions, c'est, nous l'avons vu (*suprà n° 38*), la consignation par le demandeur d'une amende de 150 ou 75 fr. Cette amende doitʹlui être restituée, sans aucun délai, en quelques termes que soit conçu l'arrêt de cassation qui a statué sur le pourvoi, et quand même il aurait omis d'ordonner la restitution (1). Il n'y a pas lieu de distinguer si la cassation porte sur tous les chefs de la décision attaquée ou sur un seul : la restitution doit être entière dans les deux hypothèses. L'amende, en effet, n'est due que par celui qui s'est témérairement pourvu. Or la témérité n'existe

(1) Règl. de 1738, 1ʳᵉ partie, titre IV, art. 38; et art. 437, Code d'instr. crim.

pas, du moment qu'il y a eu une cassation, ne fût-elle que partielle (1). — Les effets de l'arrêt de rejet concernant l'amende sont naturellement inverses. Si le rejet est prononcé par la chambre des requêtes ou par la chambre criminelle, le demandeur est condamné à l'amende consignée, c'est-à-dire à 150 ou 75 fr., suivant que le jugement attaqué à tort est contradictoire ou par défaut. Si le rejet est prononcé par la chambre civile, c'est-à-dire si le demandeur a déjà obtenu gain de cause devant la chambre des requêtes, l'amende est doublée: singulière anomalie, qui remonte à l'ancien droit (*suprà nᵒˢ* 18 *et* 20), et dont on cherche en vain la raison ! Elle n'existe pas en Belgique où le demandeur qui succombe est condamné dans tous les cas à une amende de 150 fr. L'art. 36 du règlement de 1738 porte que l'amende ne peut être ni remise, ni modérée, mais qu'elle peut être *augmentée*. Cette dernière disposition, dont le Conseil des parties usait principalement pour punir ceux qui formaient de mauvaise foi des pourvois sans fondement, doit être rayée de la législation actuelle, qui n'admet plus, comme l'ancienne, les amendes arbitraires (2). L'amende est acquise de plein droit, lors même qu'il est omis de la prononcer, et en quelques termes que soit rédigé l'arrêt qui rejette la demande en cassation (3). Mais il faut qu'un arrêt de rejet intervienne; si, par conséquent, le demandeur en cassation s'était désisté auparavant, nous croyons que l'amende consignée doit lui être rendue, aussi bien en matière civile qu'en matière criminelle. Telle n'est pas cependant en matière civile la jurisprudence de la Cour

(1) Cfr. Carnot, *op, cit.*, t. III, p. 214.

(2) L'art. 9 de la loi autrichienne du 31 décembre 1877, inspiré par le désir de mettre obstacle aux pourvois criminels purement moratoires, devenus très fréquents en Autriche, doit être rapproché de l'art. 36 du règlement de 1738. Aux termes de cet art. 9, lorsque la Cour de cassation rejette un recours intenté de mauvaise foi, et dans le seul but de traîner l'affaire en longueur, elle est autorisée à prononcer contre le demandeur, ou suivant les circonstances, contre ses représentants, une amende qui peut s'élever jusqu'à 100 florins *(Ann. de législ. étrangère*, t. VII (1878), p. 230).

(3) Règl. de 1738, 1ʳᵉ partie, titre IV, art. 37; — art. 420-2°, Code d'instruction crim.

de cassation (1). Les condamnés au grand criminel, les administrations ou régies de l'État, et le ministère public sont exemptés de l'amende : les premiers pour des raisons d'humanité ; les autres par application des principes de la confusion, l'État se trouvant alors à la fois débiteur et créancier de l'amende (art. 420-1°, 436-2°, Code d'instr. cr.) Mais les indigents ne sont dispensés que de la consignation ; si leur pourvoi est rejeté, l'amende est encourue. Cette disposition rigoureuse nous vient de l'ancien droit (2).

Le second effet de l'arrêt de cassation est de faire cesser de plein droit la mise en état, autre conséquence de certains pourvois criminels (*suprà* n° 39). Le demandeur qui s'est constitué prisonnier uniquement pour que son pourvoi fût recevable, doit être mis immédiatement en liberté. Mais si l'accusé est détenu pour un autre motif, par exemple parce qu'il se trouve en matière de grand criminel où la détention préventive est de rigueur, ou parce qu'il a été décrété de prise de corps, la cassation n'aura pas pour effet de le faire élargir : elle le remettra au même état qu'avant l'arrêt qu'elle annule, c'est-à-dire en état d'arrestation (3).

Enfin l'arrêt de cassation met les dépens de l'instance à la charge du défendeur. Ces dépens ne suivent pas le sort de ceux du fond ; ils ne peuvent jamais être répétés, quel que soit l'événement du procès devant le tribunal de renvoi (4). Si la violation de la loi, qui a entraîné la cassation, est le fait des deux parties, rien ne s'oppose à ce qu'une compensation des dépens soit prononcée (5). — Au contraire, en cas de rejet, les dépens sont toujours mis à la charge du demandeur qui succombe. Il y a plus ; si l'arrêt de rejet émane de la chambre civile, le demandeur doit être condamné à payer au défendeur, pour le dédommager des frais que lui a causés le

(1) Cfr. Delangle, *op. cit.*, n°⁵ 440, 591 ; et les arrêts cités et discutés dans Dalloz, *Répert.*, v° Cass., n°⁵ 787 et suiv.

(2) Cfr. Tolozan, *op. cit.*, p. 268.

(3) Cfr. art. 435, Code d'instruct. crim.

(4) Cfr. les arrêts cités dans Delangle, *op. cit.*, n° 603.

(5) Il convient d'appliquer ici purement et simplement les principes du Code de procéd. civile, art. 130 et 131.

pourvoi, une indemnité, qui est de 150 ou 75 fr., suivant que le
jugement incriminé a été rendu contradictoirement ou par
défaut. Cette indemnité ne se comprendrait pas, quand l'arrêt
de rejet émane de la chambre des requêtes, devant laquelle
on sait que la procédure est entièrement unilatérale, où, par
conséquent, il n'y a pas de défendeur à dédommager (1). En
matière criminelle, correctionnelle ou de simple police, une
indemnité peut être due aussi par la partie civile à la partie
acquittée, absoute ou renvoyée ; elle est toujours de 150 fr.
(art. 436). L'art. 436-2° du Code d'instruction criminelle y
oumet les administrations ou régies de l'Etat et les agents-
publics qui succombent dans leur pourvoi (2) ; le ministère pu
blic doit être excepté (3).

55. — *De l'étendue de la cassation, et des cassations virtuelles.*
— En second lieu, avons-nous dit, la cassation efface les conséquences du jugement annulé, et remet la cause et les parties au même état qu'auparavant. C'est là son effet le plus
direct, et le plus important (4) ; mais l'étendue de cet effet est
très-variable, car elle dépend de l'étendue même de la cassation. La cassation n'est pas toujours totale ; souvent elle n'est
que partielle. C'est même un principe constant, que justifie
parfaitement le caractère extraordinaire de cette voie de recours, qu'il ne faut l'appliquer que dans la mesure où cela est
strictement nécessaire (5) : on doit « casser le moins possible »,
ce qui sera encore beaucoup dans certaines hypothèses.
   Voyons quelques applications de ces principes. Lorsqu'un

---

(1) Ce raisonnement est irréprochable en théorie ; mais dans la pratique, les défendeurs éventuels ont l'habitude de prendre un avocat
qui *s'inscrit en surveillance,* et auquel on permet même, ce qui n'est
guère légal, de présenter des mémoires imprimés ; ils font donc quelques frais. Mais ces frais sont extra-légaux en quelque sorte, et le demandeur ne saurait être condamné à les payer.

(2) Cfr. Ch. cr., 28 août 1868, D. P., 1868, 1, 510.

(3) Ch. cr., 28 sept. 1871, D. P., 1871, 5, 51.

(4) Cfr. Ch. civ., 30 août 1870, D. P., 1871, 1, 45.

(5) Cfr. ce que disait déjà au siècle dernier Gilbert de Voisins ; *suprà,*
n° 21, *in fine.*

jugement présente des dispositions distinctes, dont les unes sont conformes et les autres contraires à la loi, il y a lieu de maintenir les premières, en annulant les secondes. La cassation sera encore partielle, si le pourvoi ne porte que sur l'une des dispositions du jugement ; ou si, portant sur plusieurs, il est rejeté relativement à l'une d'elles (1). — En matière de grand criminel surtout, on limite avec soin l'étendue de la cassation, et cela en général dans l'intérêt de l'accusé. Ainsi quand il a été acquitté ou absous, la cassation ne peut avoir lieu que dans l'intérêt de la loi (2) ; s'il a été condamné à une peine inférieure à la peine légale, la cassation n'est pas prononcée (3) ; si c'est la partie civile qui se pourvoit, la cassation est restreinte à ses intérêts pécuniaires (4). Ces restrictions se comprennent parfaitement. « Il y aurait de la dureté, a dit Berlier au Conseil d'Etat, à ravir à l'accusé le bénéfice d'un arrêt d'absolution intervenu solennellement sur une déclaration de jurés. » Les mêmes principes s'appliquent aussi bien au cas où l'acquittement n'a porté que sur un chef d'accusation qu'au cas où il a porté sur tous. Un arrêt a déclaré en ce sens « que les art. 408 et 409 doivent être combinés, quand il y a eu à la fois déclaration de culpabilité sur un chef d'accusation, et déclaration de non culpabilité sur un autre ; que les réponses négatives du jury équivalent à un acquittement sur les chefs auxquels elles se rapportent, et qu'à leur égard il y a chose irrévocablement jugée (5). » La Cour de cassation admit même pendant longtemps que, lorsque les réponses affirmatives et négatives du jury portaient sur des circonstances différentes d'un même chef (le jury par exemple affirme le fait principal, et nie les circonstances aggravantes), l'accusé devait bénéficier de la partie négative comme d'un acquittement partiel. Mais depuis un arrêt du 8 janvier 1836, la chambre

(1) Cfr. les arrêts cités dans Delangle, *op. cit.*, n° 612.

(2) Art. 409, 410 du Code d'instruct. crim.; cfr. *suprà*, n° 34.

(3) Argument a fortiori de l'art. 411.

(4) Art. 373 et 412. — Voir d'autres exemples dans Faustin-Hélie, *op. cit.*, t. IX, p. 489, 490.

(5) Ch. crim., 14 février 1835; Dalloz, *Répert.*, v° Cassation, p. 468, note 2 ; — 7 octobre 1852, D. P., 1852, 5, 68.

criminelle est revenue sur cette jurisprudence excessive, qui mettait les cours d'assises de renvoi dans un grand embarras : comment en effet apprécier un fait sans en examiner en même temps toutes les circonstances? Il n'y a pas là des faits distincts, séparables; la cassation totale doit être prononcée (1). Si au lieu de simples circonstances de l'infraction, il s'agissait d'un fait modificatif du fait principal, la distinction redevenant possible, l'arrêt ne devrait être cassé qu'*in parte quâ* : par exemple si le jury a déclaré que l'accusé n'était pas auteur principal, mais seulement complice du crime, on ne pourrait pas, après cassation, poser au jury de renvoi la question de savoir si l'accusé a été auteur principal. Enfin aux termes de l'art. 434-3°, la Cour de cassation ne doit annuler qu'une partie de l'arrêt, lorsque la nullité ne vicie qu'une ou quelques-unes de ses dispositions. — En matière correctionnelle et de simple police, où cet article n'existe pas, le principe est contraire à celui qu'on vient d'exposer pour le grand criminel : la cassation est en général totale (2). Cependant elle est encore partielle au cas de pourvoi d'une partie civile; ou bien si la nullité n'atteint qu'un chef du jugement susceptible d'être séparé des autres, lorsque les juges par exemple ont eu soin de prononcer des peines distinctes pour des faits différents, notamment en matière de simple police, lorsqu'il y a autant d'amendes infligées que de contraventions constatées (3); ou encore s'il s'agit des peines accessoires que l'on peut détacher de l'ensemble du dispositif, telle qu'une confiscation qui serait illégalement prononcée (4).

En sens inverse, bien qu'un jugement ne soit attaqué ou entaché de nullité que sur un point, il peut se faire cependant que la cassation soit totale, ou au moins plus étendue que la nullité qui la cause. C'est ce qui arrive, lorsque le moyen de

---

(1) Cfr. Faustin-Hélie, *ibid.*, p. 495; — Dalloz, *Répert.*, v° Cassation, n° 2091 et suiv.

(2) Ch. cr., 23 janvier 1874, D. P., 1874, 1, 48.

(3) Cfr. un arrêt du 9 nov. 1849, et d'autres exemples dans Faustin-Hélie, *ibid.*, p. 501.

(4) Ch. crim., 25 juin 1852; et autres exemples dans Faustin-Hélie, *ibid.*, p. 502.

cassation accueilli constituait une fin de non-recevoir péremptoire contre la demande admise par le juge du fond : le demandeur en cassation invoquait par exemple la prescription de
l'action en revendication (1), ou de l'action publique, dirigée
contre lui ; ou encore s'opposait à la recevabilité d'un appel (2).
Si la nullité qui a été le motif de la cassation a vicié toute
la procédure, l'arrêt intervenu sera cassé en entier ; on peut
citer comme exemple en matière criminelle le cas où il y a
eu constitution illégale du jury (3). Il en est de même lorsqu'il
y a indivisibilité entre deux chefs d'accusation, ou impossibilité morale de les séparer dans l'examen qui doit en être
fait par les juges de renvoi (4) ; c'est à la Cour de cassation à
apprécier cette indivisibilité. Elle se présente habituellement
en matière correctionnelle et de simple police, où il est difficile de distinguer entre le fait et le droit, puisque l'un et
l'autre sont déclarés par les mêmes juges. Toutes les mesures
prononcées par le dispositif sont les conséquences d'une
appréciation commune ; et il est impossible le plus souvent
de les scinder, pour discerner lesquelles sont protégées par
la chose jugée, lesquelles ne le sont pas. Si donc un même
jugement prononce à la fois une condamnation pénale et une
condamnation civile, l'annulation de la condamnation civile
fait tomber la condamnation pénale ; car les juges saisis par
le renvoi ne pourraient apprécier la réparation civile, s'ils
n'avaient pas le droit d'apprécier les faits qui la motivent (5).
Bien plus, il y a encore cassation totale et non partielle, si la
Cour suprême casse un jugement sans faire de distinction
entre ses diverses dispositions, quand même il y aurait plusieurs chefs distincts, et quand même les motifs de la cassation ne s'appliqueraient qu'à certains d'entre eux (6), pourvu

(1) Ch. civ., 31 mars 1841 ; Dalloz, *Répert.*, v° Cass., p. 461, note 1.

(2) Cour de Paris, 7 mars 1842 ; *ibid.*, note 2.

(3) Ch. crim., 18 mars 1852 ; et autres exemples, dans Faustin-Hélie,
ibid., p. 488.

(4) Ch. crim., 14 février 1835 ; Dalloz, *op. cit.*, p. 468, note 2 ; — et *ibid.*,
n°ˢ 2069, 2074, 2087.

(5) Cfr. Faustin-Hélie, *ibid.*, p. 500.

(6) Cfr. les arrêts cités dans Dalloz, *ibid*, n° 2070.

toutefois que le pourvoi n'ait pas été spécialement dirigé contre eux (1). Hors ce cas, en effet, personne ne peut distinguer là où la Cour de cassation ne distingue pas.

La cassation, totale ou partielle, ne se restreint pas en principe au jugement ou à la partie de jugement qu'elle frappe d'une façon directe. On comprend en effet qu'elle doit s'étendre à tout acte de procédure, à tout jugement même, qui n'a été que l'accessoire ou la conséquence du jugement cassé (2). En d'autres termes, les cassations formelles impliquent souvent des cassations *virtuelles*. Ainsi la cassation d'un arrêt préjudiciel qui déclarat un appel recevable, a pour effet naturel d'annuler aussi l'arrêt intervenu au fond sur cet appel (3). De même la cassation d'un arrêt qui validait une enquête, annule par là même l'arrêt définitif qui l'a suivi, s'il se fonde uniquement sur les résultats de l'enquête (4). De même encore la cassation d'un arrêt qui rejetait une demande en péremption d'instance, implique celle des jugements qui ont été rendus par suite de la continuation de cette instance : mais la nullité toutefois n'a pas lieu de plein droit, et doit être prononcée par la Cour de cassation (5). De même enfin la cassation d'un arrêt entraîne la nullité de toutes les procédures qui l'ont suivi.

56. — *Effet du pourvoi, non suspensif en matière civile, suspensif en matière criminelle ; conséquences.* — Le jugement et les procédures postérieures se trouvant annulés, tout ce qui aura été fait en vertu de ce jugement ou de ces procédures

---

(1) Ch. req., 11 janv. 1848, D. P., 1848, 1, 59 ; — Ch. civ., 17 juin 1850, D. P., 1850, 1, 193 ; — Ch. req., 27 novembre 1871 (sol. impl.), D. P., 1872, 1, 92.

(2) Cfr. les arrêts cités dans Delangle, *op. cit.*, n° 604 ; — Ch. civ., 9 juin 1852, D. P., 1854, 1, 433 ; — 17 novembre 1868, D. P., 1868, 1, 479 ; — Ch. req., 27 nov. 1871, D. P., 1872, 1, 92.

(3) Paris, 7 mars 1842, dans Dalloz, *Répert.*, v° Cassation, p. 461, note 2.

(4) Cfr. les arrêts cités dans Delangle, *op. cit.*, n° 605.

(5) *Ibid.*, n° 606.

doit être défait; tous les actes d'exécution intervenus depuis doivent être frappés d'inefficacité (1).

I. — Cela suppose que ces actes d'exécution sont possibles ; c'est ce qui ést vrai d'une façon presqu'absolue en matière *civile*. Là, le pourvoi n'est pas, comme le serait l'appel interjeté, *suspensif*. Tant qu'un jugement n'a pas été déclaré contraire à la loi, il est réputé lui être conforme; il conserve sa force exécutoire, et la partie qui l'a obtenu a le droit de s'en prévaloir. Ç'est une règle fondamentale et fort ancienne, qui se trouvait déjà dans l'ordonnance de 1344, et que nous avons vue reproduite dans l'ordonnance de Blois (art. 92), dans l'édit de Rouen de 1597 (art. 18), et enfin dans le règlement de 1738 (2). Ce règlement toutefois permettait au roi d'accorder des surséances, faculté qu'il exerçait rarement, et qui lui fut retirée par le décret du 27 novembre 1790 (*suprà n° 24*). Ainsi le principe est certain, et il est absolu ; il l'est même trop. Le défendeur à la cassation peut forcer son adversaire à exécuter le jugement attaqué, quand même il devrait en résulter pour lui un préjudice irréparable, au point de rendre la cassation entièrement inutile.

La loi civile n'a admis à ce principe que deux exceptions. L'une, en matière de faux incident civil, subsiste encore; elle est indiquée en ces termes par l'art. 241 du Code de procédure : « Lorsqu'en statuant sur l'inscription de faux, le tribunal aura ordonné la suppression, la lacération ou la radiation en tout ou en partie, même la réformation ou le rétablissement des pièces déclarées fausses, il sera sursis à l'exécution de ce chef du jugement, tant que le condamné sera dans le délai de se pourvoir par appel, requête civile, ou *cassation*, ou qu'il n'aura pas formellement et valablement acquiescé au jugement. » Sans cette exception en effet, on aperçoit immédiatement, outre les conséquences irréparables de la lacération ou de la réformation ordonnée, l'impossibilité où la Cour de cas-

____

(1) Si cette exécution a nécessité des décisions, ces décisions tombent sans qu'il soit nécessaire de diriger contre elles aucun recours. Cfr. Ch., req., 12 juillet 1848, D. P., 1848, 5, 39 ; — et Orléans, 30 déc. 1862, D. P. 1863, 2, 36.

(2) Cfr. *suprà*, n°⁵ 6, 12, 18 *in fine*.

sation se serait trouvée de connaître du pourvoi : elle ne peut en effet apprécier une question de faux sans avoir les pièces incriminées sous les yeux. — La seconde exception n'existe plus au moins dans son application principale; elle était établie par l'art. 263 du Code civil en matière de divorce. Lorsqu'un divorce avait été autorisé par un jugement en dernier ressort, l'époux qui l'avait obtenu ne pouvait faire dissoudre de suite son union civile, si son conjoint s'était pourvu; l'art. 263 disait formellement : « Le pourvoi sera suspensif. » L'exception était encore ici commandée par la nature des choses : qu'on suppose en effet le divorce prononcé ; survient la cassation du jugement qui l'a autorisé. L'union dissoute se trouve rétablie par le fait de cette cassation; les deux époux n'ont pas cessé d'être mariés. Et cependant dans l'entre-temps, séparés de fait et de droit, l'un d'eux a pu contracter un nouveau mariage civil parfaitement valable; car n'étant pas un acte d'exécution du jugement anéanti, la cassation de ce jugement n'en saurait faire prononcer la nullité. Nous nous trouvons donc en présence d'une bigamie légale ! Le législateur a justement reculé devant cette révoltante conséquence d'un principe dont la légitimité n'est pas, tant s'en faut, démontrée; et c'est pour cela qu'il a écrit l'art. 263. Il suit de ce motif, que partout où nous le rencontrerons, l'article qu'il a inspiré doit être sans hésitation appliqué : c'est ce qui arrive lorsque la nullité d'un mariage a été prononcée. Si l'on n'admet pas dans ce cas que le pourvoi soit suspensif, nous aboutirons à cette même conséquence que le législateur a repoussée ; nous permettrons de prendre dans la loi elle-même un point d'appui pour la violer! Les raisonnements prétendus juridiques d'un certain nombre d'auteurs, qui veulent ici appliquer le principe général, sous prétexte qn'on ne trouve pas dans la loi de dérogation expresse, ne nous feront jamais admettre une pareille contradiction. On ne peut pas être logique contre le bon sens, et sous le couvert d'une interprétation pharisaïque des textes, ne pas tenir compte de l'esprit certain de la loi (1). Elle serait absurde sans cela; c'est bien déjà assez qu'elle soit mauvaise.

(1) En ce sens : Pigeau, *La Procéd. civ. des trib. de France*, Paris, 1807,

Elle est mauvaise en effet, parce qu'il est un certain nombre de cas, moins graves toutefois que le précédent, où ne trouvant plus d'art. 263 susceptible d'être étendu par identité de motifs, on est forcé d'admettre l'application du principe, malgré les effets sans remède qu'elle doit entraîner. C'est ainsi que le pourvoi contre un arrêt qui accorde main-levée d'une opposition à un mariage, n'empêchera pas le mariage de se célébrer ; une fois l'arrêt cassé, on sera obligé d'en prononcer la nullité (1) ! De même encore, quand une hypothèque est rayée en vertu d'un jugement qui est ensuite annulé, il faut l'inscrire de nouveau ; mais cette inscription ne saurait lui rendre le rang qu'elle avait auparavant, rang qui en faisait peut-être toute la force (2). Ces conséquences, et d'autres semblables, suffisent à juger le principe. Sans doute, il peut offrir quelque avantage, en évitant des pourvois frustratoires uniquement formés pour gagner du temps et retarder l'exécution du jugement, mais il n'en reste pas moins évident qu'une distinction est ici nécessaire, et que l'application du principe devrait être écartée par la loi chaque fois que le *summum jus* conduit à une *summa injuria*. Au surplus le législateur l'a senti lui-même, et dans certaines lois fiscales on trouve quelques précautions prises au profit de l'État. Ainsi un décret des 19-24 juillet 1793 porte qu'il ne sera fait aucun paiement par la trésorerie nationale et les caisses des diverses administrations de la République, en exécution de jugements attaqués par la voie de la cassation, *sans une caution préalable* donnée par ceux qui invoquent ces jugements. Une règle analogue est édictée en matière de douanes par l'art. 15 de la loi du 9 floréal an VII (tit. IV) (3). Ces dispositions sont fort raisonnables ; mais pourquoi sont-elles restreintes à l'État ? Si la loi est mauvaise pour lui, est-elle donc bonne pour les simples citoyens ? Espérons qu'un jour viendra où cette choquante

in-4°, t. I, p. 651 ; — Godart Desaponay, *Manuel de la Cour de cass.*, 1832, in-8°, p. 65 ; — Demolombe, *Cours de Code Napoléon*, t. III, 2° éd., Paris, Durand, 1860, n° 350.

(1) Cfr. sur ce point, Demolombe, *ibid.*, n°° 169 et 170.

(2) Boitard, *loc. cit.*, p. 147.

(3) Cfr. Merlin, *Répert.*, v° Cassat., § 6, n° 5.

inégalité disparaîtra de notre droit, et où le législateur parera aux inconvénients d'une théorie trop absolue, soit en déclarant dans plusieurs cas le pourvoi suspensif, soit en imposant des cautions préalables (1).

II. — Ce que nous venons de dire ne s'applique qu'en matière civile. En matière criminelle, où l'exécution des arrêts a le plus souvent des effets irréparables, le principe venu de l'ancien droit a été repoussé, dès le 16 septembre 1791, par l'Assemblée constituante (2), et l'a toujours été depuis (3). Aujourd'hui la règle est générale ; elle s'applique à tous les arrêts susceptibles d'être attaqués par un pourvoi *utile* (4), de quelque juridiction criminelle, correctionnelle ou de simple police qu'ils émanent (5), fût-ce une juridiction militaire (6) et peut être invoquée aussi bien par le ministère

(1) Ce dernier procédé a été adopté dans le canton de Neufchâtel ; le pourvoi en matière civile n'y est pas suspensif en principe, mais le président de la Cour de cassation peut toujours, moyennant caution, ordonner de surseoir (*Ann. de lég. étrang.*, t. VII (1878), p. 636). — En Portugal, le recours est suspensif dans les questions d'état des personnes, et les conflits de juridiction (*ibid.*, t. VI (1877), p. 453). — En Russie, il est toujours suspensif, sauf en ce qui concerne l'exécution des amendes encourues pour crimes et délits, et les dommages-intérêts ; dans ces derniers cas, la somme due doit être payée, mais elle est conservée en dépôt par le tribunal jusqu'à ce qu'il soit définitivement statué sur la demande en cassation (*ibid.*, t. VII, p. 685).

(2) Décret sur les jurés des 16-29 sept. 1791, tit. VIII, art. 25.

(3) Code de brum. an IV, art. 443 ; — Code d'instruction criminelle, art. 373-4°.

(4) Ce qui excepte par conséquent l'hypothèse de l'art. 409, Code d'instruct. crim.

(5) Ch. cr., 6 mai 1825, Dalloz, *Répert.*, v° Cass., n° 948 ; — et 31 mai 1844. — Contrairement à la doctrine de ces arrêts et à l'opinion générale des auteurs, M. Paringault (*loc. cit.*), a soutenu que les pourvois en matière correctionnelle et de simple police, non visés par l'art. 373-4°, n'étaient pas suspensifs. Cette thèse, à laquelle la loi du 28 juin 1877 est venue enlever tout fondement, était inspirée par le désir de faire découler d'une idée juridique la règle de la mise en état, suffisamment motivée cependant par son utilité (*suprà*, n° 39).

(6) Cfr. art. 148 du Code de just. militaire de l'armée de terre, et art. 178 du Code de l'armée de mer. Il y a lieu toutefois de faire sur ces articles une distinction : cfr. *infrà*, n° 68.

public que par l'accusé. Si donc le ministère public se pourvoit contre un arrêt de non-lieu de la chambre des mises en accusation (1), ou même contre un arrêt d'absolution dans le cas de l'art. 418, l'exécution de ces arrêts sera suspendue jusqu'à ce qu'il ait été statué sur le pourvoi. On voit par là que l'effet suspensif n'a pas été introduit seulement en faveur de l'accusé, mais aussi dans l'intérêt de la société. Il produit cette double conséquence de faire surseoir à tous les actes d'exécution du jugement attaqué, et à tous jugements ultérieurs.

Par exception, le pourvoi n'est pas suspensif : 1° lorsqu'il est dirigé contre des arrêts préparatoires; car l'art. 415 ne permet de les attaquer qu'après l'arrêt définitif (2); 2° lorsqu'il est formé tardivement contre les arrêts de renvoi émanés de la chambre des mises en accusation (3); 3° lorsqu'il s'attaque à des arrêts incidents de la cour d'assises; c'est un point qui avait été consacré par la jurisprudence avant de l'être par une loi en date du 10 juin 1853, laquelle a ajouté à l'art. 301 un alinéa ainsi conçu : « Il en est de même à l'égard de tout pourvoi formé, soit après l'expiration du délai légal, soit pendant le cours du délai *après le tirage du jury*, pour quelque cause que ce soit. »

Hors ces exceptions, ce ne sera donc qu'après le rejet du pourvoi que les arrêts, devenus dès lors irrévocables (art. 438), pourront être exécutés. L'arrêt de rejet est délivré dans les trois jours au procureur général de la Cour de cassation par le greffier de cette Cour, adressé au ministre de la justice, et envoyé par ses soins au magistrat chargé du ministère public près la cour ou le tribunal qui a statué (art. 439). Dès que celui-ci l'a reçu, l'effet suspensif du pourvoi cesse ; et la sentence doit être exécutée dans les vingt-quatre heures (art. 275).

III. — Quand le pourvoi n'a pas eu d'effet suspensif et qu'il y a cassation, l'effet de la cassation devant être de remettre la

---

(1) Ch. cr., 22 juillet 1843; Faustin-Hélie, *op. cit.*, t. IX, p. 422.

(2) Cfr. Delangle, *op. cit.*, n° 572.

(3) Cfr. art. 301-2°, et *suprà*, n° 31.

cause et les parties au même état qu'auparavant, l'exécution donnée au jugement cassé tombe de plein droit avec ce jugement, et le préjudice qu'il a causé au demandeur en cassation doit être réparé entièrement, s'il est possible. Ainsi le défendeur qui aura touché une somme d'argent en vertu de la décision annulée, doit la restituer, encore que la Cour n'ait rien décidé à cet égard. Il en doit également les intérêts à partir du jour où l'arrêt de *soit-communiqué*, émané de la chambre des requêtes, lui a été signifié par le demandeur, c'est-à-dire à partir du jour où il a été de par cette signification constitué possesseur de mauvaise foi (1). S'il a consenti des hypothèques, des servitudes, des droits réels quelconques sur l'immeuble à lui adjugé par le jugement cassé, tous ces droits s'évanouissent avec la sentence qui lui servait de titre; il n'a pu en effet transmettre à des tiers des droits qu'il n'avait pas lui-même. Il en serait de même et pour le même motif, s'il avait consenti des aliénations. L'acquéreur de l'immeuble peut être évincé purement et simplement par le demandeur qui a triomphé. Bref tout ce qui s'est fait antérieurement, en vertu de l'arrêt cassé, doit être mis à néant.

57. — *Effets de la cassation dans l'intérêt de la loi, et de l'annulation pour excès de pouvoir.* — La cassation dans l'intérêt de la loi est loin d'avoir des effets aussi énergiques. A vrai dire, elle n'a qu'un effet purement moral. Il ne faudrait pas croire cependant qu'elle ne constitue qu'une satisfaction platonique donnée à la loi, ou une leçon infligée au tribunal qui l'a violée; c'est aussi un moyen d'éviter pour l'avenir une nouvelle trangression, et à ce titre elle a sa place marquée dans une législation qui se préoccupe avant tout d'être obéie partout d'une manière uniforme (2). Mais cette cassation ne

---

(1) La Cour de cassation, qui avait d'abord varié, se conforme à ce principe depuis un arrêt du 29 avril 1839; Dalloz, *Répert.*, v° Cass., p. 450, note 1; — Ch. req., 12 juillet 1848, D. P., 1848, 5, 248; — Ch. civ., 16 fév. 1857, D. P., 1857, 1, 70; — Ch. req. 27 nov. 1867, D. P., 1868, 1, 267.

(2) Cfr. Meyer, *op. cit.*, t. V, p. 198.

remettra pas le procès en question; elle ne rétablira pas entre les parties, auxquelles elle ne peut ni nuire ni profiter (1), le *statu quo ante judicium;* elle restera sans influence sur la chose jugée, définitivement et irrévocablement jugée.

En est-il de même de l'annulation pour excès de pouvoir? La question est fort controversée. Le doute provient du silence de la loi, qui ne s'est expliquée nulle part, ni dans l'art. 80 de la loi dn 27 ventôse an VIII, ni dans l'art. 441 du Code d'instruction criminelle, sur les effets qu'elle entendait attribuer à l'arrêt de la Cour. Au contraire en cas de cassation dans l'intérêt de la loi, les droits des parties intéressées sont formellement réservés. De là la question de savoir si l'annulation n'a lieu que dans l'intérêt de la loi, ou si elle produit les mêmes effets qu'une cassation ordinaire. Au premier abord, le silence même des textes semble bien prouver que l'annulation n'a pas toujours lieu dans le seul intérêt de la loi; car en notre matière l'efficacité des cassations est le principe, et l'inefficacité l'exception (2). Cependant Merlin a soutenu, et avec beaucoup d'énergie, que les annulations pour excès de pouvoir devaient être considérées comme inefficaces (3). Il pose d'abord en principe que l'annulation ou ne peut jamais ou doit toujours profiter aux parties. Dans le silence de la loi, dit-il, « l'interprétation doit être une, à moins qu'on ne veuille qu'elle puisse être arbitraire, ce qui répugne souverainement à la raison. » Il fait ensuite observer que l'art. 80 de la loi de ventôse dit que l'annulation est demandée *sans préjudice du droit des parties,* « ce qui prouve clairement que l'annulation ne doit être prononcée que dans l'intérêt de la loi (4). »

(1) Cfr. art. 88 de la loi du 27 ventôse an VIII, et art. 442 et 409 du Code d'inst. crim.

(2) Cfr. Boitard, *Droit crim., op. cit.,* p. 762.

(3) Merlin, *Questions de droit,* v° Ministère public, t. X, p. 226 à 240.

(4) Merlin est ici victime d'une illusion. Eh effet, quand l'art. 80 dit que le gouvernement se pourvoit sans préjudice *du droit* des parties intéressées, il veut dire évidemment d'après le sens naturel des mots, que les parties conservent *le droit de se pourvoir* de leur côté; en d'autres termes, l'intervention du garde des sceaux n'empêche pas les parties d'agir, quand elles le peuvent, par les voies qui leur sont ouvertes.

L'art. 441 du Code d'instruction criminelle n'a pas, il est vrai, reproduit cette règle ; mais il ne s'ensuit pas qu'il l'ait abregée. D'ailleurs il est impossible de mettre à la discrétion du garde des sceaux, c'est-à-dire du gouvernement, des intérêts privés qui ne doivent dépendre que du pouvoir judiciaire ; « ce serait une disposition absurde et révoltante. » Et qu'on n'objecte pas que cela prouve seulement que l'annulation ne peut pas nuire aux parties, et ne prouve pas qu'elle ne puisse leur profiter ; car d'abord ce qui profiterait à l'une, nuirait évidemment à l'autre ; et de plus on aboutirait à introduire ainsi dans la loi une distinction qui ne s'y trouve pas. Merlin conclut donc que l'annulation pour excès de pouvoir n'a lieu, comme la cassation prononcée sur le pourvoi d'office du procureur général, que dans l'intérêt de la loi.

Cette opinion de Merlin est généralement abandonnée comme trop absolue. La Cour de cassation ne l'a jamais adoptée, comprenant bien qu'il pouvait y avoir dans certains cas quelque chose de choquant à ce qu'un jugement annulé disparût en théorie et fût maintenu en pratique. Ce serait, selon l'expression de M. le conseiller Lasagni (1,) « l'annulation moins l'annulation. » D'un autre côté, personne n'a été jusqu'à prétendre que l'annulation pour excès de pouvoir, prononcée sur l'initiative du ministre, puisse produire les mêmes effets qu'une cassation prononcée sur l'initiative des parties, et notamment aggraver le sort d'un condamné. Les auteurs se sont donc accordés sur la nécessité de faire une distinction, malgré la généralité des art. 80 et 441 précités ; mais ils se divisent sur la distinction elle-même. — Carnot croit que l'annulation doit être assimilée à la cassation dans l'intérêt de la loi, si elle est prononcée après un procès jugé en dernier ressort, et qu'elle doit au contraire profiter aux parties, si elle intervient dans un procès encore indécis (2). Legraverend est d'avis que l'annulation ne

L'art. 80 n'implique donc pas *de plano* que l'annulation n'a lieu que dans l'intérêt de la loi. — Cfr. en ce sens : Dalloz, *op. cit.*, nᵒˢ 1045 et 1046 ; — et Dupin, *Réquis.*, *plaid. et discours de rentrée*, Paris, Joubert, 1836, in-8°, t. III, p. 6 et 7.

(1) Rapport à l'aud. du 12 août 1835 ; dans Dupin, *ibid.*, p. 11.
(2) Carnot, *op. cit.*, t. III, p. 227.

peut jamais nuire aux parties, mais qu'elle doit toujours leur profiter (1). Hâtons-nous d'ajouter qu'il n'établit cette distinction qu'en matière criminelle. Elle ne serait pas soutenable en matière civile, où ce qui profite à l'une des parties nuit en général à l'autre. Ortolan professe un autre système. Pour lui l'annulation des *actes judiciaires* doit être pleinement efficace. L'annulation des *jugements* au contraire voit ses effets limités par le respect des droits acquis (2). Enfin le procureur général Dupin a émis une théorie originale qui consiste à distinguer les trois hypothèses suivantes : 1° l'acte annulé porte atteinte à un intérêt public : alors l'annulation doit avoir un effet utile, parce que la seule demande du gouvernement suffit pour donner à la Cour de cassation le droit de prononcer efficacement sur les intérêts publics ; 2° l'acte annulé ne porte atteinte qu'à un intérêt privé : dans ce cas l'annulation ne peut avoir lieu que dans l'intérêt de la loi, l'action gouvernementale devant rester complètement étrangère aux intérêts particuliers du procès ; 3° enfin l'acte annulé porte atteinte à la fois à un intérêt public et à un intérêt privé : il faut alors combiner les deux principes précédents de manière à laisser subsister dans l'intérêt du droit privé tout ce qui ne blesse pas le droit public (3). Ces principes furent développés devant la Cour de cassation dans une affaire assez curieuse, où le garde des sceaux s'était pourvu contre un jugement qui avait condamné un préfet aux dépens, bien qu'il ne fût pas partie au procès. La Cour accepta la théorie de M. Dupin ; au premier abord en effet cette théorie peut séduire.

Malheureusement la distinction qu'elle renferme n'a aucun fondement dans les textes. Il en est de même d'ailleurs de toutes celles qui ont été indiquées, ce qui nous détermine à

----

(1) Legraverend, *Traité de législation crim.*, 3° édit., 1830, in-4°, t. II, p. 467-468. — Cfr. Ch. crim., 25 mars 1836, et 19 avril 1839 ; et le réquisit. de M. Dupin, qui a précédé ce dernier arrêt, dans Dalloz, *op. cit.*, p. 251 et 252, en note. — *Adde* Ch. cr., 20 juin 1851, D. P., 11 1, 213.

(2) Ortolan, *op. cit.*, t. II, p. 666.

(3) Dupin, *Réquisit.* du 12 août 1835, *op. cit.*, p. 4 à 8.

n'en accepter aucune. Nous croyons qu'il faut chercher dans la loi elle-même les éléments d'une distinction nouvelle ; et c'est dans l'art. 80 de la loi du 27 ventôse an VIII que nous les trouverons. Cet article en effet, en donnant au garde des sceaux le droit d'agir, ajoute qu'il l'exerce « sans préjudice du droit des parties intéressées. » Il réserve donc à ces parties le droit de former un pourvoi distinct à côté de celui du ministre (1) ; mais par là même il les exclut de toute participation à ce dernier. L'annulation ne sera prononcée dès lors que dans l'intérêt de la loi. Si les parties désirent en profiter, qu'elles agissent; elles le peuvent. Sinon leur silence équivaudra à un acquiescement. Mais si nous supposons que pour un motif ou pour un autre la loi leur ait fermé le recours pour excès de pouvoir, il devient difficile de refuser un plein effet à l'annulation provoquée par le ministre, et cela pour trois raisons : la première, c'est qu'on ne se trouve plus dans les termes de l'art. 80, qui supposent que les parties ont un droit de recours qu'elles peuvent exercer; la seconde, c'est que leur silence étant forcé ne peut plus être interprété contre elles comme un acquiescement; la troisième enfin, c'est qu'on assurerait sans cela une sorte d'impunité aux excès de pouvoir que les parties ne peuvent incriminer. Il est probable que le législateur a établi ce remède suprême de l'annulation pour excès de pouvoir, précisément pour prévenir des conséquences de ce genre. — L'art. 80 de la loi de ventôse ne s'applique plus aujourd'hui qu'en matière civile. Cependant nous croyons devoir étendre en matière criminelle la distinction dont il nous a fourni les éléments, bien que l'art. 441 du Code d'instruction criminelle ne contienne pas cette clause de non-préjudice, qui est l'une des bases de notre argumentation. Nous pensons en effet, avec Merlin, que l'art. 441 a voulu reproduire (en l'élargissant toutefois) l'art. 80 auquel il succédait, et qu'on ne peut induire de son silence l'abrogation de la règle (2). Si l'on n'admet pas cette doctrine, il faut alors décider, sur le vu des rédactions différentes des art. 441 et 442,

(1) Cfr. *suprà*, p. 191, note 4.
(2) *Contra* : Ch. crim., 19 avril 1839; Dalloz, *ibid.*

que l'annulation pourra toujours profiter à l'accusé. Dans
tous les cas, il faut ajouter, avec Legraverend, qu'elle ne peut
jamais lui nuire ; car le garde des sceaux n'agit pas et n'a pas
qualité pour agir dans l'intérêt de l'action publique.

Après avoir annulé l'acte qui lui est déféré, la Cour de cassation doit apprécier la conduite de l'officier public ou du juge
qui est sorti de ses attributions, afin de décider s'il y a lieu
dordonner contre lui des poursuites (1).

Section II. — Du renvoi et de ses effets.

58. — *Des cassations sans renvoi, et des cassations par voie
de retranchement.* — La Cour de cassation, n'étant pas un
troisième degré de juridiction, doit en principe renvoyer la
connaissance du fond de l'affaire à des juges qu'il lui appartient de désigner. Il est cependant des cas où le renvoi, ce second effet de la cassation, ne se produit point, non pas que la
Cour de cassation fasse alors elle-même l'office de juge du
fond (2), mais parce qu'il n'y a rien à juger. Les effets de la
cassation se bornent alors à ceux que nous venons d'indiquer.
— C'est ce qui se produit notamment, quand la cassation ou
l'annulation n'a lieu que dans l'intérêt de la loi (*suprà n°* 57).
Hors ce cas un peu exceptionnel, où le renvoi n'a pas lieu
parce que la loi n'a pas attaché d'effets utiles à la cassation
intervenue, on peut citer plusieurs hypothèses, où ces effets
utiles se produiront pleinement, et où cependant il n'y a pas
de renvoi, parce que la cassation implique en quelque sorte
jugement au fond. C'est d'abord le cas où elle est prononcée

(1) Cfr. art. 80, 81 de la loi de vent. an VIII ; — et Carnot, *op. cit.*
t. III, p. 222.

(2) On a vu (*suprà*, n° 20) que le Conseil des parties pouvait évoquer
l'affaire, et dans ce cas connaître du fond. Inutile de dire que cette
faculté, essentiellement contraire au système de la cassation, a disparu aujourd'hui.

pour contrariété d'arrêts ou de jugements en dernier ressort ; il est clair que le second jugement, celui qui a été rendu au mépris de la chose jugée, se trouvant anéanti, le premier recouvre *ipso facto* toute sa force, et doit être exécuté « selon sa forme et teneur. » Ce sont les expressions mêmes du règlement de 1738 (1). De même, si la Cour annule un arrêt qui a reçu illégalement un appel interjeté contre un jugement en dernier ressort, il est évident que ce jugement qui ne pouvait être attaqué doit reprendre toute son autorité. Le règlement de 1738, en posant la règle, ajoute que la partie qui a fait recevoir l'appel sera condamnée aux dépens (2). De même encore il n'y a pas lieu à renvoi, quand la cassation est prononcée au profit du demandeur contre une décision qui lui est toute personnelle, et qui ne peut intéresser aucun défendeur (3).

Dans toutes ces hypothèses, les cassations ont lieu sans renvoi soit en matière civile, soit en matière criminelle. Mais en matière criminelle, ces sortes de cassations se rencontrent encore dans d'autres hypothèses ; aussi sont-elles beaucoup moins rares qu'en matière civile. Ainsi d'après l'art. 429-6°

---

(1) Règl. de 1738, 1re partie, tit. VI, art. 6. — En ce sens : Merlin, *Quest. de droit*, v° Contrariété de jugements, § 2 ; — Boitard, *Procéd. civ.*, *op. cit.*, t. II, p. 146 ; etc... — *Contra* : Cass., 28 juillet 1852, D. P., 1852, 1, 292 ; M. Rouland, av. gén., concl. contr. ; — et 14 mai 1861, D. P., 1861, 1, 378. — Ces deux arrêts ont cassé avec renvoi, en se fondant, le premier sur ce que l'art. 3 du décret du 27 nov. 1790 défend au Tribunal de cassation de connaître en aucun cas du fond des affaires, le second sur ce que la cassation ne peut être prononcée sans renvoi. Mais ni l'un ni l'autre de ces deux motifs n'est valable ; car, en premier lieu, la Cour de cassation ne juge pas elle-même le fond de l'affaire, en maintenant le premier arrêt rendu ; elle ne fait que faire respecter le principe de l'autorité de la chose jugée, violé par le second arrêt, et si l'affaire se trouve tranchée dans un sens déterminé, c'est là une conséquence de la loi et non de l'arrêt de cassation. Quant au second motif, la Cour suprême s'est chargée de l'écarter elle-même, en cassant sans renvoi dans un certain nombre de cas. L'art. 3 du décret du 27 nov. 1790 ne peut être considéré comme ayant abrogé l'article précité du règlement de 1738 ; celui-ci reste donc en pleine vigueur.

(2) Règl. de 1738, 1re partie, tit. IV, art. 19.

(3) Voir un exemple dans l'arrêt du 6 avril 1830 ; Dalloz, *Répert.*, v° Cass., n° 2241

du Code d'instruction criminelle, lorsqu'un arrêt est annulé
parce que le fait qui a motivé la condamnation n'est pas, selon
la Cour de cassation, un délit qualifié par la loi, il n'y a pas
de renvoi, *s'il n'y a pas de partie civile* en cause. Il en serait de
même, si le délit était couvert par la prescription (1) ou par
l'amnistie (2). Cette disposition de l'art. 429-6° doit être
critiquée, surtout depuis la loi du 1er avril 1837. Elle donne
en somme à la chambre criminelle de la Cour de cassation le
pouvoir de trancher définitivement le point de droit par un
premier et seul arrêt. Or nous verrons bientôt que la loi de
1837 n'accorde l'autorité obligatoire, c'est-à-dire un effet définitif, qu'aux arrêts rendus toutes chambres réunies, après un
second pourvoi fondé sur les mêmes moyens. Il y a donc dans
l'art. 429 une dérogation au principe général. On peut dire
encore que le droit de ne pas prononcer de renvoi, dans les
circonstances visées par cet article, constitue un véritable
attribut de la souveraineté, et que « dans les mains de juges
corrompus ou séduits, l'abus de cette faculté entraînerait le
pouvoir souverain d'acquittement ou d'absolution, et deviendrait une usurpation du droit de grâce (3). » Mais *en fait*
cette dernière critique n'a pas grande valeur ; car il serait
impossible de l'appuyer sur aucun exemple. — La Cour de
cassation casse également sans renvoi : quand l'accusé n'a
été déclaré coupable que sur une question posée comme née
des débats, et qui est entachée de nullité (4) ; quand la déclaration de culpabilité du jury porte sur des faits autres que
ceux qui se trouvaient compris dans les questions ; quand
l'action publique est suspendue par une question d'état, ou a
été exercée par un officier du ministère public incompétent,
etc... (5). Bref, la chambre criminelle casse sans renvoi,
chaque fois que le renvoi n'a plus d'objet. Dans ces divers

---

(1) Cfr. Legraverend, *op. cit.*, t. II, p. 452-453 ; — Delangle, *op. cit.*,
n° 264 ; — Ch. cr., 21 juillet 1855, D. P., 1855, 1, 335.

(2) Cfr. Legraverend, *ibid.* ; — Faustin-Hélie, *op. cit.*, t. IX, p. 508 ; —
Dalloz, *op. cit.*, n° 2244. — *Contra* : Carnot, *op. cit.*, t. III, p. 198.

(3) Tarbé, *op. cit.*, p. 144. — Cfr. Dalloz, *op. cit.*, n° 2243.

(4) Ch. cr., 31 août 1855, D. P., 1855, 1, 444.

(5) Cfr. les arrêts indiqués avec d'autres exemples par : Dalloz, *Répert.*,

cas, elle ordonne la mise en liberté immédiate de l'accusé, s'il n'est retenu pour une autre cause.

La Cour de cassation procède encore parfois par voie de *retranchement*, c'est-à-dire que, rencontrant dans des sentences d'ailleurs régulières quelques dispositions inutiles ou illégales, elle supprime ces dispositions tout en laissant sa force au reste du jugement. Telle serait dans un arrêt de cour d'appel, une disposition qui aggraverait la peine du prévenu seul appelant (1), ou qui prononcerait mal à propos la contrainte par corps (2), ou la confiscation en dehors des cas déterminés par la loi (3), etc...

59. — *De la désignation du tribunal de renvoi.* — Cela posé, revenons à la règle générale, c'est-à-dire aux cas où il y a lieu à renvoi (4). — Sous l'empire du règlement de 1738, qui laissait au Conseil des parties le droit d'évoquer au fond, ont s'était peu préoccupé, soit de la désignation du tribunal de renvoi, soit des effets même du renvoi. Nous avons vu, d'après Tolozan (*suprà n*° 20), qu'on s'en rapportait à cet égard à la prudence du chancelier, et qu'il n'y avait aucune règle prescrite qu'il fût obligé de suivre. Mais il n'entrait pas dans l'esprit des lois nouvelles de laisser au Tribunal de cassation une aussi grande liberté; aussi le décret du 27 novembre 1790 avait-il adopté un autre système. C'était aux parties

v° Cass., n°⁸ 2248 à 2255 ; — Delangle, *op. cit.*, n° 627 ; — Faustin-Hélie, *ibid.*

(1) Ch. cr., 7 juillet 1827, et autres exemples, dans Dalloz, *op. cit.*, n° 2257.

(2) Cfr. les nombreux arrêts cités dans D. P., *Table des 22 années*, v° Contrainte par corps, n° 146.

(3) Ch. cr., 12 juin 1856, D. P., 1856, 1, 382.

(4) Il peut arriver qu'un renvoi soit prononcé sans cassation. Le cas s'est présenté en matière criminelle, dans une hypothèse où une loi pénale plus douce que la loi en vigueur avait été promulguée *après* le jugement de condamnation, mais *avant* le jugement du pourvoi. Dans ces conditions, le jugement attaqué n'ayant en rien violé la loi, la Cour suprême sans casser s'est bornée à renvoyer l'affaire devant la juridiction qui en avait déjà connu, à l'effet par cette dernière d'appliquer la nouvelle loi. Cfr. Ch. cr., 14 janv. 1876, D. P., 1876, 1, 185.

elles-mêmes qu'il appartenait de choisir le tribunal de renvoi, parmi les sept tribunaux les plus voisins de celui qui avait rendu la sentence annulée. Elles procédaient à ce choix dans les formes prescrites pour les appels (art. 19). En aucun cas le renvoi ne pouvait être fait au tribunal même qui avait déjà statué (1). Le décret du 2 brumaire an IV sur l'organisation du Tribunal de cassation maintint ce système en matière civile (art. 24); mais la loi du 27 ventôse an VIII (art. 87) le modifia, en donnant au Tribunal de cassation lui-même le droit et le devoir de renvoyer au tribunal du même degré le plus voisin de celui qui a déjà connu de l'affaire. En matière criminelle, le Code de brumaire an VI avait déjà introduit un système différent de celui de 1790 (art. 453-454), lorsque vint la loi de ventôse an VIII qui imposait le renvoi au tribunal criminel le plus voisin. Cette disposition, que reproduisait le projet de Code d'instruction criminelle, fut vivement critiquée lors de la discussion de ce projet. Cambacérès proposa de la supprimer, pour laisser quelque latitude à la Cour de cassation, et lui permettre de choisir le tribunal de renvoi en tenant compte des circonstances (2). C'est en conformité de cette pro position que furent rédigés les art. 427 et 429. En présentant le projet au Corps législatif, Berlier justifia ainsi l'innovation : « L'expérience a appris que la règle ancienne, posée d'une manière absolue, n'était pas sans inconvénient. Sans doute le voisinage, en matière de renvoi, est une indication naturelle que l'on suivra sans qu'elle soit prescrite; cette voie, toutes choses égales d'ailleurs, promet ordinairement plus de célérité et moins de frais, parce que les témoins sont placés plus près; mais quelque grands que soient ces avantages, ils peuvent disparaître devant des considérations plus importantes encore. Ainsi des circonstances locales peuvent exiger qu'on éloigne la scène pour la soustraire à l'influence des passions

(1) L'art. 21 l'ordonnait par erreur et contrairement à l'art. 19. Cette erreur a été rectifiée par un décret des 14-27 avril 1791; dans Dalloz, *Répert*, vº Cass., p. 474, note 3. — Voir une exception tout à fait spéciale dans la note précédente.

(2) Cfr. Locré, *op. cit.*, t. XXIII, p. 333.

et l'espoir d'un jugement impartial mérite bien le sacrifice de quelque temps et de quelques frais (1). »

La Cour de cassation jouit donc d'une latitude plus grande en matière criminelle qu'en matière civile ; mais en toutes circonstances, son choix reste subordonné à cette double condition que le renvoi soit fait : 1° à d'autres juges que ceux qui ont statué ; 2° à des juges du même degré. La première règle, maintes fois répétée dans les lois organiques de la Cour suprême, est absolue. Les premiers juges étant dessaisis ne pourront en aucun cas connaître du fond de l'affaire, alors même que leur jugement qui a été annulé n'aurait porté que sur une exception soulevée par l'une des parties. Il n'est même pas permis à la Cour de cassation de renvoyer devant une autre chambre du même tribunal ou de la même cour, comme le faisait autrefois le Conseil des parties (*suprà n°* 20), non pas tant parce qu'il pourrait s'y trouver des magistrats ayant déjà siégé dans la première instance, ce qu'il serait facile d'éviter en les remplaçant, qu'à cause de la solidarité morale qui unit entre eux les magistrats d'un même siège à l'égard des arrêts qu'ils sont appelés à rendre (2). On admet toutefois qu'une cour d'assises de renvoi peut-être choisie dans le même ressort de cour d'appel que la première. Quand à la seconde règle, elle souffre évidemment une exception en cas d'annulation pour incompétence ; l'arrêt de la Cour de cassation investit *de plano* la juridiction déclarée compétente, qu'elle soit ou non du même degré que la première (3). Une seconde exception se rencontre dans l'art. 429-6° : quand la Cour de cassation juge qu'un fait, pour lequel un accusé a été condamné en cour d'assises,

---

(1) Exp. des moiifs, § 8 ; dans Dalloz, *op. cit,*, p. 38, en note.

(2) En Portugal, on ne va pas aussi loin. Lorsque le Tribunal suprême casse un arrêt de cour d'appel pour contravention expresse à la loi, il ordonne que la cause soit jugée par la même cour, mais par des juges différents ; s'il n'y en a pas en nombre suffisant pour rendre un arrêt, alors seulement l'affaire est soumise à une autre cour (*Ann. de législ. étrang.*, t. VI (1877), p. 453).

(3) Cfr. Dalloz, *op. cit.*, n° 2137 ; — et l'art. 429-5° qui pose la règle, et indique en même temps une exception.

ne constitue pas un délit qualifié par la loi, elle renvoie l'affaire devant un tribunal *civil*, pour le règlement des dommages-intérêts dus à la partie civile, s'il y en a une. Il en est encore de même, si la cassation ne porte que sur la disposition de l'arrêt de la cour d'assises concernant les intérêts civils (art. 429-4°).

Aux termes de l'art. 430 du Code d'instruction criminelle, la désignation du tribunal de renvoi doit être faite par une délibération spéciale prise en chambre du conseil, immédiatement après la prononciation de l'arrêt de cassation; il en est fait mention expresse sur la minute de l'arrêt. La Cour de cassation se reconnaît le droit de modifier après coup cette partie du dispositif de ses arrêts, pour rectifier une erreur qui s'y serait glissée, ou pour désigner un autre tribunal plus rapproché, ou mieux à même de procéder au jugement de l'affaire (1). On peut dire pour justifier cette jurisprudence, que la désignation d'un tribunal de renvoi constitue plutôt un acte règlementaire et d'administration intérieure, qu'une décision judiciaire dans l'acception légale du mot. Aussi bien la Cour n'est même pas obligée de publier cette désignation à l'audience, bien qu'elle ait l'habitude de le faire. Il peut du reste se présenter tels cas où une désignation nouvelle serait nécessaire, le cas par exemple où le tribunal de renvoi indiqué viendrait à être supprimé, sans qu'il s'en trouve aucun autre qui puisse être légalement saisi (2).

60. — *Des effets du renvoi sur première cassation, en matière civile et criminelle.* — Les effets du renvoi, par une corrélation nécessaire, doivent avoir la même étendue que ceux de la cassation. Ainsi le renvoi ne peut comprendre que les parties qui ont figuré au pourvoi, et les chefs du jugement qui ont été cassés. A l'égard des autres parties qui ont pu figurer dans l'instance au fond, et à l'égard des autres chefs sur les-

____

(1) Cfr. plusieurs arrêts cités dans Dalloz, *op. cit.*, n° 2141; — et Ch. cr., 29 juillet 1858, D. P., 1858, 5, 54; — 14 sept. 1865, D. P., 1866, 1, 48.

(2) Cfr. Dalloz, *Répert.*, v° Cass., p. 479, note 2.

quels il y a eu rejet, la chose jugée est définitivement acquise, et il n'y a pas lieu de s'en occuper. La compétence de la juridiction de renvoi se trouve donc déterminée par l'arrêt même de cassation, quelquefois explicitement, ce qui supprime toute difficulté, toujours au moins implicitement. Il n'y a qu'à reproduire ici les distinctions qu'on a dû faire en traitant de l'étendue des cassations (*suprà* n° 55). Il faut en outre distinguer si la cassation a été motivée, ou non, par une nullité commise dans la procédure qui a précédé le jugement. Dans le premier cas, ce n'est pas seulement tout ce qui a suivi le jugement annulé qui se trouve avec lui atteint par l'arrêt de la Cour suprême ; c'est aussi toute la procédure antérieure, à partir de l'acte nul. Il en résulte que les juges de renvoi ne devront procéder sur les anciens errements que jusqu'à l'acte en question, et qu'ils auront à refaire toutes les procédures postérieures. Si la nullité a vicié la procédure entière, tout doit être recommencé. Les art. 408 et 434 du Code d'instruction criminelle font une application très claire de ces principes : « Si l'arrêt, dit l'art. 434-1°, a été annulé pour avoir prononcé une peine autre que celle que la loi édicte, la cour d'assises à qui le procès est renvoyé rend son arrêt sur la déclaration déjà faite par le jury. » La cour procède alors sans assistance de jurés. S'il s'agit d'une violation des formes prescrites à peine de nullité, « il y a annulation de l'arrêt et de tout ce qui l'a précédé à partir du plus ancien acte nul (art. 408). » Enfin « si l'arrêt est annulé pour une autre cause, il est procédé à de nouveaux débats devant la cour d'assises de renvoi (434-2°) » (1). Les mêmes principes doivent être étendus *mutatis mutandis* aux matières correctionnelles et de simple police (2).

Dans ces limites, le tribunal de renvoi se trouve investi, non pas seulement de la question jugée par la décision qui a été annulée, mais de la demande principale dans son intégra-

---

lité et de tous les incidents qui s'y rattachent. Alors même
que l'arrêt cassé n'aurait porté que sur une fin de non-recevoir (1), ou sur une question préjudicielle (2), la cour de renvoi est saisie de la cause entière, c'est-à-dire à la fois de la
connaissance de la fin de non-recevoir ou de la question préjudicielle, et de la connaissance du fond. L'on comprend sans
peine qu'il en soit ainsi; car si les premiers juges ont admis
par exemple la fin de non-recevoir repoussée au contraire par la
cour de renvoi, comment pourrait-on les obliger à statuer sur
le fond? En outre il paraît difficile, ou tout au moins désa-
vantageux, de scinder une même affaire pour l'attribuer par
parties à des tribunaux différents. La règle qui veut que les
premiers juges soient dessaisis pour le tout est donc à l'abri
de tout reproche. Toutefois si la cour de renvoi a la connaissance de toute la cause, il ne s'ensuit pas qu'elle ait le droit
de statuer sur les instances nouvelles qui peuvent surgir de
la contestation originaire, sans en être ni des circonstances, ni des dépendances. Ces instances nouvelles doivent
être déférées aux juges naturels des parties. Mais quant à la
cause elle-même, elle se présente pleine et entière devant les
juges de renvoi, comme devant les premiers juges (3). De là
cette conséquence que les parties peuvent opposer toutes les
exceptions qu'elles auraient pu opposer dans la première instance, user de moyens nouveaux (4), présenter même des *demandes* nouvelles, si le renvoi a lieu devant un tribunal jugeant en premier et dernier ressort, et non devant une cour
d'appel jugeant en second ressort (5).

Parmi les exceptions que peuvent invoquer les parties, il
faut placer au premier rang l'exception d'incompétence. Le
tribunal de renvoi n'est pas lié en effet par l'arrêt de la Cour
de cassation ; il peut se déclarer incompétent, non pas, bien

(1) Ch. req., 8 novembre 1843 ; Dalloz, *op. cit.*, p. 483, note 1.
(2) Cass., 14 fév. 1834 ; *ibid.*, n° 2205.
(3) Cfr. Nancy, 13 fév. 1867, D. P., 1867, 2, 36 ; — et Ch. req., 19 mars
1866, D. P., 1866, 1, 493.
(4) Ch. civ., 12 avril 1858, D. P., 1858, 1, 179.
(5) Cfr. l'art. 464 du Code de procéd. civ., qui contient à la fois la
règle et une exception.

entendu, parce qu'il n'est pas le tribunal du lieu du délit, du domicile du défendeur, ou de la situation des biens, mais parce que l'affaire qui lui est déférée ne rentre pas dans ses attributions à raison de sa nature, ou parce qu'il ne peut juger l'inculpé à raison de sa qualité. En d'autres termes, il ne peut pas refuser de statuer sous prétexte d'incompétence *ratione loci*, laquelle est écartée par le renvoi lui-même ; mais il le peut sous prétexte d'incompétence *ratione materiæ* ou *ratione personæ* (1). — S'il se reconnaît compétent, il procède suivant les formes ordinaires. Il faut toutefois noter cette particularité que les cours d'appel ne peuvent connaître des affaires civiles qui leur sont renvoyées sur première cassation qu'en audiences solennelles (2).

Une autre conséquence importante de la plénitude de juridiction qui appartient aux juges de renvoi, est qu'ils peuvent changer la qualification donnée aux faits incriminés par la Cour de cassation, s'ils la croient fausse ou vicieuse. C'est un droit qui appartient tout spécialement à la chambre des mises en accusation, dont l'office est justement d'apprécier la qualification qu'il convient d'appliquer à ces faits, afin de renvoyer le prévenu devant telle juridiction que de droit. Si la chambre d'accusation de renvoi pense qu'il n'y a ni crime ni délit dans les faits qui lui sont soumis, elle doit rendre un arrêt de non-lieu et ordonner la mise en liberté de l'inculpé, tout comme eût pu le faire la chambre des mises en accusation dont la décision a été annulée. Si elle conclut à un renvoi devant une cour d'assises, elle désigne cette cour d'assises dans son ressort, et non dans celui de la cour d'appel dont fait partie la première chambre d'accusation (art. 432). Si elle estime que le fait dont il s'agit ne constitue qu'un délit correctionnel, elle renverra devant un tribunal correctionnel qu'elle devra également choisir dans son ressort. L'art. 432 du Code d'instruction criminelle ne parle, il est

(1) Ch. cr., 2 fév. 1850, D. P., 1850, 1, 65.

(2) Décrets du 30 mars 1808, art. 22 ; — et du 6 juillet 1810, art. 7.

vrai, que des cours d'assises ; mais l'identité de motifs exige l'identité de règle (1).

On voit par les exemples qui précèdent, que la juridiction de renvoi n'est nullement liée par la doctrine émise dans l'arrêt de cassation ; elle est parfaitement libre de ne pas s'y conformer. Comme l'a très bien dit le procureur général Mourre, « une cour royale qui juge après renvoi est tout juste dans la même position où se trouvait la cour dont l'arrêt a été cassé. Il faut qu'elle prenne le procès tel qu'il existait avant la cassation. L'arrêt de la Cour régulatrice n'enchaîne pas son opinion ; c'est le procès qu'elle doit voir, et les éléments qui le constituent sont la seule base de sa décision (2). » La cour de renvoi peut donc, en toute indépendance, statuer comme les premiers juges, c'est-à-dire aux yeux de la Cour suprême violer une seconde fois la loi sur le même point. Si les parties ne se pourvoient pas contre cet arrêt l'affaire en restera là. Mais si, ce qui est plus probable, un second pourvoi est formé, quelles en seront les conséquences ? C'est la dernière question qu'il nous reste à examiner.

61.— *Des effets du renvoi sur deuxième cassation ; systèmes divers suivis jusqu'en 1828.*— Remarquons tout d'abord qu'en l'absence d'une loi spéciale les principes que nous connaissons n'auraient pas suffi à mettre fin à ce conflit des cours d'appel et de la Cour de cassation. Supposons en effet que le deuxième pourvoi soit suivi d'une deuxième cassation : le nouveau tribunal de renvoi pourrait encore juger comme les deux précédents ; et alors commencerait une série interminable de cassations et de renvois, qui ne trancheraient jamais l'affaire, jusqu'au jour où, de guerre lasse peut-être, l'une des cours céderait, soit la Cour de cassation, soit une des cours d'appel. Il se présentait donc là une difficulté réelle, et le législateur s'en est à plusieurs reprises préoccupé ; mais il ne l'a vraiment résolue qu'en 1837. Avant d'exposer le système actuel, voyons ceux qui l'ont précédé.

(1) Ch. crim., 14 mars 1828 ; Dalloz, *Répert.*, vᵒ Cass., p. 493, note 3 ; — Rouen, 16 mars 1853, D. P., 1853, 2, 110.

(2) Réquisit. du 9 juin 1826 ; Sirey, 1827, 1, 189.

Dans l'ancien droit, la question à vrai dire ne se posait pas. En vertu du principe qu'il appartient d'interpréter la loi à celui qui a le droit de la faire, le roi, considéré comme la loi vivante, avait toujours le dernier mot dans les conflits qui pouvaient s'élever entre son conseil et les cours souveraines. L'ordonnance de 1667 contenait même à cet égard une mesure préventive : « Si dans les jugemens des procès qui seront pendans en nos cours de parlement et autres nos cours, il survient aucun doute ou difficulté sur l'exécution de quelques articles de nos ordonnances, édits, déclarations, et lettres-patentes, nous leur défendons de les interpréter, mais voulons qu'en ce cas elles aient à se retirer par devers nous, pour apprendre ce qui sera de notre intention (1). » — En 1790, la Constituante pensa comme le roi qu'il appartenait au législateur d'interpréter la loi, et voici le système qu'elle adopta, dans son décret du 27 novembre (art. 21-2°) : Quand le Tribunal de cassation avait cassé successivement deux jugements rendus dans la même affaire, sur la même question de droit, il devait, s'il était saisi par un troisième pourvoi, surseoir à statuer, et demander à la législature une déclaration interprétative de la loi. Cette déclaration était applicable à la fois au procès actuellement pendant, et à tous les procès analogues susceptibles de naître par la suite. Le même système fut reproduit dans la constitution du 3 septembre 1791 (art. 21), et dans celle du 5 fructidor an III (art. 256); seulement cette dernière voulait pour plus de célérité et d'économie, que le référé du Tribunal de cassation au Corps législatif fût présenté dès le deuxième pourvoi, et qu'au lieu de prononcer une seconde cassation, le Tribunal attendît l'interprétation d'autorité pour l'appliquer à l'affaire (2). Ce système du référé législatif ne produisit pas les résultats qu'on en attendait. Dans la terrible succession des événements qui s'accumulaient sous la Révolution, les Assemblées politiques

____

(1) Ord. d'avril 1667, tit. I, art. 7; dans Isambert, *op. cit.*, t. XVIII, p. 106.

(2) Cfr. Boitard, *Procéd. civ.*, *op. cit.*, t. II, p. 147; — et aussi Tarbé *op. cit.*, p. 82-83.

avaient des choses plus importantes à faire que de mettre fin
à des procès privés; et ce fut en vain que le Tribunal de cassation leur demanda à diverses reprises des décrets déclaratoi-
res. Il résultait de là qu'en fait c'était l'opinion de la dernière
juridiction de renvoi qui prévalait sur celle du Tribunal de
cassation; et celui-ci devenait impuissant à maintenir cette
uniformité de jurisprudence à laquelle il était chargé de
veiller.

On sentit en l'an VIII la nécessité de remédier à cet état
de choses; et la loi du 27 ventôse (art. 78) inaugura un nouveau système, qui a laissé des traces dans la législation actuelle. Elle décida que sur le second pourvoi le Tribunal de
cassation statuerait, toutes sections réunies. On espérait que
l'autorité des sections réunies, siégeant avec tout l'appareil
des audiences solennelles, suffirait à faire cesser toutes les
divergences. Malheureusement, le Tribunal de cassation ne
pouvait exercer qu'une influence morale et nullement législative. Les juges de renvoi restaient libres de s'y soustraire ;
et la loi de ventôse, qui par un oubli difficile à comprendre, ne
prévoyait pas les conflits, ne donnait aucun moyen d'y mettre
fin. On ne tarda pas à s'en apercevoir. Il arriva en effet en
1806, que malgré l'autorité d'un deuxième arrêt de cassation
rendu par les sections réunies, le tribunal saisi par le second
renvoi jugea conformément à l'avis des premiers juges, et
contrairement à la doctrine de la Cour suprême. L'impré-
voyance de la loi de ventôse, et l'impossibilité où elle mettait
la Cour de cassation de remplir entièrement sa mission de tribunal régulateur éclatèrent alors au grand jour. On se hâta
de combler la lacune par la loi du 16 septembre 1807.

Cette loi reproduisait en partie le système de l'an VIII, en
partie le système de 1790, mais avec des innovations. Après
le deuxième pourvoi, la Cour de cassation avait le choix, ou
d'en référer immédiatement, non plus au Corps législatif,
mais au gouvernement, pour obtenir de lui l'interprétation
de la loi ; ou de statuer, toutes sections réunies, sous la présidence du grand juge, ministre de la justice. Dans ce dernier
cas, si la Cour prononçait la cassation, et s'il arrivait ensuite
qu'un troisième pourvoi fût porté devant elle, le référé au

gouvernement devenait obligatoire. L'interprétation devait être donnée dans la forme des règlements d'administration publique, c'est-à-dire qu'elle devait être délibérée et arrêtée en Conseil d'Etat. Cette règle peut paraître, à bon droit, contraire au principe que celui-là seul peut interpréter la loi qui peut la faire ; mais tant que dura la législation du premier Empire, elle pouvait cependant se justifier. A cette époque, le Conseil d'Etat avait seul la rédaction et presque l'initiative des lois. On comprenait donc que la Cour de cassation s'adressât à lui pour obtenir l'interprétation d'une loi qu'il avait dû préparer. Mais en 1814, avec la charte « octroyée », cette idée devenait tout à fait choquante : la charte ne nommait même pas le Conseil d'État ; elle ne lui assignait aucun rôle dans le pouvoir législatif, qui appartenait tout entier au roi et aux deux chambres. Dès lors, il était entièrement irrationnel d'obliger la Cour de cassation à demander l'interprétation d'une loi à un corps, qui, légalement, ne pouvait prendre aucune part directe ni indirecte à sa confection. Une autre disposition de la loi de 1807 était encore contraire aux principes de la charte ; c'était celle qui appelait le garde des sceaux à la présidence des sections réunies. La charte en effet posait comme principe absolu l'inamovibilité des juges ; et certes il n'y a rien de plus contraire à ce principe que d'appeler à siéger comme président et à voter dans les plus graves questions le plus amovible de tous les fonctionnaires, c'est-à-dire un ministre (1).

Ces objections étaient graves. Elles furent senties, et la Chambre des députés réunie en comité secret, le 21 septembre 1814, fixa définitivement la rédaction d'une résolution, qui fut présentée le 4 octobre à la Chambre des Pairs et adoptée par elle le 11 du même mois. Cette résolution suppliait le roi de proposer un projet de loi, conçu dans les termes qu'elle indiquait, et qui peut se résumer ainsi : Après un second pourvoi, la Cour de cassation devait statuer, toutes sections réunies, sous la présidence du chancelier de France (art. 1) ; et après un troisième, surseoir au jugement, et demander l'in-

____

(1) Cfr. Boitard, *ibid.*, p. 148-149.

terprétation de la loi (art. 2). L'interprétation devait être proposée, discutée, votée et promulguée dans la forme ordinaire des lois (art. 3); après quoi la Cour suprême statuait sur le pourvoi (art. 4) (1). Les événements du 20 mars 1815 empêchèrent de donner suite à ce projet, qui ne fut pas repris après les Cent-Jours. On décida alors, après quelques controverses, que la charte de 1814 n'avait pas aboli la loi de 1807, et que par conséquent l'interprétation pouvait et devait être donnée par le roi dans la forme des règlements d'administration publique (2). Le Conseil d'État déclara même, par un avis du 27 novembre 1823, que « la loi du 16 septembre 1807 était parfaitement compatible avec le régime constitutionnel établi par la charte, » ce qui était d'une fausseté évidente. Il le comprit lui-même ; car dans les considérants de l'avis, voulant écarter le reproche d'empiéter sur le pouvoir législatif, il déclare que l'interprétation qu'il est chargé de donner n'est qu'une interprétation judiciaire, qui doit se restreindre au procès qui la motive, distinction ingénieuse que ne faisait pas la loi de 1807, et à laquelle jusque-là le Conseil d'État n'avait pas songé (3). Mais cette distinction n'effaçait pas l'anomalie; car si le Conseil d'État cessait d'être législateur, il devenait juge, et le résultat n'en était pas moins choquant. Il y avait cependant là le germe d'une salutaire réforme : si cette interprétation judiciaire, au lieu d'être laissée aux mains d'un corps administratif, avait été donnée au premier des tribunaux judiciaires, à la Cour de cassation, aucune objection n'aurait pu s'élever. On y pensa en effet... douze ans plus tard.

62. — *Suite ; système introduit par la loi du 30 juillet* 1828 *services.* — Auparavant une loi du 30 juillet 1828, votée sous le

---

(1) *Moniteur univ.*, 1814, p. 1078; — Duvergier, *op. cit.*, t. XXIV p. 390, en note.

(2) En fait plusieurs ordonnances royales furent ainsi rendues, en interprétation de diverses lois. Voir l'énumération dans Garsonnet, *op cit.*, p. 165, en note.

(3) Avis des 17-26 déc. 1823 (séance du 27 nov.) ; dans Duvergier, *ibid.* p. 390-392.

ministère Martignac, vint bouleverser le système ancien. Cette loi disposait que désormais la Cour de cassation, saisie d'un deuxième pourvoi, statuerait toutes chambres réunies, comme sous la loi de ventôse an VIII, sans avoir le droit de demander l'interprétation d'autorité, ce que lui permettait la loi de 1807. La présidence des chambres réunies était enlevée au ministre de la justice, et rendue au premier président de la Cour de cassation, ce qui mettait à couvert le principe de l'inamovibilité. Mais après la deuxième cassation, si le troisième tribunal appelé à connaître du fond de l'affaire jugeait comme les deux premiers, son jugement n'était plus susceptible de recours. En d'autres termes, après deux cassations, suivies de deux renvois, le troisième jugement ou le troisième arrêt étant conforme aux deux premiers, faisait droit entre les parties, et l'affaire était irrévocablement terminée par la défaite de la Cour de cassation et la victoire des tribunaux ordinaires. Il n'y avait plus alors d'interprétation demandée, au moins dans l'affaire. Mais on comprend que le conflit si malheureusement terminé attestait une obscurité ou un vice sérieux dans la loi ; aussi les art. 2 et 3 de la loi du 30 juillet 1828 voulaient qu'il en fût immédiatement donné avis au gouvernement, afin que dans la session législative qui suivrait le conflit, un projet d'interprétation pût être présenté aux Chambres et voté par elles. Seulement cette interprétation, qui d'après les lois antérieures avait pour but de mettre la Cour de cassation en état de statuer sur l'objet du conflit, avait tout à fait changé de nature dans la loi de 1828. L'affaire étant consommée entre les parties, la loi interprétative, si elle intervenait, ne pouvait avoir d'effet que pour les procès ultérieurs (1).

La loi de 1828 avait un avantage ; elle respectait le principe de la séparation des pouvoirs. Mais cet avantage était, et au delà, compensé par de très grands inconvénients, qui peuvent se résumer d'un mot : la loi méconnaissait le but principal de l'institution de la Cour de cassation. Cette Cour a été créée surtout pour prévenir et réprimer, dans

(1) Cfr. Boitard, *ibid.*, p. 149.

'application et l'interprétation des lois, ces divergences qui sont la conséquence inévitable de la pluralité des tribunaux. Or, quand elle constate ces divergences, et qu'elle cherche à les réprimer, la loi de 1828 l'arrête. Elle paralyse son action. Elle laisse se produire cette diversité qu'on a voulu proscrire. La mission de la Cour suprême ne peut plus être remplie ! En outre, c'était porter une grave atteinte à la hiérarchie que de placer ainsi la Cour de cassation dans un état d'infériorité vis-à-vis des cours d'appel. — Ces vices de la loi de 1828 ont été signalés avec force à la Chambre des députés, en 1837, par M. Jobart : « La Cour de cassation, dit-il, est maîtresse des lois, de la doctrine ; elle est chargée de conserver les règles. Et voilà que par un renversement de principes, la loi de 1828 ajoute au pouvoir des cours royales, et retranche à celui de la Cour suprême. La loi de 1828 constitue les cours royales juge souverain et du point de fait et du point de droit ; et quand la Cour de cassation a deux fois déjà proclamé que la loi a été violée, elle la condamne à l'impuissance de réprimer une troisième violation. Si dans le conflit des décisions opposées, il en est une qui doive l'emporter, ce sera celle-là sans doute qui émane de la juridiction supérieure ? Non encore, d'après la loi de 1828 ! L'arrêt de la cour royale est définitif, et la décision de la Cour suprême s'abaisse en quelque sorte devant une juridiction inférieure (1). »

Si au moins la loi de 1828 avait assuré aux particuliers que sur le point litigieux que venait de trancher la troisième cour d'appel, la même doctrine prévaudrait plus tard, on aurait pu, au point de vue de l'unité de jurisprudence, reconquérir en partie d'un côté ce qu'on perdait de l'autre. Mais on aperçoit sans peine que les particuliers étaient encore après ces débats solennels dans l'incertitude la plus complète sur la solution à venir que pouvait recevoir la même question dans des débats semblables. On pouvait objecter, il est vrai, que la loi interprétative qui devait être proposée et votée dans la session législative suivante, en fixant le sens de la

____

(1) *Moniteur univ.*, 1837, p. 740 ; séance du 30 mars 1837, présidence de M. Dupin.

loi obscure, mettrait obstacle à ces variations et à ces incer-
titudes. Mais l'objection n'avait guère de valeur en droit
et, en fait, elle en eut encore moins. En droit d'abord, il
n'apparaissait pas que la loi future dût s'appliquer aux faits
antérieurs à sa promulgation. Ce devait être une loi nouvelle
ayant force pour l'avenir, non une loi déclarative s'appliquant même au passé. En outre, pour faire une loi, il fallait
alors l'accord de trois pouvoirs : les deux chambres et le roi.
Or qui pouvait assurer qu'entre ces trois pouvoirs, le dé-
saccord qui venait de se produire entre la Cour de cassation
et les cours d'appel ne se reproduirait pas ? Et alors, comment
sortir de la difficulté soulevée par le conflit ? En fait maintenant, ces interprétations ne tranchaient jamais rien, parce
qu'elles n'étaient jamais demandées. Les choses se passèrent
exactement comme sous la Révolution. Les affaires politiques
dont les Chambres étaient chargées ne leur permettaient pas
de s'occuper immédiatement des différends soulevés dans le
cours de la session précédente (1). Elles s'en occupaient d'autant moins que l'affaire étant terminée entre les parties,
aucun intérêt immédiat ne restait en souffrance. A cet égard,
on peut invoquer le témoignage d'un garde des sceaux,
M. Persil. Dans un exposé des motifs, présenté à la Chambre
des pairs le 25 janvier 1837, il déclara très nettement que
le référé législatif n'était pas susceptible d'être exécuté.
« L'expérience l'a prouvé, dit-il. Dans une multitude de
circonstances, la Cour de cassation en a référé au gouvernement, et ce n'est que dans un très petit nombre de cas
que le gouvernement a pu demander à la Chambre des
dispositions législatives (2). »

63. — *Suite ; système de la loi du 1er avril 1837, actuellement
en vigueur ; conclusion.* — Tous ces motifs conduisirent le
gouvernement de juillet à proposer l'abrogation de la loi
de 1828; et M. Persil rédigea en 1835 un projet de loi qui fut
envoyé à la Cour de cassation et aux cours royales. Ces der-

____

(1) Cfr. Boitard, *ibid.*, p. 150; — et Tarbé, *op. cit.*, p. 86-87.
(2) *Moniteur univ.*, 1837, p. 172.

nières l'approuvèrent presque toutes ; mais la Cour suprême,
personnellement intéressée au débat, puisqu'il s'agissait de
l'autorité de ses arrêts, s'abstint par délicatesse de donner
son avis. Le projet fut soumis aux Chambres et discuté dans
les premiers mois de l'année 1837 ; il fut converti en loi le
1er avril. Le système qu'il consacre est fort simple : Après un
second pourvoi identique au premier, la Cour statue toutes
chambres réunies ; et l'arrêt des chambres réunies est obligatoire pour les seconds juges de renvoi. Ces juges sont
forcés de se conformer à la doctrine de la Cour de cassation,
mais sur le point de droit seulement ; ils restent souverains
quant à l'appréciation des faits (1). — Ainsi en premier lieu,
la loi de 1837 n'impose plus de référé ; mais bien entendu,
elle n'enlève pas au pouvoir législatif le droit d'interpréter
les lois dont l'obscurité tiendrait dans l'incertitude des intérêts nombreux. Il conserve à cet égard toute liberté ; la loi
du 21 juin 1843 sur la forme des actes notariés en est un
exemple célèbre. En second lieu, l'anomalie qui résultait de
la loi de 1828 est détruite. Au lieu d'appartenir au second
tribunal de renvoi, le dernier mot appartient désormais à la
Cour de cassation. Mais l'interprétation qu'elle donne n'est
point générale ni règlementaire, comme celle qui émanerait
du législateur. Elle n'oblige que le tribunal auquel l'affaire
est soumise et dans cette affaire seulement. La Cour de cassation ne peut pas, comme les anciens parlements, rendre des
arrêts de règlement. L'art. 5 du Code civil le lui défend, et
la loi de 1837 ne le lui a pas permis. Sans cela la Cour de cas-

(1) Ce système a été presque entièrement adopté par le Portugal. La
cour de renvoi peut juger dans le même sens que le Tribunal suprême
ou en sens contraire ; dans le premier cas, trois voix suffisent, dans le
second cas, il en faut cinq. Contre l'arrêt conforme à l'opinion du
Tribunal suprême il n'y a pas de recours. Contre l'arrêt contraire, un
second pourvoi en révision est ouvert, et doit être jugé par le Tribunal
suprême toutes chambres réunies. Si l'arrêt est cassé, les seconds juges
de renvoi sont tenus de juger la question de droit conformément à
la décision du Tribunal suprême. A part la règle sur les majorités,
c'est, on le voit, le système français. Cfr. l'analyse du Code de procéd. civ. portugais du 3 nov. 1876 par Henri Midosi, *Ann. de lég.
étrang.*, t. VI (1877), p. 453.

sation deviendrait une véritable Chambre législative, et l'on aurait toujours à craindre qu'elle n'abusât d'un pouvoir que la nature des choses lui refuse. C'est ce qu'a très bien fait ressortir en quelques mots M. de Royer, quand il disait en 1854, en s'adressant à la Cour de cassation : « La loi de 1837, faisant avec intelligence et mesure la part du législateur et celle du juge, vous a remis, en présence d'une seconde cassation, le jugement souverain du point de droit, et le pouvoir de fixer après tous les recours légaux le terme d'un procès. Elle a sagement réservé la liberté de la doctrine, la marche de la science, et l'indépendance du pouvoir législatif, en n'étendant pas cette autorité au delà de la cour de renvoi et des limites de la cause (1). »

Il résulte de là que les tribunaux, celui même qui a dû s'incliner devant l'arrêt des chambres réunies, ne sont point forcés dans une autre circonstance, même identique, de suivre la doctrine de la Cour de cassation. Ils s'exposent, il est vrai, à voir leurs jugements cassés, mais la cassation n'est pas inévitable; car la Cour suprême, elle non plus, n'est pas liée par sa propre jurisprudence comme elle le serait par une loi interprétative. Elle peut en changer, et rejeter aujourd'hui un pourvoi qu'elle aurait admis hier. C'est un grand inconvénient, sans doute, de voir ainsi le premier tribunal de France donner l'exemple d'une variation ; et cependant cette variation même peut servir la cause du progrès. Il est arrivé plusieurs fois que la Cour de cassation, éclairée par la résistance des cours d'appel, a rétracté sa première manière de voir, pour en adopter une meilleure (2). Mais il faut le reconnaître et s'en féliciter, ces conflits sont assez rares. Les arrêts de la Cour de cassation, œuvre de magistrats d'élite, jouissent auprès des cours et des tribunaux d'une grande autorité, qu'ils ont acquise, comme l'a dit M. Dupin, *non ratione imperii, sed rationis imperio*. Et c'est cette autorité purement morale, qui a surtout contribué à établir en France une jurisprudence uniforme. L'œuvre commencée par la

(1) De Royer, *op. cit.*, p. 67.
(2) Cfr. Tarbé, *op. cit.*, p. 103-104.

Constituante, en 1790, peut être regardée comme réalisée aujourd'hui. Presque tous les points obscurs sont éclaircis, et les questions difficiles résolues. La Cour de cassation, après les hésitations inséparables de tout commencement, s'est affermie dans ses doctrines ; les tribunaux en ont reconnu la justesse habituelle ; et, comprenant mieux leur devoir, ils n'ont jamais entrepris contre la Cour suprême cette lutte âpre et systématique, soutenue contre le Conseil des parties par les les parlements d'autrefois. De son côté, la Cour de cassation s'est pénétrée des sentiments d'une exacte et inflexible justice, dont le Conseil du roi, dans sa dépendance, ne pouvait toujours s'inspirer (1). C'est ce qui l'a faite grande et respectée. C'est ce qui a fait aussi que la Cassation, qui trop souvent à l'origine ne servait que les intérêts du pouvoir, ne sert plus aujourd'hui que les intérêts de la Loi.

(1) Cfr. Thiercelin, *loc. cit.*, p. 250-251.

APPENDICE

DE LA CASSATION EN MATIÈRE MILITAIRE ET ADMINISTRATIVE

CHAPITRE PREMIER

DE LA CASSATION EN MATIÈRE MILITAIRE

---

§ I. — Origines

64. — *Ancien droit et droit intermédiaire* ; *première organisation de la révision des jugements militaires.* — La célérité dans la répression a toujours été considérée comme une des conditions essentielles de la justice militaire, et comme l'un des moyens les plus efficaces de maintenir la discipline. La préoccupation d'assurer un prompt châtiment, et par là d'agir plus fortement sur l'esprit des camarades du soldat ou du marin coupable, se retrouve au fond de toutes les législations destinées aux armées de terre ou de mer. Aussi n'est-ce qu'avec peine qu'on a admis en France un recours contre les jugements des juridictions militaires. Avant la Révolution, ces jugements étaient exécutoires dans les vingt-quatre heures (1) ; et malgré ses tendances libérales, le décret du 22 septembre 1790 avait sur ce point consacré l'ancien droit (2). L'année suivante, un décret du 30 septembre

---

(1) Ordonn. de 1668, pour l'armée de terre ; et du 15 avril 168 9, pour 'armée de mer.

(2) Décret des 22 sept.-29 oct. 1790, art. 76 : « Dans tous les cas où l'effet d'un jugement de la Cour martiale n'est pas suspendu par la disposition précise de quelque loi, son exécution ne pourra être empêchée ni retardée sous aucun prétexte. » Dans Duvergier, *op. cit.*, t. I, p. 436.

permit aux condamnés de se pourvoir devant le Tribunal de cassation, « dans la forme et les délais prescrits à l'égard des jugements criminels en général » ; le même droit était reconnu au commissaire-auditeur près la cour martiale (1). Mais cette intervention d'un tribunal civil dans l'administration de la justice militaire fut bientôt jugée dangereuse pour la sauvegarde de la discipline; et l'innovation faite *in extremis* par l'Assemblée constituante, fut abrogée six mois plus tard par un décret de l'Assemblée législative, du 12 mai 1792 (2). De nombreuses lois vinrent ensuite, qui modifièrent profondément l'organisation des juridictions militaires ; mais jusqu'à l'an IV aucun recours ne fut possible contre leurs sentences (3).

A cette époque, une loi du 17 germinal prescrivit de soumettre les jugements des conseils militaires (4), avant leur exécution, à une commission de trois officiers supérieurs. Ces officiers, dit l'art. 2, « examineront dans les vingt-quatre heures si le jugement est conforme aux lois, tant pour la forme que pour l'application de la peine ». S'ils approuvent le jugement, il sera exécuté dans les vingt-quatre heures. S'ils trouvent au contraire qu'il a été illégalement rendu, ils en ordonneront la *révision*, fondée sur l'article de la loi violée dont ils rapporteront le texte dans leur procès-verbal. Dans ce cas, il sera convoqué sur-le-champ un nouveau conseil de guerre, dont le jugement sera soumis aux mêmes conditions (5). — Ce système était meilleur dans son principe que dans son organisation. La révision qu'il instituait était en effet

(1) Décret des 30 sept.-19 oct. 1791 (dit Code militaire), art. 9 ; *ibid.*, t. III, p. 522.

(2) Décret des 12-16 mai 1792, tit. III, art. 3 : « Les jugements des tribunaux de police correctionnelle militaires, non plus que ceux des cours martiales, ne seront sujets ni à l'appel, ni à la cassation. » Dans Duvergier, *op. cit.*, t. IV, p. 181.

(3) Cfr. le décret du 3 pluviôse an II (22 janv. 1794), tit. III, art. 19, et tit. XIII, art. 11, 17 ; dans Duvergier, *op. cit.*, t. VII, p. 5, 12-13.

(4) Ces conseils avaient été institués par la loi du 2ᵉ jour complém. de l'an III (17 sept. 1795), visée par l'art. 1 de la loi du 17 germinal.

(5) Loi du 17 germ. an IV (6 avril 1796), art. 2 à 5 ; dans Duvergier, *op. cit.*, t. IX, p. 89.

trop sommaire pour ne pas dégénérer bientôt en pure formalité. Elle fut supprimée par la loi du 13 brumaire an V, qui,
en établissant dans chaque division de troupes employées à
l'intérieur, des conseils de guerre permanents, au lieu et place
des anciens conseils militaires, disposa dans son article 36
que leurs jugements devaient être mis *de suite* à exécution (1).
Mais la loi du 17 germinal avait introduit une idée nouvelle qui devait lui survivre, celle d'une annulation prononcée,
non plus par le Tribunal de cassation, mais par une juridiction militaire spéciale. Cette idée fut reprise et développée par la loi du 18 vendémiaire an VI, dont les dispositions principales, reproduites dans les lois postérieures,
subsistent encore aujourd'hui.

Cette loi, considérant « que les militaires prévenus
n'avaient aucune garantie contre la violation ou l'omission
des formes, ni contre l'incompétence des conseils de guerre »,
et que cependant « cette garantie pouvait se concilier avec la
célérité qu'il convient d'apporter dans l'exercice de la justice
criminelle militaire (2) », vint décréter l'établissement auprès
de chaque conseil de guerre d'un tribunal supérieur perma-
nent, chargé d'examiner les jugements qui lui seraient déférés, de les annuler s'ils contrevenaient à la loi, et de renvoyer l'affaire pour être jugée à nouveau devant un second
conseil de guerre, que la loi de vendémiaire instituait à cet
effet auprès des conseils de guerre déjà existants dans chaque
division territoriale (3). Ces tribunaux supérieurs permanents
reçurent le nom de *Conseils de révision*. Cette dénomination a
sans doute été inspirée par la loi du 17 germinal an IV
(art. 4) ; mais le législateur de l'an VI aurait beaucoup mieux
fait d'emprunter à cette loi son idée seule, et de lui laisser
ses expressions ; car le mot *révision* est on ne peut plus im-

______

(1) Loi du 13 brumaire an V (3 nov. 1796), art. 36, 38 ; *ibid.*, p. 248.

(2) Préamb. de la loi du 18 vendém. an VI (9 oct. 1797) ; dans Duvergier, *op. cit*, t. X. p. 85.

(3) Le second conseil de guerre fut bientôt appelé à juger les affaires
concurremment avec le premier, et chacun d'eux joua désormais vis-à-
vis de l'autre le rôle de tribunal de renvoi. Cfr. loi du 27 fructidor
an VI, art. 1, 2 ; *ibid.*, p. 423.

propre. D'après le langage habituel des lois criminelles, il suppose en effet de la part du tribunal réviseur l'examen des faits de la cause, tendant à l'annulation d'un jugement mal rendu. Or les conseils de révision, appelés à jouer vis-à-vis des juridictions militaires le rôle d'une cour de cassation, ne pouvaient connaître que de la question de droit (1). Ils ne ré-visaient pas le jugement du conseil de guerre ; ils se bornaient à l'annuler s'il était illégalement rendu, et devaient renvoyer le fond de l'affaire à de nouveaux juges, qui, eux non plus, ne révisaient pas le premier jugement, mais statuaient comme s'il n'était jamais intervenu. Dans les projets de Code militaire présentés en 1826 et en 1829, on avait remplacé le mot *révision* par le mot *annulation*, qui avait l'avantage de donner une idée plus exacte des fonctions que les conseils de révision devaient exercer (2). Malheureusement ces projets n'aboutirent point, et la dénomination équivoque qu'ils proscrivaient s'est perpétuée. Il faut le regretter ; car c'est dans la loi surtout que la précision du langage est indispensable (3). Il reste donc bien entendu que la révision en matière militaire n'a rien de commun avec la révision en matière criminelle ordinaire, voie de recours tendant à annulation pour erreur de *fait* (4), et qu'elle n'est pas autre chose qu'une extension de la cassation, voie de recours tendant à annulation pour erreur de *droit*. — Aux termes de l'art. 16 de la loi de vendémiaire, les conseils de révision devaient prononcer l'annulation dans les cinq cas suivants : « 1° lorsque le conseil de guerre n'a point été formé de la manière prescrite par

---

(1) Cfr. loi du 18 vendém. an VI, art. 17.

(2). Cfr. le *Rapport* du marquis de Pastoret, *Moniteur universel*, 20 mars 1827, 1er supplém., p. 2, col. 1 ; — et celui du duc de Broglie, *Moniteur univ.*, 11 mai 1829, p. 724, col. 3. — *Adde Moniteur universel*, 1827, p. 508, col. 2 et 3.

(3) Cfr. Molinier, *Études jurid. et prat. sur le Code de justice militaire*, dans le *Recueil* de l'Acad. de législat. de Toulouse, t. VIII (1859), p. 285. — Ces *Études* ont été éditées à part : Toulouse, Bonnal, 1860, in-8°.

(4) Cfr. *suprà*, n° 1. Cette sorte de révision existe aussi pour les juridictions militaires et maritimes, mais elle est déférée à la Cour de cassation (loi du 9 juin 1857, art. 82 ; loi du 4 juin 1858, art. 112.)

la loi ; 2° lorsqu'il a outrepassé sa compétence, soit à l'é-
gard des prévenus, soit à l'égard des délits dont la loi lui
attribue la connaissance ; 3° lorsqu'il s'est déclaré incompétent pour juger un prévenu soumis à sa juridiction ;
4° lorsqu'une des formes prescrites par la loi n'a point
été observée, soit dans l'information, soit dans l'instruction ; 5° enfin, lorsqu'un jugement n'est pas conforme à la
loi dans l'application de la peine. »

La loi du 18 vendémiaire avait omis d'indiquer dans quel
délai on pourrait se pourvoir en révision ; cet oubli fut réparé
par la loi du 15 brumaire an VI. Le délai fut fixé pour l'accusé
à vingt-quatre heures à partir de la lecture du jugement qui
lui est faite par le rapporteur, lequel « est tenu, après la lecture, d'avertir l'accusé de cette disposition, et d'en faire mention au pied du jugement ».. Le commissaire du pouvoir
exécutif n'a également que vingt-quatre heures pour se pourvoir d'office, après le délai accordé à l'accusé (1). — Quelques
jours après, le 11 frimaire, une seconde loi s'occupa du cas,
non prévu par la loi de vendémiaire, où des places de guerre
seraient investies ou assiégées, et institua dans ces places
des conseils de guerre et de révision particuliers, dont les
fonctions, limitées à la durée de l'état du siège, étaient
pour le reste identiques à celles des conseils permanents (2).
— Enfin un dernier complément fut apporté aux règles sur
les recours en matière militaire par la grande loi du 27
ventôse an VIII. Cette loi, reprenant et précisant une
idée qui s'était déjà fait jour dans la loi du 21 fructidor
an IV (3), autorisa le pourvoi en cassation contre les jugements des tribunaux militaires de terre ou de mer pour cause
d'incompétence ou d'excès de pouvoir, mais seulement au

(1) Loi du 15 brumaire an VI (5 nov. 1797), art. 8, 9 ; dans Duvergier
op. cit., t. X, p. 112.

(2) Loi du 11 frimaire an VI (1er déc. 1797), art. 1, 2, 4 ; *ibid.*,
p. 149-150.

(3) Loi du 21 fructid. an IV (7 sept. 1796) : « Le recours en cassation
contre les jugements des commissions militaires, est admissible pour
cause d'incompétence. » Dans Duvergier, *op. cit.*, t. IX, p. 198.

profit « des citoyens non militaires, ni assimilés aux militaires par les lois à raison de leurs fonctions ». La même loi,
nous l'avons vu, permettait au garde des sceaux et au procureur général près la Cour de cassation de se pourvoir dans
l'intérêt de la loi contre tout jugement (ou même tout acte
judiciaire), sans faire aucune distinction entre les juridictions
dont il pouvait émaner. Il résulta de là que les pourvois dans
l'intérêt de la loi purent être formés contre les jugements
militaires. C'était une seconde voie ouverte à l'intervention
de la Cour de cassation (1).

La loi du 27 ventôse an VIII s'appliquait à l'armée de mer,
aussi bien qu'à l'armée de terre ; mais il n'en était pas de
même des précédentes. Ce ne fut qu'en 1806 que deux décrets
impériaux vinrent apporter dans la justice maritime des réformes analogues à celles que les lois de l'an VI avaient introdui-
tes dans le code de l'armée de terre. Le premier décret, du 22
juillet, relatif à la flotte, établit pour rendre la justice à bord
des navires des conseils de justice et des conseils de guerre.
Ces conseils étaient temporaires et ne jugeaient que l'affaire
spéciale pour laquelle ils étaient formés ; leurs décisions,
exécutoires dans les vingt-quatre heures, étaient souveraines
et n'admettaient point de recours (2). Le second décret, du
12 novembre, institua pour les arsenaux et pour les bagnes
deux tribunaux maritimes distincts, également temporaires,
et convoqués en vue d'une affaire déterminée. Les jugements
des tribunaux des bagnes étaient souverains. Ceux des tribunaux des arsenaux étaient au contraire révisables (3). Ces
divers conseils ou tribunaux maritimes étaient incompétents
à l'égard des soldats appartenant à l'infanterie ou à l'artillerie de marine, qui restaient justiciables de conseils de guerre
établis pour eux dans les ports militaires et les colonies, et

(1) Loi du 27 ventôse an VIII (18 mars 1800), art. 77, 80, 88 ; *suprà*
n° 27.

(2) Décret du 22 juillet 1806, art. 21, 27, 32, 74 ; dans Duvergier, *op.
cit.*, t. XVI, p. 21 et suiv.

(3) Décret du 12 nov. 1806, art. 1, 4, 10, 51-58, 66, 68 ; *ibid.*, p. 58 te
suiv.

semblables à ceux de l'armée de terre, c'est-à-dire permanents et soumis à la révision.

65. — *Projets législatifs de* 1827 *et* 1829; *Codes de justice militaire de* 1857 *et* 1858; *conclusion.* — Tel que l'organisait la législation que nous venons d'analyser et qui devait subsister plus d'un demi-siècle, le système de la révision n'était pas à l'abri de tout reproche, et les critiques ne lui manquèrent pas. On s'était imaginé en l'an VI que les conseils de révision remplaceraient pour les tribunaux militaires le Tribunal de cassation, qu'ils créeraient comme lui une jurisprudence fixe, et seraient par l'autorité doctrinale de leurs arrêts le guide et la lumière des conseils de guerre (1). Mais leur multiplicité excessive rendait l'espoir de l'unité de jurisprudence chimérique; et quant à l'autorité doctrinale, elle ne pouvait évidemment appartenir à des conseils composés de telle sorte, qu'ils n'étaient supérieurs aux conseils de guerre, ni en lumière, ni en expérience (2).

On le comprit, et à la fin de l'année 1826, un projet de Code militaire ayant été soumis par le gouvernement à la Chambre des pairs, sous le ministère du marquis de Clermont-Tonnerre, quelques membres de la commission chargée de l'examiner demandèrent la suppression des anciens conseils de révision permanents, et l'établissement d'un conseil unique, dans le but d'obtenir une jurisprudence plus certaine. Mais la majorité objecta qu'«un seul tribunal, dans tout le royaume, retarderait pour le condamné le moment d'obtenir une justice qu'il implore », et se prononça pour le maintien du système en vigueur (3). La Chambre des pairs adopta ces conclusions. — Le projet, qui n'avait pas été porté à la Chambre des députés, fut repris en 1829 par le vicomte de Caux, ministre de la guerre. Cette fois, la commission nom-

____

(1) Cfr. Langlais (de la Sarthe), *Rapport au Corps législatif,* dans D. P., 1857, 4, p. 147 (n° 148).

(2) Cfr. le *Rapport* du duc de Broglie, *loc. cit.*

(3) Cfr. le *Rapport* du marquis de Pastoret, *ibid.,* col. 3.

mée par la Chambre des pairs fut d'avis qu'il fallait une réforme. « Les plaintes contre le système actuel, disait le duc
de Broglie, sont universelles. » Mais quel nouveau système
adopter? A cet égard les avis furent partagés. Les uns,
comme en 1827, proposèrent de n'établir qu'un seul conseil
d'annulation, recruté parmi les plus hauts dignitaires de l'armée, siégeant à Paris, et pareil de tous points, *mutatis mutandis*, à la Cour de cassation. D'autres, allant plus loin, demandèrent pourquoi les recours ne seraient pas portés directement à la Cour de cassation elle-même, qui restait toujours
chargée d'une haute surveillance, dans l'intérêt de la loi, sur
les jugements des conseils de guerre, preuve évidente qu'elle
était en dernière analyse le tribunal le plus apte à prononcer
sur toute espèce de pourvois. Mais ces deux propositions se
virent encore opposer comme une fin de non-recevoir inéluctable, la célérité indispensable à la justice militaire, et la
crainte de voir se multiplier les recours en annulation dans
le but unique de retarder l'exécution. La commission s'arrêta
à un système mixte ; elle proposa de réduire de vingt-et-un à
cinq le nombre des conseils permanents alors existants (1).
Les conseils de révision aux armées et dans les places assiégées étaient maintenus. La Chambre des pairs vota en ce
sens ; mais les événements de 1830 coupèrent court à ces travaux législatifs, qui ne furent repris que vingt-cinq ans plus
tard, sous le ministère du maréchal Vaillant, en 1855.

Dans l'intervalle, un décret-loi du 6 février 1852 avait réduit à douze le nombre des conseils de révision permanents,
en leur assignant des circonscriptions déterminées. Ce nombre
était encore trop considérable, et chaque conseil n'avait guère
plus de trente recours à juger par an (2). Aussi n'est-il pas
surprenant de voir se reproduire en 1857 au sein de la commission chargée par le Corps législatif d'examiner le projet
du maréchal Vaillant, les mêmes réclamations qu'en 1827 et

(1) Rapport du duc de Broglie, *ibid.*
(2) Cfr. l'*Exposé des motifs* du projet de 1857, et le *Rapport* de M. Langlais, dans D. P., 1857, 4, p. 133 (n° 20), et p. 147 (n° 149).

1829. La création d'une cour unique de révision fut proposée et repoussée par des motifs identiques à ceux qu'on avait invoqués sous la Restauration (1). Seulement si l'on conservait des conseils multiples, la loi n'en devait plus fixer le nombre. Ce soin était laissé au gouvernement. L'art. 26 de la loi du 9 juin 1857, devenue le Code de justice militaire pour l'armée de terre, porte en effet : « Il est établi pour les divisions territoriales des conseils de révision permanents dont le nombre, le siège et le ressort sont déterminés par décret de l'Empereur inséré au *Bulletin des lois*. » En exécution de cet article, des décrets impériaux réduisirent successivement à huit, à sept, et à cinq le nombre des conseils de révision permanents (2). Deux résidaient en France, à Paris et à Lyon ; les trois autres en Algérie, à Alger, Constantine et Oran. En 1875, on supprima le conseil de révision d'Oran, et en 1880, ceux de Constantine et de Lyon (3). Il n'y a donc plus aujourd'hui que deux conseils, un pour la France territoriale à Paris, et un autre pour l'Algérie à Alger.

C'est un grand pas fait vers l'unité, pas qu'il était facile de prévoir ; car la situation n'était plus la même que sous la Restauration. En présence de la rapidité considérablement accrue des communications, l'argument tiré du besoin de célérité dans la répression avait depuis longtemps perdu toute valeur. Il ne pouvait plus s'opposer à ces suppressions de conseils, grâce auxquelles il est permis désormais d'espérer que la jurisprudence en matière militaire deviendra uniforme. Il est vrai qu'en temps de guerre on sera toujours obligé d'instituer des conseils de révision dans chaque armée ou corps d'armée opérant isolément (art. 38), dans les communes et les départements en état de siège (art. 47), et dans

(1) Rapport de M. Langlais, *ibid.* (n° 148).

(2) Décrets du 18 juillet 1857 ; — du 7 juillet 1859, supprimant le conseil de révision de Rennes ; — du 20 décembre 1865, supprimant ceux de Metz et de Toulouse.

(3) Décrets du 12 janvier 1875, dans D. P., 1875, 4, 87 ; — et du 18 mai 1880, dans D. P., 1881, 4, 59. — Sur la composition des conseils permanents, cfr. la loi du 9 juin 1857, art. 27 et suiv.

les places de guerre assiégées ou investies (art. 48), ce qui viendra rétablir une multiplicité fâcheuse. Mais cet état de choses, que les nécessités de la guerre ne permettent pas d'éviter, n'est en tous cas que temporaire; et en outre, il y a tout lieu de croire que ces conseils se conformeront à la jurisprudence fondée par le Conseil de révision de Paris, et qu'on ne perdra pas ainsi, pour quelques mois d'une organisation anormale une fixité désormais acquise. Malheureusement ce n'est là qu'une espérance, et non une certitude.

En reproduisant autant que possible les dispositions de la loi du 9 juin 1857, la loi du 4 juin 1858, qui constitue le Code de justice militaire pour l'armée de mer, apporta dans l'organisation de la révision en matière maritime des changements importants. Les décisions des conseils de guerre siégeant à bord des bâtiments de l'État furent soumises à la révision (1); il en fut de même des jugements rendus par les tribunaux maritimes des bagnes, qui furent de plus déclarés permanents ainsi que les tribunaux maritimes des arsenaux (2). Aujourd'hui la suppression des bagnes a entraîné la suppression des juridictions qui leur étaient affectées, et simplifié un peu cette organisation, qui reste néanmoins assez compliquée. La révision s'y trouve attribuée à trois sortes de juridictions, savoir: dans les ports et arsenaux, à des conseils de révision pour les conseils de guerre, et à des tribunaux de révision pour les tribunaux maritimes, les uns et les autres permanents; et à bord des navires qui ne se trouvent pas dans l'enceinte d'un arsenal maritime, à des conseils de révision temporaires, formés en même temps que les conseils de guerre dont ils doivent examiner les jugements (3). — Pour la marine par conséquent, bien plus que pour l'armée de terre, on ne saurait espérer arriver par le moyen du recours

(1) Cfr. l'*Exposé des motifs* du projet de 1858, dans D. P., 1858, p. 117 (n° 45).

(2) Loi du 4 juin 1858, art. 100, 92, 34.

(3) Loi du 4 juin 1858, art. 26, 46, 63, 67. Le nombre, le siège et le ressort des conseils ou tribunaux de révision permanents sont fixés par décret. Sur leur composition et celle des conseils de révision à bord des navires, cfr. les art. 27 et suiv, 47 et suiv., 64 et suiv.

en révision à une complète unité de jurisprudence. Il est vrai
que les lois de 1857 et 1858 ont maintenu au garde des sceaux
et au procureur général près la Cour de cassation la faculté
de se pourvoir dans l'intérêt de la loi contre les décisions des
juridictions militaires (1) ; c'est assurément un remède aux
inconvénients d'une multiplicité qu'il est difficile d'éviter, mais
un remède insuffisant. — Il en résulte que la révision doit
être considérée avant tout comme une garantie accordée aux
militaires et aux marins condamnés, et elle se différencie
par là, dans son principe, de la cassation de droit commun (2),
dont elle se rapproche beaucoup au contraire par ses conditions et ses effets.

§ II. — Conditions

A quelles conditions l'annulation d'une décision d'un tribunal militaire peut-elle être prononcée ? A la condition que le
pourvoi soit recevable, et à la condition qu'il soit fondé. Nous
allons examiner successivement ces deux points.

66. — *Conditions du recours en révision et du pourvoi en
cassation contre les jugements militaires.* — Un recours en
révision, pour être *recevable*, doit être dirigé contre certains
jugements, être formé par certaines personnes ; satisfaire à
certaines règles de procédure.

I. — En premier lieu, un pourvoi n'est possible que s'il
s'attaque : — 1° à un *jugement,* par opposition à toute autre
décision judiciaire n'ayant pas ce caractère (*suprà n° 29*) ; —
2° à un jugement *définitif* (*suprà n° 30*). Il est inutile de mentionner ici la condition du dernier ressort, qui sera forcément
remplie, l'appel n'existant pas en matière militaire (3) ; —
3° à un jugement émanant d'une juridiction *militaire,* soit de

(1) Loi de 1857, art. 82 ; — loi de 1858, art. 112. — Cfr. *infrà*, n° 66, II.
(2) Cfr. *suprà*, n° 21, *in fine.*
(3) Cfr. sur ce point · Langlais, *Rapport, etc...,* dans D. P., 1857, 4,
p. 151 (n° 182).

l'armée de terre, soit de l'armée de mer ; mais parmi ces juridictions, il faut distinguer. Il en est qui, à l'imitation des juges
de simple police, et d'une manière plus complète encore,
jouissent du privilège de rendre des décisions souveraines.
Ce sont d'une part les prévôtés, établies près des armées
opérant sur un territoire étranger, et d'autre part les conseils
de justice, siégeant à bord des bâtiments de l'État (1). On n'a
pas admis de recours contre ces tribunaux, à cause du peu
d'importance des peines qu'ils peuvent prononcer, et de la nécessité d'une répression immédiate (2). Il y a plus : aux termes
de l'art. 71 du Code de 1857, modifié par la loi du 18 mai 1875,
la faculté pour les condamnés de former un recours en révision contre les jugements des conseils de guerre établis aux
armées, peut être temporairement suspendue par un décret
du chef de l'État, rendu en conseil des ministres. Dans les
places de guerre assiégées ou investies, le commandant supérieur de la place a toujours le droit d'ordonner cette suspension. Elle doit être dans tous les cas portée à la connaissance
des troupes par la voie de l'ordre, et au besoin à la connaissance de la population par la voie d'affiches ; elle n'a
d'effet qu'à l'égard des condamnés jugés pour des crimes ou
délits commis après cette publication. Pour ne pas enlever toute
garantie à ces condamnés, l'article ajoute que les condamnations à mort ou à toute autre peine infamante ne pourront
être exécutées que sur un ordre signé de l'officier qui a
ordonné la mise en jugement. Il est une dernière remarque à
faire, c'est qu'un tribunal de révision ne peut admettre un
pourvoi que s'il est dirigé contre un jugement d'une juridiction à l'égard de laquelle il soit compétent parce qu'elle
remplit cette double condition d'être dans la même ligne
hiérarchique que lui, et de se trouver dans son ressort particulier (3).

---

(1) Loi du 9 juin 1857, art. 75 ; — loi du 4 juin 1858, art. 102.

(2) Cfr. l'*Exposé des motifs* du projet de loi de 1857, dans D. P., 1857, 4,
p. 135 (n° 38) ; — et du projet de loi de 1858, dans D. P., 1858, 4, p. 117
(n° 46).

(3) Loi du 9 juin 1857, art. 72 ; — loi du 4 juin 1858, art. 85, 93, 101.

II. — Par qui un pourvoi en révision peut-il être formé ? Il ne peut l'être que par les *parties* au procès, qui sont en notre matière réduites à deux : l'accusé et le commissaire du gouvernement. Il n'est plus question des parties civiles, parce qu'il est de règle générale que les tribunaux militaires ne connaissent que de l'action publique. L'action civile est poursuivie devant les tribunaux ordinaires (1). — Tous les accusés quels qu'ils soient, militaires, marins, assimilés aux militaires ou aux marins, citoyens enfermés dans une place de guerre en état de siège, ou enfin simples citoyens n'étant à aucun titre justiciables des tribunaux militaires, ont toujours le droit de se pourvoir en révision contre les jugements rendus contradictoirement qui les condamnent (2). — Mais les simples citoyens, ou d'une façon plus précise les accusés ou condamnés qui ne sont pas compris dans les désignations des art. 80 du Code de 1857 et 110 du Code de 1858, ont un droit de plus, droit qui n'appartient ni aux autres accusés ni même au commissaire du gouvernement (2), et dont l'origine remonte à la loi du 27 ventôse an VIII (art. 77 ; *suprà n° 31*) ; ils peuvent se pourvoir en *cassation* pour cause d'*incompétence* de la juridiction militaire qui les a condamnés (3). Seulement le pourvoi en cassation n'est que subsidiaire au recours en

(1) Loi du 9 juin 1857, art. 51-52 ; — loi du 4 juin 1858, art. 74-75. — Il y a exception pour les prévôtés (loi de 1857, art. 75) ; mais leurs jugements étant sans recours, cette exception n'a point d'intérêt en ce qui concerne la révision.

(2) Pour les jugements rendus par contumace, le recours n'est ouvert qu'au commissaire du gouvernement selon le droit commun. Les jugements par défaut sont réputés contradictoires après l'expiration des délais d'opposition. Cfr. la loi du 9 juin 1857, art. 177, 179 ; — et la loi du 4 juin 1858, art. 229, 231.

(3) Cfr. Ch. cr., 4 janv. 1851, D. P., 1851, 5, 72.

(4) Loi du 9 juin 1857, art. 81 ; — loi du 4 juin 1858, art. 111. — Le pourvoi en cassation n'est pas permis aux citoyens enfermés dans une place de guerre en état de siege, lesquels deviennent par le fait seul de leur position justiciables des conseils de guerre. C'est là une de ces nécessités de la guerre qui se comprennent facilement. Cfr. l'*Exposé des motifs* du projet de 1857, et le *Rapport* de M. Langlais, dans D. P., 1857, p. 135 (n° 42), et p. 152 (n° 189).

révision. Si les accusés ont formé ce recours, ils doivent attendre la décision du conseil de révision, avant de se pourvoir en cassation. S'ils préfèrent prendre de suite ce dernier parti, ils doivent attendre au moins l'expiration du délai fixé pour l'exercice du pourvoi en révision, afin de donner le temps au commissaire du gouvernement d'arriver par cette voie plus militaire à l'annulation du jugement incompétemment rendu (1). Si le tribunal de révision rejette le recours, l'accusé pourra se pourvoir en cassation et contre le jugement du conseil de guerre, et contre la décision même du tribunal de révision, mais toujours pour cause d'incompétence seulement; car c'est l'incompétence seule qui justifie ici l'intervention de la Cour de cassation. Si au contraire le tribunal de révision a annulé le jugement qui lui était déféré, il faut décider que l'accusé sera non recevable à se pourvoir en cassation pour *défaut d'intérêt*. Cette règle qu'un recours n'est admissible que s'il présente un intérêt quelconque pour celui qui le forme, s'applique aussi bien à la révision ou cassation en matière militaire, qu'à la cassation en matière civile ou criminelle de droit commun (*supra n*ᵒᵇ 32, 33)· Lorsque le recours en révision a été suspendu par application de l'art. 71, le pourvoi en cassation contre les jugements des conseils de guerre est formellement interdit pour tous les condamnés sans exception (2) .

Le droit du commissaire du gouvernement de recourir en révision subit, en cas d'acquittement ou d'absolution de l'accusé, la même restriction que le droit du ministère public près les cours d'assises de se pourvoir en cassation. Les art. 144 du Code de 1857 et 174 du Code de 1858 renvoient en effet sur ce point aux articles 409 et 410 du Code d'instruction criminelle. Il en résulte que le commissaire du gouvernement ne peut attaquer utilement un jugement d'absolution

---

(1) En édictant ces règles, les Codes de justice militaire n'ont fait que maintenir une jurisprudence constante de la Cour de cassation, jurisprudence que ne lui imposait cependant pas la loi du 27 ventôse an VIII. Cfr. l'*Exposé des motifs* du projet de 1857, *ibid.* (nᵒ 43).

(2) Loi du 9 juin [1857, art. 81, ainsi modifié par la loi du 18 mai 1875.

que si l'absolution a été prononcée sur le fondement de la non-existence d'une loi pénale qui pourtant aurait existé, et un jugement d'acquittement que dans l'intérêt de la loi (1). C'est le seul cas où une juridiction de révision peut être appelée à statuer dans cet unique intérêt (2).

Tous les jugements militaires cependant peuvent être annulés dans l'intérêt de la loi. Mais ce n'est point aux tribunaux de révision que cette annulation spéciale est confiée, c'est à la Cour de cassation, régulièrement saisie par un pourvoi de son procureur général. Ce pourvoi est formé soit d'office, soit sur l'ordre du garde des sceaux, suivant des distinctions précédemment développées (*suprà n° 34*), d'après les règles contenues dans les art. 441 et 442 du Code d'instruction criminelle, auxquels renvoient les art. 82 du Code de 1857 et 112 du Code de 1858. — Le pourvoi d'office peut être dirigé contre tout jugement d'un tribunal militaire, alors même que l'individu condamné aurait été justiciable de ce tribunal. L'art. 442 du Code d'instruction criminelle se borne en effet à exiger que le jugement en question soit « sujet à cassation », c'est-à-dire (le contexte le prouve) contienne en lui une cause d'annulation (3). En matière criminelle ordinaire, cette annulation est prononcée par la Cour de cassation ; en matière militaire, elle est prononcée le plus souvent par les tribunaux de révision, quelquefois par la Cour de cassation. Mais il faut bien se garder de croire que les Codes de justice militaire, en nous renvoyant à l'art 442 du Code d'instruction criminelle, dont le caractère est tout à fait général, n'aient voulu viser que ce dernier cas, et que le pourvoi d'office ne soit applicable qu'aux jugements militaires, qui

____

(1) Cfr. *supra*, n° 31. — On aperçoit ici entre la cour d'assises et les juridictions militaires une assimilation qui se retrouve sur d'autres points, notamment dans la prérogative du dernier ressort. On a souvent répété que les juges militaires étaient de véritables jurés ; cfr. Langlais, *Rapport, etc...*, dans D. P., 1857, 4, p. 151 (n° 182).

(2) Cfr. Ch., cr., 12 juillet 1860, D. P., 1860, 1, 289.

(3) En d'autres termes, dans l'art. 442, le mot *cassation* désigne la cassation elle-même, et non pas le *pourvoi* en cassation. Sans cela, l'art. ne se comprendrait pas.

peuvent être attaqués par la voie de la cassation, c'est-à-dire
aux jugements rendus contre des non-militaires. Telle est cependant la doctrine que nous trouvons énoncée dans un arrêt de la Cour de cassation, qui restreint à ces jugements
comme étant seuls « sujets à cassation » le pourvoi formé
d'office, et exige pour les autres un ordre formel du garde
des sceaux (1). Une telle doctrine nous paraît fausser complètement la pensée de la loi. Étant donné que la révision
n'est autre chose que la cassation appliquée aux jugements
militaires, il faut de toute nécessité, pour satisfaire au vœu
des Codes de 1857 et 1858, lire l'art. 442 comme s'il y avait
« jugement sujet à annulation », ce qui enlève tout fondement à la distinction que nous combattons.

III. — Pour être recevable, un recours en révision doit
encore être fait dans les *délais* et dans les *formes*. — Les
délais sont fort courts. Le condamné n'a que vingt-quatre
heures pour se pourvoir à partir de l'expiration du jour où le
jugement lui a été lu (2). Cette lecture lui est faite par le
greffier, devant la garde rassemblée sous les armes, sur
l'ordre et en présence du commissaire du gouvernement, qui
doit aussitôt après avertir le condamné que la loi lui accorde
vingt-quatre heures pour exercer son recours devant le
conseil de révision. Le même délai appartient au commissaire du gouvernement (3). Dans le cas particulier où la
voie du recours en cassation lui est ouverte, le condamné doit
former son pourvoi dans les trois jours qui suivent la notification à lui faite de la décision du conseil de révision, ou s'il
n'y a pas eu recours devant ce conseil, dans les trois jours
qui suivent l'expiration du délai accordé pour l'exercer (4).

(1) Ch. cr., 19 mars 1852, D. P., 1852, 1, 302. — Les pourvois d'office
sont très rares. Le plus souvent en effet c'est le ministre de la guerre
(ou de la marine) qui est le premier informé, et qui prévient son collègue de la justice de l'existence des jugements militaires, dont il
peut être bon de provoquer l'annulation. Ce dernier met alors en
mouvement le procureur général de la Cour de cassation.

(2) Loi du 9 juin 1857, art. 143, 156-5° ; — loi du 4 juin 1858, art. 173, 182-1°,
197, 213.

(3) Loi du 9 juin 1857, art. 141, 144 ; — loi du 4 juin 1858, art. 171, 174.

(4) Loi de 1857, art. 147 ; — loi de 1858, art. 177.

Ce délai de trois jours n'est pas un délai franc ; le pourvoi formé le quatrième jour serait tardif, et partant non recevable (1). — Le recours en révision du condamné se forme par une simple déclaration, qui est reçue par le greffier ou par le directeur de l'établissement où est détenu le condamné ; cette déclaration peut être faite par son défenseur. Le pourvoi en cassation est soumis aux mêmes formes ; mais il ne pourrait être, à notre avis, valablement formé par le défenseur, à moins d'être muni d'un mandat spécial (*suprà n° 37*). Le recours du commissaire du gouvernement doit être fait au greffe (2). Après la déclaration du recours, le commissaire du gouvernement près le conseil de guerre adresse sans retard à son collègue près le conseil de révision compétent une expédition du jugement et de l'acte de recours. Il y joint les pièces de la procédure, et la requête de l'accusé, si elle a été déposée (3). Le tribunal de révision est alors saisi.

Y a-t-il lieu en matière militaire à une *consignation d'amende*? Il faut sur ce point distinguer. Pour le recours en révision, il n'est question ni de consignation d'amende, ni même d'une amende. Mais pour le pourvoi en cassation, l'amende subsiste, toutes les fois qu'on se trouve en matière correctionnelle ou de simple police, et en principe elle doit être consignée (4) ; mais par une exception qui détruit ici presque entièrement la règle, les condamnés à une peine privative de liberté sont dispensés de la consignation, depuis la loi du 28 juin 1877 (*suprà n° 38*). — Pour la *mise en état*, une distinction analogue doit être faite. S'il s'agit du pourvoi en cassation, il faut naturellement appliquer les règles ordinaires (5), telles qu'elles résultent de la loi du 28 juin 1877 (*suprà n° 39*). Mais que dire s'il s'agit du recours en révision ? Les Codes de justice militaire n'édictent à ce sujet aucune règle ; par le fait, la mise en état aura toujours lieu. Si l'accusé a été condamné

(1) Ch. cr., 3 août 1877, D. P., 1878, 5, 77.
(2) Loi de 1857, art. 143, 147, 144 ; — loi de 1858, art. 173, 177, 174.
(3) Loi de 1857, art. 159 ; — loi de 1858, art. 183.
(4) Cfr. Ch. cr., 4 janv. 1851, D. P., 1851, 5, 64 ; — et 9 nov. 1871, D. P., 1871, 1, 364.
(5) Ch. cr., 1er décembre 1871, D. P., 1871, 1, 262.

en effet, le recours en révision mettra obstacle à l'exécution
du jugement, mais le condamné reste aux mains de l'autorité
militaire, qui le retiendra en prison jusqu'au jugement du
conseil de révision. Ce jugement d'ailleurs ne se fera pas
longtemps attendre ; le conseil est obligé de prononcer dans
les trois jours à dater du dépôt des pièces (1). Si l'accusé a été
absous, le président du conseil de guerre ordonne qu'il soit
mis en liberté, mais seulement, disent les art. 136 du Code
de 1857 et 166 du Code de 1858, « à l'expiration du délai fixé
pour le recours en révision » ; d'où il faut conclure qu'en cas
de pourvoi de la part du commissaire du gouvernement. (*suprà in hoc n°, II*), l'accusé sera retenu jusqu'à la décision du
conseil de révision. L'accusé acquitté est au contraire mis
immédiatement en liberté ; le commissaire du gouvernement
ne peut en effet se pourvoir contre un jugement d'acquittement que dans l'intérêt de la loi.

67. — *Des ouvertures de révision et de cassation.* — Une fois
le pourvoi admis, le conseil de révision doit rechercher s'il
est *fondé*, c'est-à-dire si le jugement qui lui est déféré doit
être annulé. Les causes d'annulation sont indiquées au
nombre de cinq dans l'art. 74 du Code de 1857 pour l'armée
de terre, reproduit par l'art. 87 du Code de 1858 pour l'armée
de mer. Les quatre premières se trouvaient déjà dans la loi
du 18 vendémiaire an VI ; la cinquième dans l'art. 408-2° du
Code d'instruction criminelle (2). En les comparant aux causes
de cassation en matière criminelle, on voit qu'elles se ramè-
nent aux premières causes que nous avons étudiées : violation
des formes, incompétence, violation de la loi quant au fond.

I. — A la *violation des formes* se rattachent : — 1° la composition illégale du conseil de guerre ; ce conseil doit dans
chaque circonstance donnée être formé conformément aux
règles énoncées avec détail par le Code de justice militaire
lui-même. L'accusé, il est vrai, ne peut pas critiquer d'avance
la composition du conseil appelé à le juger ; il ne peut

____

(1) Loi de 1857, art. 162 ; — loi de 1858, art. 186.
(2) Cfr. Langlais, *Rapport, etc...*, dans D. P., 1857, 4, p. 151 (n° 183).

exercer aucune récusation, ni des juges, ni du rapporteur (1) ; mais il a le droit d'invoquer cette composition illégale comme cause de révision (2). Il peut au contraire, et il doit même, critiquer la composition du conseil de révision avant l'ouverture des débats. L'exception proposée est jugée séance tenante par ce conseil, dont la décision est sans recours (3) ; — 2° la violation ou omission des formes prescrites *à peine de nullité* ; ces derniers mots ne se trouvaient pas dans la loi du 18 vendémiaire an VI, qui admettait l'annulation pour toute inobservation des formes « prescrites par la loi ». Il y a là une restriction qui paraît au premier abord significative ; néanmoins, pour les mêmes motifs qu'en matière criminelle ordinaire (*suprà n°* 43), on dépasse en pratique cette formule un peu étroite, et on annule tous les jugements qui auraient violé ou omis une formalité substantielle, alors même que le Code militaire ne l'aurait pas prescrite à peine de nullité (4) ; — 3° l'omission de statuer sur une demande de l'accusé ou une réquisition du commissaire du gouvernement, tendant à user d'une faculté ou d'un droit accordé par la loi. Cette disposition a été copiée sur l'art. 408-2° du Code d'instruction criminelle, mais pas très exactement. Ainsi l'art. 408 mentionne le *refus* de statuer ; l'art. 74 ne parle que de l'omission. L'art. 408 ajoute que la cassation doit avoir lieu « bien que la peine de nullité ne soit pas textuellement attachée à l'absence de la formalité dont l'exécution a été demandée ou requise » ; cette mention a été oubliée dans l'art. 74. Mais comme il a été dit et répété lors des travaux préparatoires du Code de justice militaire qu'on avait voulu reproduire purement et simplement l'art. 408-2° du Code d'instruction criminelle, il n'y a pas lieu de s'arrêter à ces différences tout accidentelles de rédaction, et l'on appliquera aux matières

---

(1) En ce qui concerne le rapporteur, cfr. Molinier, *loc. cit.*, p. 277.

(2) Loi du 9 juin 1857, art. 122 ; — loi du 4 juin 1858, art. 152.

(3) Loi de 1857, art. 163 ; — loi de 1858, art. 187.

(4) Comme exemples de formalités prescrites à peine de nullité, cfr. la loi de 1857, art. 99, 109, 113, 120, 140, etc... ; et la loi de 1858, art. 129, 139, 143, 150, 170, etc.

militaires tous les principes exposés précédemment sur l'art. 408-2° (*suprà n° 43*).

II.— La seconde cause d'annulation est l'*incompétence* de la juridiction militaire qui a rendu la sentence attaquée. L'art. 74-2° du Code de 1857 s'exprime ici d'une façon tout à fait générale : « L'annulation peut être prononcée, dit-il, lorsque les règles de la compétence ont été violées. » Il résulte de là que si un tribunal militaire s'est déclaré à tort compétent, son jugement sera annulé ; et qu'il en sera de même, si en sens inverse il s'est déclaré à tort incompétent. Les deux hypothèses étaient distinguées par la loi de vendémiaire an VI ; l'art. 74 les embrasse dans sa formule. L'incompétence peut être de diverse nature, soit *ratione materiæ*, soit *ratione personæ*, soit *ratione loci*; dans tous les cas elle doit entraîner l'annulation. Il en est ainsi à l'égard des tribunaux criminels de droit commun ; la règle doit s'appliquer à plus forte raison à des juridictions exceptionnelles comme les tribunaux militaires (1).— L'incompétence peut être invoquée non seulement devant les conseils de révision, mais encore devant la Cour de cassation, pourvu toutefois qu'elle soit proposée par un accusé non militaire, ni assimilé à militaire. Si l'incompétence était invoquée par un autre accusé, la Cour suprême, alors même qu'il y aurait une réelle incompétence, ne pourrait prononcer la cassation. Elle devrait même s'abstenir d'examiner le pourvoi au fond, et une fois la question préjudicielle qui se pose sur la qualité de l'accusé tranchée contre lui, rejeter purement et simplement le pourvoi comme non recevable. Le Cour de cassation voit encore son action limitée à un autre point de vue. Un conseil de révision peut et doit annuler dès qu'il y a incompétence, quelle qu'en soit la cause; la Cour de cassation ne peut casser que si l'incompétence invoquée tient à ce que le demandeur en cassation n'est pas justiciable des juridictions militaires. C'est ainsi que la Cour a décidé avec raison qu'il ne lui appartenait pas de statuer sur un pourvoi formé par un marin se plaignant d'avoir été traduit devant un conseil de guerre de l'armée de terre, ou

______

(1) Cfr. Molinier, *loc. cit.*, p. 371.

par un soldat de l'armée de terre se plaignant d'avoir été traduit devant un conseil de guerre de la marine (1).

Les pouvoirs de la Cour de cassation étaient plus larges sous l'empire de la loi du 27 ventôse an VIII (art. 77). Cette loi permettait en effet aux accusés non militaires de fonder leurs pourvois sur l'incompétence ou *l'excès de pouvoir* (2). L'excès de pouvoir a disparu dans la rédaction des art. 81 et 111 des Codes de 1857 et 1858 ; et la Cour de cassation en a conclu que cette cause d'annulation ne pouvait plus être invoquée devant elle par les accusés (3). Mais elle peut toujours, bien entendu, être invoquée dans l'intérêt de la loi par son procureur général agissant sur l'ordre du garde des sceaux (4), ou même agissant d'office. Ce dernier point demande à être démontré. Le procureur général, nous le savons (*suprà n° 66, II*), ne peut se pourvoir d'office que si le jugement qu'il attaque est susceptible d'être annulé soit par la Cour de cassation soit par un conseil de révision. La Cour de cassation n'étant plus compétente dans notre espèce, la solution de la question dépend de la question plus générale de savoir si les conseils de révision ont le droit de casser les jugements militaires pour excès de pouvoir. L'art. 74 du Code de 1857 ne mentionne que l'incompétence ; de là le doute. Ce doute nous l'avons déjà rencontré en matière criminelle de droit commun, et nous l'avons écarté en décidant avec la Cour de cassation elle-même que l'excès de pouvoir rentrait dans le mot *incompétence* employé par l'art. 408 du Code d'instruction criminelle (*suprà n° 46*). La même solution doit être donnée en matière militaire. Dans l'art. 74 comme dans l'art. 408, l'incompétence doit être considérée comme comprenant à la fois l'incompétence proprement dite et l'excès de pouvoir. Il faut d'autant moins hésiter à reconnaître aux conseils de révision le droit d'annuler les jugements des juridictions militaires

---

(1) Ch. cr., 14 mars 1856, D. P., 1856, 1, 228.

(2) Sur la différence entre l'incompétence et l'excès de pouvoir, cfr. *suprà*, n° 45.

(3) Ch. cr., 12 oct. 1871, D. P., 1871, 1, 178.

(4) Cfr. Langlais, *Rapport, etc.* dans D. P., 1857 4, p. 152 (n° 190) ; — Ch. cr. 11 dec. 1879, D. P., 1880, 1, 356 ; — 11 mars 1881, D. P., 1882, 1, 144.

entachés d'excès de pouvoir, qu'on arriverait sans cela à ce résultat inadmissible, d'assurer à ces jugements une impunité à peu près complète. On laisserait ainsi dans la loi une grave lacune contre laquelle l'ensemble de ses dispositions proteste.

III. — La troisième cause d'annulation des jugements militaires, c'est la *violation de la loi quant au fond*. Sur ce point aucune différence n'est à signaler entre la cassation criminelle et la révision militaire. Ici comme là, on doit exiger la triple condition de l'existence d'une loi pénale que les juges devaient appliquer, de l'existence d'une contravention expresse à cette loi, et de l'inexistence de faits particuliers faisant disparaître cette contravention. Ce qui peut se résumer ainsi: Il y a lieu à annulation si les juges n'ont pas appliqué la peine prononcée par la loi, ou s'ils ont appliqué une peine que la loi ne prononçait pas ; c'est sous cette forme que l'art. 74-3° énonce la règle. La simple erreur dans la citation de la loi, ne rentrant ni dans la fausse application, ni dans la non-application, n'entraîne pas révision ; l'art. 411 du Code d'instruction criminelle, qui prévoit cette hypothèse, doit être ici observé (1). De même l'appréciation des faits, dévolue exclusivement aux conseils de guerre, sera souveraine, toutes les fois que la loi ne sera pas en jeu dans cette appréciation (2). Les conseils de révision ne doivent pas oublier qu'ils ne peuvent connaître du fond de l'affaire, et que l'examen des faits leur est tout aussi interdit qu'à la Cour de cassation. « Leur permettre un tel examen, a-t-il été dit en 1858, ce serait à la fois se mettre en opposition avec les principes généraux de notre législation criminelle et porter atteinte à la discipline militaire, qui exige une répression prompte et efficace (3). »

IV. — Il reste à se demander maintenant si la *contrariété de jugements* émanés de tribunaux différents est une cause de révision. Malgré le silence des textes et la forme en apparence restrictive de l'art. 74, l'affirmative n'est pas douteuse.

(1) Cfr. Ch. cr., 15 juillet 1858, D. P., 1858, 1, 430.
(2) Sur tous ces points, cfr. *suprà*, n°ˢ 47 à 51.
(3) Rigaud, *Rapport, etc...* dans D. P., 1858, 4, p. 125 (n° 106).

Cette contrariété sera d'ailleurs très rare, tant à cause de la règlementation spéciale de la compétence militaire qu'à cause de l'organisation de la procédure et de la promptitude de l'exécution. Le plus souvent l'un des deux tribunaux qui auront jugé sera incompétent, et il y aura lieu de casser son jugement pour incompétence. S'ils sont tous les deux compétents, c'est le second jugement, qui, violant l'autorité de la chose jugée, devra être annulé. Le recours est toujours porté devant le conseil de révision dans le ressort duquel se trouve le tribunal qui a rendu la sentence attaquée. Si les deux tri_ bunaux ressortissent à deux conseils différents, et que ceux-ci, saisis en même temps, rendent à leur tour des décisions contradictoires, par exemple en maintenant les deux jugements attaqués, la question devient assez embarrassante. Les deux décisions en effet ont la même autorité, et n'admettent ni l'une ni l'autre de recours. Pour arriver à une solution, il faudra que le garde des sceaux enjoigne au procureur général près la Cour de cassation de se pourvoir à la fois contre le jugement du conseil de guerre qui aurait dû être annulé, et contre le jugement du conseil de révision qui l'a maintenu à tort. La Cour suprême cassera ces jugements sans renvoi, et détruira ainsi la cause de la contrariété. Le jugement valablement rendu reprendra en effet toute sa force, et sera exécuté. Cette solution, remarquons-le d'avance, est indépendante de la solution à intervenir sur la question controversée de savoir si les cassations provoquées par le garde des sceaux ont effet à l'égard des condamnés.

Il y a lieu, comme en matière criminelle ordinaire, de combiner les règles sur la révision militaire pour contrariété de jugements, avec la règle énoncée en l'art. 443-2° du Code d'instruction criminelle, sur la révision de droit commun, recours extraordinaire, toujours porté à la Cour de cassation, même en matière militaire (1).

____

(1) Loi du 9 juin 1857, art. 82; — loi du 4 juin 1858, art. 112. — Cfr. *suprà*, n° 52.

§ III. — Effets

68. — *Du jugement de révision, et de ses effets immédiats.* — Les tribunaux de révision peuvent rejeter le recours porté devant eux, ou au contraire le déclarer fondé et annuler le jugement contre lequel il était formé.

Si le recours est *rejeté*, le commissaire du gouvernement près le conseil de révision transmet le jugement de ce conseil et les pièces du procès, au commissaire du gouvernement près le conseil de guerre qui a rendu le jugement attaqué à tort (1). Ce dernier rend compte au général commandant la division ou au préfet maritime, suivant les cas, du rejet intervenu, et requiert l'exécution du jugement, exécution qu'avait suspendue le recours en révision, et qu'il n'appartient qu'au général ou au préfet maritime d'ordonner (2). Le commissaire du gouvernement fait aussi notifier au condamné le jugement de rejet. Alors de deux choses l'une, ou le pourvoi en cassation est autorisé, ou il est interdit. — S'il est autorisé, le condamné pourra le former dans les trois jours qui suivent la notification à lui faite. S'il le forme, le pourvoi sera suspensif, et il faudra attendre l'arrêt de la Cour de cassation. En cas de rejet, dans les vingt-quatre heures qui suivront la réception de l'arrêt de rejet, ou, si le condamné ne s'est pas pourvu, dans les vingt-quatre heures qui suivront l'expiration des trois jours qui lui étaient accordés, le jugement de condamnation sera exécuté, à moins que le général (ou le préfet maritime) n'ait des motifs de suspendre cette exécution, ce qu'il a toujours le droit de faire, à la charge d'en informer sur-le-champ le ministre de la guerre (ou de la marine) (3). — Si au contraire le pour-

---

(1) Loi du 9 juin 1857, art. 166 ; — loi du 4 juin 1858, art. 190. — Cfr. loi du 18 vendém. an VI, art. 22-1o ; dans Duvergier, *op. cit.*, t. X. p. 86.

(2) Loi du 9 juin 1857, art. 149, 151 ; loi du 4 juin 1858, art. 178, 179, 181.

(3) Loi de 1857, art. 149, 151, 147, 148, 150 ; — loi de 1858, art. 179, 181, 177, 178, 180.

voi est interdit, l'accusé le formerait en vain. Ce pourvoi, même fondé sur l'incompétence, n'est pas suspensif; et le jugement du conseil de guerre devra être exécuté dans les vingt-quatre heures qui suivent la réception du jugement de rejet rendu par le conseil de révision, ou si l'accusé ne s'est pas pourvu en révision, dans les vingt-quatre heures qui suivent l'expiration du délai de recours (1). C'est une exception formelle à cette règle générale qu'en matière criminelle le pourvoi en cassation a toujours un effet suspensif. On a voulu par là couper court à l'abus des pourvois sans fondement formés par les militaires ou les marins condamnés, dans le but unique de retarder l'heure du châtiment. « Les militaires condamnés, a-t-on dit en 1857, se feraient un jeu de ces pourvois, qui devenant la règle commune, paralyseraient toute répression (2). »

Cette considération a certainement beaucoup de force en temps de guerre; mais en temps de paix, où les circonstances ne sont pas aussi pressantes, on ne saurait se dissimuler que le système de la loi peut avoir des conséquences très graves. Il y a tel cas en effet, où il est fort difficile de savoir si le condamné est ou non justiciable des juridictions militaires, si par conséquent le pourvoi en cassation est interdit ou autorisé (3). C'est à la Cour de cassation seule qu'il appartient de décider ce point; et cependant par application des art. 145 et 175 des Codes de 1857 et 1858, avant que la Cour de cassation ait pu se prononcer, l'autorité militaire aura tranché la question en faisant procéder à l'exécution immédiate. Si, par la suite, la Cour reconnaît le pourvoi fondé et annule le jugement du conseil de guerre, quelle terrible responsabilité pèsera sur le général commandant la division ou sur le préfet maritime, quand il s'agira par exemple d'une condamnation à mort! Aussi ces deux fonctionnaires feront-ils bien, dès qu'il y a le moindre doute, d'user de la faculté que leur accorde la loi de suspendre l'exécution, et d'attendre ainsi la décision

---

(1) Loi de 1857, art. 145-146; — loi de 1858, art. 175-176.

(2) *Exposé des motifs, etc...*, dans D. P., 1857, 4, p. 135 (n° 42).

(3) Cfr. à cet égard, les arrêts cités dans D. P., *Table des 22 années*, v° Cassation, n°° 557-565.

de la Cour suprême. Celle-ci a maintes fois décidé que,
si les pourvois pour incompétence formés par des militaires n'étaient pas suspensifs, néanmoins ils avaient toujours un effet *dévolutif*, c'est-à-dire la saisissaient valablement, et devaient dans tous les cas lui être transmis, sauf à
elle à les déclarer non recevables après vérification de la
qualité de ceux qui les ont formés (1). La Cour va même plus
loin. Pour qu'il puisse être légalement passé outre à l'exécution d'une condamnation militaire, nonobstant le pourvoi en
cassation formé par le condamné, elle exige, lorsqu'il y a
doute sur la qualité de ce dernier, qu'il soit constaté par le jugement et non contesté que la condamnation a été prononcée dans l'un des cas où le pourvoi en cassation est interdit (2).

D'après ce qui précède, on voit que le rejet prononcé par le
conseil de révision mettra fin en général au procès. Si au
contraire le conseil de révision *annule* le jugement du conseil de guerre, une nouvelle procédure va s'ouvrir devant la
juridiction de renvoi. Examinons d'abord les effets immédiats
de l'annulation intervenue ; nous parlerons ensuite du renvoi
lui-même. — L'annulation doit suivre les mêmes règles que
la cassation, c'est-à-dire : 1° être limitée au strict nécessaire,
tant à l'égard des dispositions qu'elle doit frapper qu'à l'égard
des parties qui doivent en profiter (3); 2° entraîner la nullité
de tout ce qui s'est fait en vertu de la décision annulée, et
aussi de toute autre décision qui s'y rattacherait d'une manière inséparable. Les principes du droit commun sont ici
naturellement applicables ; et il n'y aurait rien à ajouter à
ce que nous avons dit précédemment (*suprà* n°s 54, 55), s'il
ne fallait pas se poser en matière militaire la même question
qu'en matière criminelle ordinaire, à savoir quels sont les
effets du pourvoi formé par le procureur général près la Cour

(1) Cfr. Ch. cr., 4 août 1859, D. P., 1859, |1, 431 ; — 6 nov. 1862, D. P.,
1867, 5, 58 ; — 19 janv. 1865, D. P., 1865, 1, 500 ; — 1er déc. 1870, D. P.,
1870, 1, 257.

(2) Cfr. Ch. cr., 4 août 1859, *loc. cit.*, et la note qui accompagne cet
arrêt.

(3) Cfr. Ch. cr., 15 juillet 1858, D. P., 1858, 1, 430.

de cassation ? Formé d'office, le pourvoi ne peut l'être que dans l'intérêt de la loi ; mais cette restriction, nous le savons, n'est point imposée au pourvoi ordonné par le garde des sceaux, et la Cour suprême a toujours admis que la cassation prononcée dans ce cas pouvait réagir sur la situation du condamné. Elle n'admet pas, il est vrai, qu'elle puisse lui nuire, mais bien des arrêts l'en ont fait profiter (1). Cette jurisprudence, depuis longtemps établie, nous paraît à l'abri de toute critique (2), mais à la condition toutefois que la Cour de cassation ne l'étendra pas au cas particulier où le condamné, n'étant pas justiciable des juridictions militaires, a pu et dû se pourvoir lui-même contre le jugement qui l'a condamné. Du moment qu'il peut agir, il n'y a plus aucune raison d'attribuer effet quant à lui aux annulations provoquées par le garde des sceaux (*suprà n° 57*).

69. — *Du renvoi et de ses effets; des renvois sur deuxième annulation.* — Les annulations prononcées, soit par les conseils de révision, soit par la Cour de cassation, seront, suivant des hypothèses qu'il est facile d'imaginer (*suprà n° 58*), non sui-

(1) Cfr. not. Ch. cr., 3 janvier 1846, D. P., 1846, 1, 37 ; — 2 mai 1846, *ibid.*, p. 221 ; — 6 fév. 1858, D. P., 1858, 1, 187.

(2) Nous n'en dirons pas autant de la manière dont le garde des sceaux et le procureur général avec lui rédigent leurs pourvois. Ils prennent soin de spécifier qu'ils se pourvoient, tantôt dans l'intérêt de la loi seule, tantôt dans l'intérêt du condamné aussi bien que de la loi, et même s'il y a plusieurs condamnés dans l'intérêt d'un seul ou dans l'intérêt de tous (Ch. cr., 15 juillet 1858, *loc. cit.*). Que le procureur géaéral, dans ses conclusions, indique que la cassation à intervenir devra avoir ces divers effets plus ou moins étendus, nous n'y voyons aucun inconvénient. Mais qu'il semble poser d'avance des limites aux conséquences de son pourvoi, c'est ce qui nous paraît choquant; car ce n'est pas au garde des sceaux ni au procureur général qu'il appartient de déclarer quelles doivent être ces conséquences. Elles découlent naturellement des règles que nous établissons, et c'est à la Cour de cassation seule à en faire l'application. Sans doute, la Cour n'est pas liée par ces formules, et peut toujours faire produire à ses arrêts tels effets que de droit; mais il n'en est pas moins vrai que ces formules mêmes sont vicieuses, parce qu'elles tendent à faire supposer au garde des sceaux un droit qu'il n'a certainement pas.

vies ou suivies de renvoi. Quand un conseil de révision par exemple annule un jugement, parce que le fait qui a motivé la condamnation ne constitue ni un crime, ni un délit, ni une contravention, nous croyons que l'annulation doit être prononcée sans renvoi ; ce cas en effet est spécialement prévu, nous l'avons vu, par l'art. 429-6° du Code d'instruction criminelle, et les Codes militaires n'y dérogent point (1).

Lorsqu'il y a lieu à renvoi, la détermination des juges de renvoi se règle d'après la cause de l'annulation, et leurs pouvoirs se mesurent sur son étendue. Il est utile à ce propos de distinguer, avec les Codes de justice militaire eux-mêmes, un certain nombre d'hypothèses.— Si l'annulation est prononcée pour cause d'incompétence, le renvoi a lieu devant la juridiction compétente. A cet effet, les pièces de la procédure, accompagnées du jugement d'annulation, sont transmises à l'autorité qui doit poursuivre la nouvelle instance. Si la compétence appartient à un conseil de guerre de l'armée de terre ou de mer, ou à un tribunal maritime, c'est au commissaire du gouvernement près de ce conseil ou de ce tribunal que les pièces sont adressées. Si l'affaire est renvoyée devant une juridiction siégeant à bord des navires, comme il n'y a pas de commissaire du gouvernement préalablement connu, puisque une telle juridiction n'est pas permanente, les pièces sont envoyées à l'autorité maritime qui avait donné l'ordre d'informer, et qui donnera à l'affaire la nouvelle suite qu'elle comporte. Enfin, s'il y avait incompétence des juridictions militaires, les pièces sont adressées au procureur de la République du lieu où siège le conseil de révision ; et c'est à ce magistrat qu'il appartiendra de les transmettre à son tour, suivant les règles de la compétence des tribunaux de droit commun, à celui de ses collègues qui lui paraîtra devoir être chargé de la poursuite (2). Lorsque l'annulation a lieu pour tout autre motif que pour incompétence, l'affaire doit être renvoyée devant le conseil de guerre de la division qui n'en a

(1) *Contra*, Ch. cr., 13 juin 1846, D. P., 1846, 1, 238.
(2) Cfr. Rigaud, *Rapport*, etc..., dans D. P., 1858, 4, p. 123, (n° 140).

pas connu, s'il y a double conseil de guerre, et dans le cas contraire, devenu le plus fréquent, devant un conseil de guerre d'une des divisions voisines (1). En cas d'annulation par la Cour de cassation pour incompétence des juridictions militaires, le renvoi a lieu suivant des règles connues (*suprà n°* 59). Lorsque la Cour de cassation casse à la fois un jugement d'un conseil de révision, et le jugement du conseil de guerre qu'il avait à tort confirmé, hypothèse qui est de nature à se présenter assez souvent, le renvoi doit avoir lieu, non devant un conseil de révision, mais devant un conseil de guerre (2). Il en serait autrement si la Cour suprême se bornait à casser le jugement de révision ; car il est de principe que le renvoi doit toujours être fait à un tribunal du même ordre que celui qui a rendu la décision cassée.

Devant les juges de renvoi, tout est remis en question, et le procès recommence. Si le premier jugement a été annulé pour violation des formes ou pour incompétence, la procédure est reprise à partir du premier acte nul, et il est procédé à de nouveaux débats. Si l'annulation au contraire n'a été prononcée que pour fausse application de la peine aux faits dont l'accusé a été déclaré coupable, on s'inspire ici du principe admis pour les cours d'assises : la déclaration de culpabilité est maintenue ; les débats ne sont pas rouverts, et les juges de renvoi n'ont à statuer que sur l'application de la peine. C'est là une conséquence, très rationnelle, de cette idée que la cassation ne doit avoir lieu que dans la mesure indispensable pour assurer l'exacte observation de la loi (3). — Les juges de renvoi sont investis de la plénitude de juridiction. Ils peuvent par conséquent se déclarer incompétents *ratione materiæ* ou *personæ*, ou encore statuer dans le même sens que les premiers juges (4).

(1) Loi du 9 juin 1857, art. 167, 169 ; — loi du 4 juin 1858, art. 191, 193. — Cfr. loi du 18 vendém. an VI, art. 18.

(2) Cfr. Ch. cr., 3 janv. et 2 mai 1846 ; — 6 fév. 1858 ; *loc. cit.*

(3) Loi du 9 juin 1857, art. 170 ; — loi du 4 juin 1858, art. 194. — Cfr. Code d'instruct. criminelle, art. 434.

(4) Pour plus de détails, cfr. *suprà*, n° 60.

Dans ce dernier cas, la partie qui avait obtenu gain de cause en révision, formulera sans doute un nouveau recours, fondé sur les mêmes moyens. La loi du 18 vendémiaire an VI, qui prévoyait l'hypothèse, avait décidé « que la question ne pourrait plus être agitée au conseil de révision mais qu'elle serait soumise au Corps législatif, lequel porterait une loi à laquelle le conseil de révision, serait tenu de se conformer (1). » Ce système du référé législatif était en l'an VI en harmonie parfaite avec la législation sur les deuxièmes pourvois en cassation, telle qu'elle résultait de la constitution du 5 fructidor an III (*suprà* n° 61). A la rigueur même, il pouvait se concilier avec les divers systèmes admis jusqu'en 1828. Mais à cette époque, le référé législatif ayant été complètement supprimé en matière ordinaire, la question s'est posée de savoir s'il ne devait pas l'être aussi en matière militaire. La controverse qui s'éleva à ce sujet n'a plus aujourd'hui qu'un intérêt rétrospectif, parce que l'art. 181 du Code de 1857 est venu y mettre fin, en édictant des règles précises, que l'art. 233 du Code de 1858 s'est empressé de reproduire. — D'après ces deux articles, voici comment on procède : Lorsqu'après l'annulation d'un jugement militaire, un second jugement rendu contre le même accusé est annulé pour les mêmes motifs que le premier, l'affaire est renvoyée une seconde fois devant un conseil de guerre d'une division voisine. Ce conseil est obligé de se conformer, sur le point de droit, à la décision du conseil de révision : on reconnaît là le principe de la loi de 1837 (*suprà* n° 63). Toutefois, sous l'influence d'un sentiment d'humanité, et par un dernier souvenir de la loi de 1828 (2), le législateur de 1857 et de 1858 a décidé, que s'il s'agissait de l'application de la peine, le troisième conseil de guerre devrait adopter l'interprétation la plus favorable à l'accusé, c'est-à-dire appliquer la peine la plus faible prononcée par les premiers juges. Le troisième jugement ainsi rendu ne peut plus être attaqué par les

____

(1) Loi du 18 vendém. an VI, art. 23, dans Duvergier, *loc. cit.* — Même disposition dans le décret du 12 nov. 1806, pour la marine.

(2) Cfr. l'*Exposé des motifs*, etc..., dans D. P., 1857, 4, p. 138 (n° 70).

mêmes moyens, si ce n'est cependant par un pourvoi en cassation formé dans l'intérêt de la loi, soit d'office, soit sur l'ordre
du garde des sceaux, par le procureur général de la Cour de
cassation. La Cour suprême reste donc en dernière analyse, et
pour le plus grand bien de l'exacte observation de la loi, le
tribunal régulateur de toutes les juridictions criminelles,
même militaires.

CHAPITRE II

DE LA CASSATION EN MATIÈRE ADMINISTRATIVE.

§ I. — Origines

70. — *La cassation administrative dans l'ancien droit et le droit intermédiaire.* — En étudiant l'organisation des recours qui peuvent être dirigés contre les jugements militaires, nous avons, à plusieurs reprises, rencontré l'intervention de la Cour de cassation, et constaté l'heureuse influence qu'elle pouvait avoir. Mais en matière administrative, où la nécessité se présente souvent de casser des décisions rendues par l'une ou l'autre des nombreuses juridictions administratives qui subsistent encore aujourd'hui, cette intervention de la Cour de cassation a été soigneusement écartée comme contraire au principe de la séparation des pouvoirs, qui, tel qu'il est compris et organisé en France, a justement pour but et pour effet de protéger l'administration contre les entreprises du pouvoir judiciaire. Le soin de prononcer, quand il y a lieu, les annulations, même dans le seul intérêt de la loi, a donc été attribué à une autre autorité, qui occupe à ce point de vue, dans l'ordre administratif, la même place que la Cour de cassation dans l'ordre judiciaire : le Conseil d'État.

Il n'en était pas ainsi dans l'ancien droit, où, tous les attributs du pouvoir se trouvant confondus aux mains du roi, son conseil se trouvait avoir à lui seul la juridiction contentieuse aujourd'hui partagée entre la Cour de cassation et le Conseil d'État. Le Conseil du roi, en d'autres termes, était à la fois tribunal judiciaire et tribunal administratif, et, dans un cas comme dans l'autre, tribunal suprême. Le roi en son conseil avait le droit de casser toute décision quelconque, judiciaire ou administrative; à cet égard sa compétence était illimitée (1). C'est ainsi que non seulement le Conseil du roi connaissait, comme nous l'avons vu, des demandes en cassation civiles ou criminelles, mais encore était chargé de réprimer par l'annulation de leurs actes les excès de pouvoir des fonctionnaires de l'ordre administratif, et d'arrêter les entreprises de l'autorité judiciaire contre l'autorité administrative. Ces entreprises étaient assez fréquentes sous l'ancien régime, où les parlements ne se faisaient pas faute d'empiéter, quand ils le pouvaient, sur les attributions de l'administration ou du gouvernement (2). Le Conseil du roi statuait, tantôt à la requête des parties intéressées, lesquelles devaient s'adresser en la forme ordinaire au Conseil privé, tantôt d'office et de propre mouvement, par voie d'arrêts dits *en commandement*. Dans ce dernier cas, c'était le roi qui se saisissait lui-même de l'affaire, s'en faisait rendre compte, et prononçait l'arrêt en son conseil, ordinairement en Conseil des dépêches, sans qu'aucun obstacle pût être opposé à l'exercice de sa souveraineté. Ce principe était même tellement absolu que les arrêts du Conseil lui-même, bien que toujours réputés émanés du roi, pouvaient être cassés par lui, lorsqu'ils avaient été rendus en son absence (3). — Le 9 août 1789, le roi apporta à cette organisation une modification qui devait être éphémère. « Ayant reconnu la nécessité de faire régner, entre toutes les parties de l'administration, cet accord et cette unité si désirables dans tous les temps, et plus nécessaires encore dans les temps difficiles, » il réunit au Conseil d'État, c'est-à-dire au Conseil des affaires étrangères, les Conseils des dépêches, des finances et du commerce (4), et ordonna que les affaires

(1) Cfr. Ducrocq, *Le Conseil d'État et son histoire*, Niort, Clouzot, 1867, br. in-8°, p. 15.

(2) Cfr. Vivien, *Études administr.*, 3° édit., Paris, Guillaumin, 1859, in-12, t. I, p. 91 ; — Ducrocq, *ibid.*

(3) Cfr. *supra*, n° 12, *in fine* : — et Dareste, *op. cit.*, p. 78-79.

(4) Ces conseils formaient avec le Conseil des parties les diverses sections du Conseil du roi.

contentieuses qui étaient rapportées jusque-là au Conseil des dépêches, seraient renvoyées à un comité établi sous le titre de *Comité contentieux des départements ministériels.*

Ce règlement du roi pour la réunion de ses conseils fut le dernier. C'est qu'en effet la confusion des pouvoirs, conséquence logique du principe de la monarchie absolue, devait prendre fin avec cette monarchie elle-même. L'Assemblée constituante ne devait pas tarder, suivant l'expression de M. de Cormenin, « à renverser de fond en comble l'organisation de l'ancienne société, et à dresser sur ses ruines l'édifice parallèle des deux pouvoirs administratif et judiciaire » (1). Toutefois, au point de vue spécial qui nous occupe, la transition de l'ancien régime au nouveau se fit lentement et avec assez de peine. Un premier décret du 20 octobre 1789 avait, nous l'avons vu, (*suprà n°* 22), maintenu provisoirement le Conseil du roi, en supprimant seulement les arrêts de propre mouvement et les évocations avec retenue du fond des affaires. Il en résulta que pendant un certain temps le roi put encore connaître des recours en cassation dirigés contre des actes administratifs. Le principe fut affirmé par la Constituante elle-même dans une circonstance qu'il importe de rappeler. Un conflit de compétence s'était élevé vers la fin de l'année 1790, entre le directoire du département de la Haute-Saône et la municipalité de Gray, au sujet d'une rue de cette ville qui servait en même temps de grande route. Le bailliage de Gray ayant été saisi de la question, cette procédure fut dénoncée à l'Assemblée constituante ; et l'Assemblée déclara aussitôt, par un décret en date du 7 octobre, « que les réclamations d'incompétence à l'égard des corps administratifs n'étaient en aucun cas du ressort des tribunaux, et devaient être portées au roi, chef de l'administration générale » (2). — Ce décret devait acquérir par la suite une importance considérable, que la spécialité de sa disposition ne semblait pas comporter (3).

(1) De Cormenin, *Rapport à la commission des conflits en* 1828, n° 2 ; dans Dalloz, *Répert.*, v° Conflit, t. XII, p. 106.

(2) Décret des 7-14 octobre 1790, dans Duvergier, *op. cit.*, t. I, p. 448.

(3) C'est sur ce décret qu'on a fondé toute la théorie de la séparation

Quelque temps après, le Conseil des parties était supprimé et remplacé par le Tribunal de cassation (1), tribunal essentiellement judiciaire, dont la compétence ne s'étendait qu'aux matières civiles et criminelles. A quelle juridiction allaient être portés désormais les recours au contentieux en matière administrative? Le Conseil des parties ayant cessé ses fonctions le jour où fut installé le Tribunal de cassation, c'est-à-dire le 20 avril 1791, la question devenait urgente. L'Assemblée se hâta d'y répondre (27 avril) par deux décrets qui inaugurèrent un système nouveau. Le premier décret supprima, avec quelques autres juridictions, les Conseils des finances et des dépêches, et renvoya les affaires pendantes devant eux au Tribunal de cassation ou aux tribunaux de district, suivant les cas (2). Le second décret institua « un *Conseil d'État*, composé du roi et des ministres, » et chargé entre autres attributions « de la discussion des motifs qui peuvent nécessiter l'annulation des actes irréguliers des corps administratifs, conformément à la loi. » L'annulation devait être ensuite prononcée par une proclamation du ministre compétent (3). En somme, ce prétendu Conseil d'État n'était qu'un Conseil des ministres. Comme on l'a dit avec raison, l'Assemblée constituante avait mis à la place du Conseil des parties une grande chose : le Tribunal de cassation ; mais elle ne mit à la place des autres sections du Conseil du roi qu'un *nom* : le Conseil d'État. C'était en réalité rendre presque illusoire le recours en cassation en matière administrative, et en même temps affaiblir considérablement le pouvoir royal, en donnant ainsi à la juridiction des ministres, ce qui n'était pas un progrès, toutes les attributions contentieuses de l'ancien Conseil du roi (4).

des pouvoirs, et des recours pour incompétence et excès de pouvoir. — Cfr E. Laferrière, *Orig. et développement hist. du recours pour excès de pouvoir*, dans la *Revue critique de législation*, nouv. série, t. V (1876), p. 304-307.

(1) Décret des 27 nov.-1er déc. 1790, art. 30 ; — cfr. *suprà*, n° 24.

2) Décret des 27 avril-6 juillet 1791, dans Duvergier, *op. cit.*, t. II, p. 406.

(3) Décret des 27 avril-25 mai 1791, art. 15, 17-2°, 14 ; *ibid.*, p. 410, 411.

4) Cfr. Ducrocq., *op. cit.*, p. 16-17.

Au surplus ce *nom* lui-même disparut, lorque le décret du 12 germinal an II remplaça les ministères par des commissions (1) ; et l'examen des affaires administratives, contentieuses ou non, passa en entier à ces comités de la Convention où s'étaient concentrés tous les pouvoirs. La constitution du 5 fructidor an III rendit au contraire aux ministres le droit d'annulation. Cette constitution déclare en effet, dans son art. 193, que les ministres sont autorisés « à annuler, chacun dans sa partie, les actes des administrations de département, lorsque ces actes sont contraires aux lois ou aux ordres des autorités supérieures » ; les ministres d'ailleurs ne forment plus un conseil (art. 151). D'un autre côté, l'art. 27 de la loi du 21 fructidor an III porte qu'en cas de conflits d'attributions entre les autorités judiciaires et administratives, « il sera sursis jusqu'à la décision du ministre, confirmée par le Directoire exécutif, qui en référera, *s'il est besoin*, au Corps législatif. » Mais le Directoire trouva qu'il n'en était jamais besoin, et en fait fut seul juge des conflits (2). Enfin, lorsqu'il s'agit, dans la loi du 10 vendémiaire an IV, de réorganiser le ministère, on chargea les ministres d'assurer l'exécution des lois, chacun en ce qui les concernait, sans parler des réclamations que leurs actes ou ceux de leurs subordonnés pourraient susciter de la part des particuliers. — L'effet de ces dispositions fut de livrer aux ministres, ou plutôt à leurs bureaux, souverains à cette époque, le pouvoir administratif tout entier. C'était chose d'autant plus redoutable alors, que le contentieux administratif s'était beaucoup accru. Les mesures violentes

---

(1) Décret du 12 germ. an II (1ᵉʳ avril 1794), dans Duvergier, *op. cit.*, t. VII, p. 153.

(2) On lit dans un arrêté directorial du 16 floréal an V : « Le Directoire ne doit pas se rendre, auprès du Corps législatif, l'intermédiaire de référés qui ne présenteraient aux législateurs rien qui fût digne de leur attention, et qui ne tendraient qu'à consumer en pure perte leurs plus précieux instants. » Sur 196 conflits élevés sous le Directoire, on ne cite qu'un seul référé législatif, qui donna lieu à un décret d'ordre du jour du 23 fructidor an VII ! — Cfr. de Cormenin, *op. cit.*, nᵒˢ 7, 8 ; — Sebire et Carteret, *Encyclopédie du droit*, Paris, Videcoq, gr. in-8º, t. V (1845), vᵒ Conflit, nᵒ 13 ; — Dalloz, *Répert.*, vᵒ Conflit, nᵒ 3.

dirigées contre le clergé et les émigrés, les nombreux marchés nécessaires pour l'entretien des armées, et beaucoup d'autres causes lui avaient donné une extension considérable. Le désordre le plus complet régnait dans ce domaine sans limites, et il vint un instant où l'administration menaça d'absorber le pouvoir judiciaire lui-même (1). Les temps étaient bien changés depuis l'époque des parlements.

71. — *Création du Conseil d'État, et variations de son organisation comme tribunal de cassation.* — Pour remédier à la confusion et à l'anarchie que présentait l'administration tombée aux mains du Directoire, les auteurs de la constitution de l'an VIII résolurent de rétablir sur de nouvelles bases l'ancien Conseil du roi, ou du moins un conseil analogue, qui prit le nom, cette fois mérité, de *Conseil d'État.* Sa mission principale, dérivant de l'idée fondamentale qui avait inspiré sa création, consistait à contrôler les ministres et les bureaux ministériels. Mais il était en outre chargé d'une façon générale « de résoudre les difficultés qui pouvaient s'élever en matière administrative ». Seulement il ne pouvait agir que « sous la direction des consuls », auxquels il donnait de simples avis, qui pouvaient sans illégalité n'être pas suivis (2) ; il n'avait donc aucun pouvoir propre (3). — Un arrêté consulaire rendu quelques jours après, le 5 nivôse, vint organiser le nouveau Conseil, et définir avec plus de précision ses attributions en matière contentieuse. Aux termes de l'art. 11, « le Conseil d'État prononce, d'après le renvoi qui lui est fait par les consuls : 1° sur les conflits qui peuvent s'élever entre l'administration et les tribunaux ; 2° sur les affaires contentieuses dont la décision était précédemment remise aux

____

(1) Cfr. Dufour, *Traité général de droit adm. appliqué,* 3ᵉ édit., Paris, Delamotte, 1868, in-8°, t. II, n° 186 ; — Dalloz, *Répert.,* t. XII (1851), vᵒ Conseil d'État, nᵒˢ 4 et 5 ; — E. Laferrière, *loc cit.,* p. 308-310.

(2) Constit. du 22 frimaire an VIII (13 décembre 1799), art. 52 ; dans Duvergier, *op. cit,* t. XII, p. 26.

(3) Cfr. Dalloz, *op. cit.,* n° 9 ; — et Serrigny, *Traité de l'organisation de la compétence et de la procéd. en mat. content. administr.,* Paris, Durand, 1865, in-8°, t. I, n° 52.

ministres (1). » La connaissance des conflits donnait au Conseil d'État une haute prérogative à l'égard même du Tribunal de cassation, et la connaissance du contentieux l'établissait chef suprême de l'administration. Ainsi institué, le Conseil d'État devait subsister, et malgré les fluctuations nombreuses de son organisation, conserver toujours son caractère de tribunal de cassation administratif. Si donc on doit considérer l'ancien Conseil du roi comme l'origine première et éloignée du Conseil d'État de nos jours, il est encore plus exact de voir dans le Conseil d'État de l'an VIII son origine seconde, immédiate et directe (2).

Le règlement de nivôse ne distinguait pas, quant à la procé. dure, entre les affaires contentieuses et les affaires simplement administratives. Les unes et les autres étaient d'abord examinées par la section à laquelle elles se rapportaient, puis délibérées en assemblée générale. Mais plus tard on pensa qu'il était bon d'organiser autrement, avec plus de soin, la procédure des affaires contentieuses, dont le nombre augmentait chaque jour ; et un décret du 11 juin 1806 institua une commission spéciale, dite *du contentieux*, chargée de faire les instructions et de préparer les rapports. Le même décret créa des avocats au Conseil d'État, qui eurent seuls le droit de signer les requêtes et les mémoires des parties, obligées dès lors de recourir à leur ministère (3). Un second décret, du 22 juillet de la même année (4), régla les formes à suivre pour l'introduction, l'instruction, et le jugement des recours au contentieux, jugement toujours délibéré en assemblée générale (5). Plusieurs de ces règles sont encore suivies aujourd'hui (6).

<hr>

(1) Règl. du 5 niv. an VIII (26 décembre 1799), art. 11 ; dans Duvergier, *loc. cit.*, p. 54.

(2) Ducrocq, *op. cit.*, p. 18.

(3) Décret du 11 juin 1806, art. 24, 25, 33 ; dans Vuatrin et Batbie *Lois administr. françaises*, Paris, Cotillon, 1875, in-8°, p. 16.

(4) *Ibid.*, p. 17-20.

(5) Cfr E. Laferrière, *loc. cit.*, p. 310-313.

(6) Rappelons ici qu'aux termes de la loi du 16 sept. 1807, le Conseil d'Etat fut chargé de donner l'interprétation d'autorité, dans les cas de seconds pourvois en cassation, formés après un premier renvoi et fon-

Sous la Restauration, le Conseil d'État perdit une grande partie de son importance. La charte de 1814 n'en parlant pas, il n'eut plus aucun caractère constitutionnel, et ne forma qu'un simple conseil consultatif ; mais cette situation amoindrie n'eut aucune influence en notre matière sur l'état de choses existant (1). — Après 1830, on résolut de régler par une loi l'organisation du Conseil d'État jusque-là déterminée par de simples ordonnances royales. Un grand nombre de députés s'efforcèrent alors, mais en vain, de faire attribuer le jugement définitif du contentieux administratif à une Cour de justice spéciale, jugeant avec un pouvoir propre (2). Après de longs débats souvent interrompus (3), l'art. 12 de la loi du 19 juillet 1845 rejeta l'innovation réclamée, et décida que le Conseil d'État ne pourrait que *proposer* les ordonnances royales qui devaient statuer en dernière analyse sur les affaires administratives, contentieuses ou non, dont l'examen lui était déféré. C'était la confirmation pure et simple du système en vigueur. On exigeait seulement, à titre de garantie, que les ordonnances qui ne seraient pas conformes à l'avis du Conseil d'État, fussent rendues en conseil des ministres, motivées, et insérées au *Moniteur* et au *Bulletin des lois.*

Trois ans plus tard ce système tombait avec la monarchie de juillet elle-même, et la loi du 3 mars 1849 faisait droit aux réclamations depuis longtemps formulées. La section du contentieux, investie d'un pouvoir propre, devait désormais juger comme un véritable tribunal, sans que le gou-

dés sur les mêmes moyens. Cette attribution exorbitante lui fut enlevée par la loi du 30 juillet 1828, Cfr. *suprà*, n°ᵉ 61 et 62.

(1) Ou du moins l'influence ne fut que transitoire. Une ordonnance du 29 juin 1814 avait déclaré, en effet, que le comité du contentieux pourrait délibérer *seul* sur les décisions à rendre ; mais une seconde ordonnance, rendue après les Cent jours, le 23 août 1815, maintint l'exigence de la délibération en assemblée générale. — Cfr. Vuatrin, *ibid.*, p. 24 et 26 ; — Duchesne, *Conseil d'État*, n°ˢ 18-19, dans l'*Encyclopédie Sebire et Carteret*, t. V (1845) ; — Ed. de Barthélemy, *Du Conseil d'État en 1859*, dans la *Rev. crit. de législation*, t. XIV (1859), p. 536-537 ; — E. Laferrière, *loc. cit.*, p. 314-315.

(2) Cfr. De Barthélemy, *loc. cit.*, p. 543-544.

(3) Cfr. Duchesne, *op. cit.*, n°ˢ 23-26 ; — E. Laferrière, *loc. cit.*, p. 316-318.

vernement eût à sanctionner ou pût en rien changer ses dé-cisions (art. 6, 36). Toutefois le ministre de la justice avait le droit, lorsqu'un arrêt de la section du contentieux lui parais-sait « contenir un excès de pouvoir ou une violation de la loi », de le déférer à l'assemblée générale du Conseil d'État, et d'en demander l'annulation dans l'intérêt de la loi (art. 46). Cette disposition avait l'inconvénient de mettre obstacle à l'unification de la jurisprudence, qui ne peut être assurée, comme nous l'avons reconnu plus d'une fois, que par un tri-bunal de cassation unique. Une divergence de vues entre le Conseil d'État et la section du contentieux aurait pu amener de regrettables désaccords, si l'institution eût survécu. — Une autre innovation, contenue dans l'art. 89 de la constitution de 1848, consista à enlever au Conseil d'État le jugement des conflits d'attributions qui peuvent s'élever entre l'autorité judiciaire et l'autorité administrative, pour le transporter à une juridiction mixte, créée de toutes pièces sous le nom de Tribunal des conflits. Ce tribunal était composé à la fois de magistrats et d'administrateurs, en nombre égal, afin d'an-nihiler l'une par l'autre leurs tendances opposées. Il était présidé par le garde des sceaux, dont la double qualité d'ad-ministrateur et de chef de l'ordre judiciaire était de nature, croyait-on, à ne pas déranger l'équilibre qu'on s'était proposé d'obtenir.

En 1852, nouveau changement. Le décret organique du 25 janvier, répudiant le progrès accompli, vint priver la sec-tion du contentieux de son pouvoir de juridiction, pour ne lui laisser que l'instruction préparatoire des affaires. Ces affaires devaient être soumises ensuite, non plus au Conseil d'État entier, comme avant 1849, mais à une assemblée *spé-ciale*, composée des membres de la section du contentieux et de dix conseillers d'État pris dans les cinq autres sections. L'assemblée spéciale donnait son avis sur l'affaire, et formu-lait un projet de décret que le chef de l'État était libre de suivre ou de ne pas suivre. Dans ce dernier cas, le décret devait être inséré au *Moniteur* et au *Bulletin des lois* (1). — Le décret du

(1) Décret org. du 25 janv. 1852, art. 17, 19, 24 ; Vuatrin, *op. cit.*, p. 49.

2 janvier rendait en outre au Conseil d'État ses anciennes attributions en matière de conflits (art. 1) (1).

Dissous par le gouvernement du 4 septembre et remplacé par une commission provisoire (2), le Conseil d'État fut réorganisé par la loi du 24 mai 1872, qui consacre à la fois les innovations de la loi de 1849 et du décret de 1852. D'une part, en effet, la loi donne au Conseil d'État un pouvoir propre de décision (c'est-à-dire le droit de rendre en matière contentieuse des arrêts souverains, exécutoires par eux-mêmes, et ayant autorité de chose jugée, comme les jugements des tribunaux judiciaires), et lui enlève en même temps, par une corrélation nécessaire, la connaissance des conflits d'attributions pour l'attribuer au Tribunal des conflits, rétabli sur les mêmes bases qu'en 1849 (3). D'autre part, elle maintient le système mixte de délibération introduit en 1852. Comme sous le second Empire, les affaires contentieuses sont délibérées d'abord par la section du contentieux, chargée de l'instruction préparatoire, puis par une assemblée *spéciale*, investie du jugement définitif. Cette assemblée spéciale se compose des membres de la section du contentieux, et de huit conseillers en service ordinaire pris dans les autres sections. Elle est présidée par le vice-président du Conseil d'État, ou en son absence par le président de la section du contentieux (4). Ses arrêts ne sont soumis à aucun recours en cassation, et ne pourraient de ce chef être déférés à l'assemblée générale du Conseil d'Etat ; la loi de 1872 n'a pas reproduit sur ce point la règle malheureuse de 1849. Mais sur un autre point, elle est sujette à critique. Par une exception qui, en notre matière, absorbe presqu'entièrement la règle, comme nous le verrons par la suite, la section du contentieux rend elle-même la décision définitive, dans les affaires pour lesquelles il n'y a pas de constitution d'avocat, à moins que le renvoi à l'assemblée spéciale ne soit demandé par un des conseillers d'État de la

(1) Sur cette période, cfr. E. Laferrière, *loc. cit.*, p. 324-327.

(2) Décrets des 15 sept. et 3 oct. 1870; *ibid.*, p. 56.

(3) Loi du 24 mai 1872, art. 9 et 25.

(4) Loi du 24 mai 1872, art. 15 et suiv.; — loi du 13 juillet 1879, art. 5.

section ou par le commissaire du gouvernement, auquel les affaires sont préalablement communiquées (1). Ce renvoi en fait est rarement demandé ; aussi la section du contentieux est-elle plus fréquemment appelée que l'assemblée spéciale à jouer le rôle de tribunal de cassation administratif. Dans certains autres cas, ce rôle appartient à l'assemblée générale du Conseil d'État (2).

Il y a là un défaut d'unité très regrettable, qui ne permet pas d'assimiler le Conseil d'État à la Cour de cassation. Comme elle sans doute, il est placé au sommet d'une hiérarchie ; comme elle, il a le pouvoir d'annuler des décisions entachées d'erreur de droit, mais il ne saurait prétendre à la même autorité. Il est moins institué pour assurer partout l'uniforme application des lois, que pour réprimer, en qualité de supérieur hiérarchique, les excès de pouvoir des autorités administratives. Non seulement en effet, son droit d'annulation n'est pas toujours exercé par les mêmes personnes ; mais encore, quand la loi a été simplement violée, ce droit d'annulation est très restreint. Dès qu'il y a excès de pouvoir au contraire, il devient aussi large que possible. Cette organisation, assez incohérente, fait du Conseil d'État un instrument de surveillance plutôt qu'un tribunal régulateur, et donne à la cassation administrative le caractère habituel d'un simple moyen de répression.

§ II. — **Conditions.**

72. — *Deux sortes de recours ; contre quels jugements peut être formé le recours en cassation pour violation de la loi.* — Abordons maintenant l'étude juridique des recours en cassation qu'il est permis de diriger contre les décisions des juridictions administratives. Il ne faut pas s'attendre à retrouver ici, comme en matière civile, criminelle, ou militaire, une théorie d'en-

(1) Cbn. loi du 24 mai 1872, art. 19, et décret du 2 nov. 1864, art. 1. — Cfr. *infrà*, n° 76.

(2) Cfr. loi du 10 août 1871, art. 47 ; — et *infrà*, n° 78 *in fine*.

semble bien arrêtée. Le droit administratif est formé, on peut le dire, de pièces et de morceaux. De nombreux textes, souvent abrogés sur certains points, maintenus ou remis en vigueur sur d'autres, tantôt tombés en désuétude, et tantôt étendus dans l'application au delà de leurs termes naturels, n'ont pas encore suffi à tout prévoir et à tout organiser. Dans nombre de cas, la simple coutume fait aujourd'hui loi, et c'est la jurisprudence du Conseil d'État qui supplée au défaut des prescriptions légales, autant qu'une jurisprudence dont les juges peuvent toujours s'écarter, peut suppléer à des prescriptions qu'il ne leur est pas permis de méconnaître. Ce caractère de confusion, particulier aux droits non codifiés, explique l'impossibilité où nous sommes de poser des règles générales, sans faire des distinctions importantes destinées à en limiter la portée. — Quand on recherche en effet quelles sont les voies de recours administratives qui peuvent mériter le nom de cassation, on reconnaît qu'il en existe deux bien différentes, qui sont loin d'être soumises aux mêmes conditions. La première, très-restreinte, a pour fondement une violation des formes ou de la loi ; nous l'appellerons la cassation pour violation de la loi. La seconde, beaucoup plus large, est connue sous le nom d'annulation pour incompétence ou excès de pouvoir (1). Cette distinction, que bien des auteurs ne font pas nettement, s'impose surtout quand on recherche quelles sont les décisions administratives qui peuvent être frappées d'un pourvoi.

La *cassation pour violation de la loi* doit être étudiée la première, malgré son caractère exceptionnel, parce que, dans un cas tout au moins, le plus important, elle suit les mêmes règles que la cassation en matière civile, qui nous est déjà connue. — Le recours en cassation pour violation de la loi n'est recevable que s'il se trouve formellement écrit dans la loi. C'est là une grande différence avec la cassation civile, qui peut toujours être prononcée pour contravention à la loi, sauf dans les cas où le pourvoi se trouve écarté par un texte.

____

(1) Cfr. Serrigny, *op. cit.*, t. I, p. 305.

En d'autres termes, en matière civile le recours est la règle, en matière administrative l'exception.

En tête de l'énumération, fort courte, des décisions administratives qui peuvent être cassées pour violation de la loi, il faut placer les arrêts de la Cour des comptes. L'art. 17 de la loi du 16 septembre 1807, toujours en vigueur, dispose en effet que les comptables qui se croiraient fondés à attaquer un arrêt « pour violation des formes ou de la loi », devront se pourvoir au Conseil d'État, conformément au règlement sur le contentieux. C'est l'hypothèse où la cassation administrative se modèle sur la cassation civile; car elle s'attaque ici comme elle à des décisions qui ont le caractère déterminé d'un jugement, et d'un jugement en dernier ressort. Il faut ajouter, en reproduisant des distinctions précédemment faites (*suprà n°* 30), que les arrêts de la Cour des comptes ne peuvent faire l'objet d'un pourvoi particulier que s'ils sont définitifs, ce qui exclut les arrêts purement préparatoires, qui ne peuvent être attaqués qu'après et avec l'arrêt définitif, mais non les interlocutoires qui sont définitifs sur le point qu'ils tranchent (1). Nous n'avons qu'à répéter à cet égard ce que nous avons dit à propos de la cassation civile. La Cour des comptes offre sur tous ces points avec les tribunaux ordinaires une analogie qui contribue avec bien d'autres à lui donner tout le caractère d'une institution judiciaire, égarée dans l'ordre administratif. Aussi est-il permis de s'étonner qu'on l'ait soumise au contrôle du Conseil d'État, et non à celui de la Cour de cassation.

Le pourvoi pour violation de la loi est encore ouvert, mais au ministre de la guerre seulement, contre les décisions des conseils de révision pour le recrutement de l'armée, en vertu de l'art. 30 de la loi du 27 juillet 1872. — De même la loi du 10 août 1871 permet aux préfets de demander l'annulation « pour violation de la loi ou d'un règlement d'administration publique » des délibérations prises par les conseils généraux des départements sur les objets à l'égard desquels ces conseils ont un pouvoir propre et le droit de statuer définitive-

(1) Cfr. Dalloz, *op. cit.*, n°˙ 197, 198.

ment (art. 47). Ces objets sont longuement énumérés par l'art. 46. On peut citer, à titre d'exemples, les acquisitions, aliénations, échanges, mode de gestion, baux à ferme ou à loyer, et changements de destination relatifs aux propriétés départementales, les classements et déclassements des routes départementales et des chemins vicinaux de grande communication ou d'intérêt commun, les transactions concernant les droits des départements, le service des enfants assistés, etc... — Aux termes de l'art. 88 de la même loi, les décisions prises par la commission départementale sur les matières énumérées aux art. 86, 87, peuvent être aussi déférées au Conseil d'État, « pour violation de la loi ou d'un règlement d'administration publique ». — Enfin d'après une jurisprudence constante du Conseil d'État, les ministres peuvent recourir en cassation pour violation de la loi contre des actes administratifs quelconques, mais seulement dans l'intérêt de la loi (*infrà n° 75*).

En dehors de ces cinq cas (1), le recours en cassation pour simple violation de la loi est fermé en matière administrative, alors même qu'il s'agit d'un jugement en dernier ressort ayant un caractère définitif. Il en résulte que les décisions rendues par les conseils sanitaires pour l'application des règlements sanitaires aux diverses provinces, par l'administration des monnaies sur diverses difficultés, notamment les difficultés relatives au titre et à la marque des lingots et des ouvrages d'or et d'argent (2), et enfin par le Conseil supérieur de l'instruction publique, sont souveraines, et ne peuvent être déférées au Conseil d'État pour violation de la loi. Il faudrait pour cela que la violation dégénérât en incompétence ou en excès de pouvoir.

73. — *Suite ; contre quels jugements ou actes peut être dirigé*

____

(1) Il en existait autrefois un autre, indiqué dans l'art. 30 de la loi du 13 juin 1851, relatif aux jugements des jurys de révision de la garde nationale.

(2) Cfr. décret du 25 juin 1871, art. 11 ; dans Vuatrin, *op. cit.*, p. 942.

le recours en annulation pour incompétence ou excès de pouvoir.
— Cette seconde cause de recours, l'incompétence ou l'excès
de pouvoir, est tout à fait générale en matière administrative ; et à l'inverse de ce qui se produit pour la cassation fondée sur la violation de la loi, il faudrait un texte précis pour
qu'elle ne pût être invoquée. L'art. 9 de la loi du 24 mai 1872
dit en effet que le Conseil d'État statue souverainement « sur
les demandes d'annulation pour excès de pouvoir formées
contre les actes des *diverses* autorités administratives. » La
loi du 7 octobre 1790, sur laquelle on s'appuyait avant 1872
pour admettre le droit au pourvoi pour incompétence ou
excès de pouvoir, parlait de même « des corps administratifs »
en général (1). Il faut conclure de là que tout acte administratif pourra être en principe déféré au Conseil d'État pour
incompétence ou excès de pouvoir, qu'il ait ou non un caractère contentieux, et qu'il soit ou non en dernier ressort. On doit
toujours excepter les décisions rendues par défaut, qui sont
susceptibles d'opposition, et les décisions simplement préparatoires (2).

I. — Il n'est pas nécessaire *en premier lieu* qu'il s'agisse
d'un acte ayant un caractère contentieux, c'est-à-dire portant
atteinte à des droits acquis ; le pourvoi peut être formé
contre un acte de pure administration, ne froissant qu'un
simple intérêt. C'est une exception à ce principe général que
les actes administratifs qui ne froissent que des intérêts ne
peuvent être attaqués par les particuliers, et ne deviennent
susceptibles d'un recours contentieux que s'ils méconnaissent
des droits (3). Mais le seul fait par une autorité administrative d'outrepasser sa compétence ou ses pouvoirs, constitue
évidemment une violation du droit acquis qu'ont tous les
citoyens à ce que les fonctionnaires ou les juges se renfer-

---

(1) Le projet de loi sur le Conseil d'État présenté en 1840 disait encore
avec plus de force : « Le Conseil d'État statue sur les recours dirigés
pour incompétence ou excès de pouvoir contre *toutes* les décisions administratives (art. 19). »

(2) Cfr. Dareste, *op. cit.*, p. 657.

(3) Cfr. sur ce point : Batbie, *Précis de droit public et admin.*, 5ᵉ édit.,
Paris, Cotillon, 1881, p. 150-152.

ment dans la limite de leurs attributions, et cette seule considération suffit à légitimer en pareil cas le recours au Conseil d'État (1).

C'est en se fondant sur ce principe qu'on a admis en pratique le pourvoi en annulalion contre certains actes du chef de l'État lui-même, les actes dits administratifs par opposition aux actes gouvernementaux. En effet si l'on conçoit qu'en principe les actes faits par le chef de l'État, agissant en vertu de son pouvoir règlementaire ou comme représentant de la souveraineté nationale, ne puissent être attaqués par les particuliers, à cause des intérêts supérieurs auxquels ces réclamations pourraient porter préjudice, on ne comprendrait plus pourquoi les actes spéciaux, individuels, qui sont pris non pas en vertu d'une délégation du pouvoir législatif, mais en vertu du pouvoir exécutif, ne seraient pas soumis aux mêmes recours quand ils émanent du chef de l'État, que lorsqu'ils émanent d'une autre autorité administrative. Ce qu'il faut considérer, c'est la nature de l'acte et non pas son auteur. Dès lors donc qu'un décret du président de la République, n'ayant point de caractère règlementaire ou souverain, portera atteinte à un droit acquis, il ne saurait jouir d'aucun privilège ; et le pourvoi est ouvert (2). — Il est ouvert également contre les arrêtés pris par les ministres en matière purement administrative.

Les délibérations des conseils électifs eux-mêmes ne sont pas soustraites au contrôle du Conseil d'État. La question fut agitée sous la monarchie de juillet pour les délibérations des conseils généraux. On objectait à cette époque que le Conseil d'État nommé par le roi ne pouvait avoir le droit de censurer un conseil dérivé de l'élection. Néanmoins le Conseil d'État, se fondant sur la généralité des termes de la loi de 1790, qui parle des corps administratifs en général, introduisit

---

(1) Cfr. Duchesne, *op. cit.*, n° 109. — Serrigny, *op. cit.*, n° 231.

(2) Conseil d'État, 22 janv. 1863 (Milon), etc... Cfr. Serrigny, *op. cit.*, n° 227 ; — Dufour, *op. cit.*, n° 264 ; — Ducrocq, *Cours de droit admin.*, 6ᵉ édit., Paris, Thorin, 1881, in-8°, t. I, n° 274. — Depuis 1832 jusques et y compris 1877, 353 décrets ont été attaqués pour excès de pouvoir, et 118 annulés.

une jurisprudence contraire, qui s'est toujours maintenue (1), et qui est d'autant moins contestée aujourd'hui que la loi du 10 août 1871 sur les conseils généraux, dans ses art. 47 et 88, en fait deux applications formelles. Ces articles permettent d'attaquer pour excès de pouvoir certaines délibérations des conseils généraux et des commissions départementales, respectivement énumérées dans les art. 46 et 86-87, en soumettant ces recours à plusieurs conditions spéciales que nous examinerons par la suite (*infrà n*os 76, 78). Il ne faudrait pas conclure de là, par argument *a contrario*, que les délibérations des conseils généraux autres que celles indiquées par les art. 46 et 86-87, ne sont pas susceptibles de recours au Conseil d'État. L'argument *a contrario* tendrait ici à nous faire sortir du droit commun, ce qui le rend inadmissible. La seule conclusion légitime à tirer de l'existence des articles 47 et 88, c'est que le recours contre les délibérations dont ils ne parlent point, ne sera pas soumis à ces conditions spéciales auxquelles nous faisons allusion. Il suivra pour le tout les règles du droit commun, dont l'application ne peut être écartée que par un texte formel d'exclusion (2).

II. — *En second lieu*, pour qu'un acte administratif soit sujet au recours pour incompétence ou excès de pouvoir, il n'est pas nécessaire qu'il soit en dernier ressort. Alors même qu'il émane d'une autorité qui ne ressortit pas directement au Conseil d'État, par exemple d'un maire ou d'un préfet, l'acte entaché d'un excès de pouvoir peut toujours être porté directement devant le Conseil d'État, sans qu'il soit nécessaire de suivre la filière hiérarchique, et d'épuiser tous les degrés de juridiction. Ainsi on peut se pourvoir contre un arrêté préfectoral sans le déférer d'abord au ministre, juge d'appel des préfets ; il importe en effet de réprimer promptement des actes d'incompétence ou des excès de pouvoir qui troublent toujours plus ou moins profondément l'ordre public (3). Fon-

____

(1) Cfr. Duchesne, *op. cit.*, n° 109 ; — Serrigny, *op. cit.*, n° 234 ; — Dufour, *op. cit.*, n° 265.

(2) Cfr. Ducrocq, *op. cit*, n° 173.

(3) Cfr. Dareste, *op. cit.*, p. 266 ; — Serrigny, *op. cit.*, n° 226 ; — Ducrocq, *op. cit.*, n° 253.

dée sur ce motif, la jurisprudence du Conseil d'État est restée longtemps invariable (1) ; mais sa tendance paraît être depuis plusieurs années de ne pas admettre le pourvoi pour excès de pouvoir, lorsque la loi ouvre une autre voie de recours. C'est ainsi notamment que le Conseil d'État a rejeté comme non recevables des pourvois pour excès de pouvoir formés contre divers arrêtés préfectoraux pouvant faire l'objet d'un appel hiérarchique au ministre (2). Ces décisions ont sans doute pour objet d'empêcher que le recours pour excès de pouvoir n'en vienne à se substituer d'une façon générale à tous ceux que la loi peut ouvrir ; mais c'est une restriction quelque peu arbitraire à la doctrine plus large qui avait d'abord prévalu, et qui nous paraît, sinon la meilleure, du moins la seule conforme à l'esprit et au texte de la loi (3). Il faut ajouter d'ailleurs que le Conseil d'État a plusieurs fois jugé différemment (4). L'on ne peut donc affirmer qu'à ses yeux le recours pour excès de pouvoir doive être fermé toutes les fois que les parties ont un autre moyen de faire valoir leurs droits (5). Néanmoins, si la règle subsiste encore, les atteintes en pratique sont nombreuses.

Lorsqu'il s'agit d'autorités administratives statuant à charge d'appel au Conseil d'État lui-même, comme par exemple les conseils de préfecture, les ministres jugeant au contentieux, et dans certains cas les préfets, leurs jugements peuvent assurément être attaqués pour excès de pouvoir ou incompétence. Mais le recours en cassation se confond alors avec l'appel pour mal jugé, qui est soumis aux mêmes formes,

---

(1) Cfr. not. Cons. d'État, 18 mai 1854, et arrêts antérieurs cités dans Serrigny, *ibid.*

(2) Conseil d'État, 19 mai 1865 (Barthélemy); — 28 fév. 1866 (Lavenant); — 19 fév. 1868 (chemin de fer d'Orléans); — 4 fév. 1869 (Mazet); — 14 janv. 1876, D. P., 1876, 3, 49; — 15 déc. 1876, D. P., 1877, 3, 17; — 26 janv. 1877, *ibid.*, 36; — 13 déc. 1878, D. P., 1879, 3, 42; etc...

(3) Voir en ce sens une dissertation spéciale de M. Collet, dans la *Revue critique de législ.*, nouv. série, t. V, (1876), p. 225-240.

(4) Conseil d'Etat, 13 nov. 1874, D. P., 1875, 3, 73 ; — 25 juin 1875, D.P., 1876, 3, 19 ; — 9 mars 1877, D. P., 1878, 3, 1 ; — 19 déc. 1879, D. P., 1880, 3, 49.

(5) Ducrocq, *op. cit.*, n° 252.

et dont il ne peut être logiquement distingué. Dans tous les cas en effet où le pourvoi formé dans ces conditions est fondé, le Conseil d'État ne se borne pas à annuler la décision qui lui est déférée ; il la remplace. En d'autres termes, il statue au fond, et fonctionne ainsi comme tribunal d'appel, non comme tribunal de cassation. Cette manière d'agir a pour avantage d'éviter des lenteurs et des frais ; mais elle doit nous conduire à poser en principe qu'à l'égard des conseils de préfecture, des ministres jugeant au contentieux, et de toute autre juridiction ressortissant en appel au Conseil d'État, il n'y a pas de recours *distinct* en cassation. Ce recours pourrait à la rigueur se concevoir en droit ; il est parfaitement inutile en fait (1).

Pour les décisions rendues dernier ressort au contraire, le recours au Conseil d'État pour incompétence ou excès de pouvoir ne peut être qu'un recours en cassation. Il est admis contre toutes sans exception, même celles que des textes déclareraient « définitives» (2) ; et l'on peut dire qu'il se comprend surtout pour ces dernières, qui sans cela échapperaient à tout contrôle. D'ailleurs on se rapproche ici de la cassation proprement dite ; on tend vers le droit commun. Aussi est-ce sans hésitation qu'on reconnaît que les décisions des conseils sanitaires, de l'administration des monnaies, et du Conseil supérieur de l'instruction publique peuvent être annulées par le Conseil d'État pour incompétence ou excès de pouvoir. A l'égard des conseils de révision pour le recrutement de l'armée, il y a un texte formel, qui énonce très nettement le principe : « Hors les cas prévus par l'article précédent, dit l'art. 30 de la loi du 27 juillet 1872, les décisions des conseils de révision sont définitives; elles peuvent néanmoins être attaquées devant le Conseil d'État pour incompétence et excès de pouvoir ».

Les arrêts de la Cour des comptes sont soumis au même recours, mais ce recours a subi quelques vicissitudes. Jusqu'en 1848, aucun texte ne le mentionnait (3) ; admis en vertu des prin-

---

(1) Cfr. Serrigny, *op. cit.*, n° 233 ; — Ducrocq, *op. cit.*, n° 312.

(2) Cfr. Dufour, *op. cit.*, n° 264.

(3) L'art. 17 de la loi du 16 sept. 1807 parle seulement du recours pour violation des formes ou de la loi » (*suprà*, n° 72).

cipes généraux, il était porté devant le Conseil d'État. En 1848, l'art. 90 de la constitution vint décider, on ne sait trop pourquoi, qu'il serait désormais déféré à la juridiction des conflits, instituée par l'art. 89. Le Tribunal des conflits ayant été supprimé par le décret organique sur le Conseil d'État du 25 janvier 1852, les pourvois formés pour incompétence ou excès de pouvoir contre les arrêts de la Cour des comptes retournèrent au Conseil d'État, qui est encore aujourd'hui la seule juridiction compétente pour en connaître. La loi du 24 mai 1872 a, il est vrai, rétabli le Tribunal des conflits ; mais cette loi n'a remis en vigueur que l'art. 89 de la constitution de 1848, et non l'art. 90. Elle a en outre déclaré, dans son art. 8, que le nouveau Conseil d'État aurait les mêmes attributions que celui de l'Empire. Il faut conclure de là que rien n'a été changé au système de 1852, et que tout recours contre les arrêts de la Cour des comptes doit être porté au Conseil d'État, qu'il s'agisse d'un pourvoi en cassation pour violation de la loi (*suprà* n° 72), ou d'un pourvoi en annulation pour incompétence ou excès de pouvoir (1).

On voit d'après ce qui précède combien est large le recours en annulation pour incompétence ou excès de pouvoir. Il s'applique à tout acte émané d'un organe quelconque de l'administration active, délibérante, ou contentieuse, et ne s'arrête que devant un texte l'excluant formellement (2). Il existe même un cas particulier où les décisions des tribunaux judiciaires sont soumises à une annulation de même nature, avec cette différence toutefois qu'elle est prononcée, non pas par le Conseil d'État, mais par le Tribunal des conflits. Voici

(1) Cfr. Glasson, *op. cit.*, t. II, p. 404, note 7.

(2) Tel est par exemple l'art. 23 de la loi du 5 mai 1855. Cet article décide que, lorsqu'un arrêté préfectoral a annulé une délibération prise par un conseil municipal sur un objet étranger à ses attributions, « en cas de réclamation du conseil municipal, il est statué par un décret de l'Empereur, le Conseil d'État entendu ». Un arrêt du Conseil d'Etat, du 27 fév. 1874 (Odon-Périer), a considéré cette formule comme excluant le recours par voie contentieuse, et déclaré qu'en pareil cas l'arrêté préfectoral « ne pouvait être déféré au Conseil d'État que par la voie administrative ». Cfr. Ducrocq, *op. cit.*, n° 238.

l'espèce : Un conflit d'attributions étant survenu entre l'autorité judiciaire et l'autorité administrative, le préfet a pris un arrêté de conflit; mais le tribunal judiciaire, au lieu de surseoir, a passé outre et statué au fond, bien que l'arrêté de conflit ait été, nous le supposons, régulièrement pris (1). Dans ce cas, le Tribunal des conflits, appelé à trancher la question de compétence, après avoir confirmé l'arrêté dont il s'agit, annulera le jugement du tribunal qui en a méconnu l'autorité, comme ayant « excédé ses pouvoirs ». Le mot *annulation* ne se trouve pas dans la rédaction des arrêts du Tribunal des conflits, qui emploie la formule : « Est considéré comme non avenu... » ; mais les mots *excès de pouvoir* s'y trouvent (2), ce qui légitime le rapprochement que nous établissons entre cette espèce et les précédentes.

74. — *Par qui peuvent être formés les recours en cassation et en annulation.* — Après avoir vu à quelles décisions s'appliquaient le pourvoi en cassation pour violation de la loi, et le pourvoi en annulation pour incompétence ou excès de pouvoir, voyons quelles personnes peuvent s'en prévaloir. La règle générale est la même qu'en matière civile, criminelle, ou militaire ; le recours n'est ouvert qu'à ceux qui réunissent la double condition : 1º d'avoir été *parties* dans l'instance administrative, personnellement ou par leurs représentants légaux ; 2º d'avoir un *intérêt* quelconque à faire annuler la décision attaquée (3). Ces deux règles appellent quelques développements.

(1) Cette restriction est nécessaire pour éviter une controverse. En cas de conflit manifestement irrégulier, plusieurs auteurs reconnaissent aux corps judiciaires le droit de passer outre; cfr. Laferrière, *Traité de droit public et adm.*, 5ᵉ édit., t. II, p. 579; — Mangin, *Traité de l'action publique*, 3ᵉ édit., t. II, nº 276; — Duvergier, *op. cit.*, t. XXVIII, p. 185, note 4; — Sallantin, *Rapport à la Cour de cass.*, dans D. P., 1881, 1, 238, etc... — D'autres le leur refusent; cfr. Serrigny, *op. cit.*, t. I, nº 194; — Dufour, *op. cit.*, t. III, nº 630, etc... — Le Tribunal des conflits a adopté cette dernière opinion, qui aggrave le pouvoir donné aux préfets d'entraver l'action de la justice : 22 déc. 1880, D. P. 1881, 3, 17 — 19 et 26 fév. 1881, *ibid.*, 90.

(2) Cfr. Trib. des Confl., 26 fév. 1881, dans D. P., 1881, 3, 90.

(3) Cfr. Dalloz, *Répert.*, vᵒ Conseil d'État, nᵒˢ 154-174.

En ce qui touche les arrêts de la Cour des comptes, l'application du premier principe ne soulève aucune difficulté. Ces arrêts pourront être attaqués par le comptable dont la Cour a vérifié la comptabilité, ou par le procureur général près la Cour, sans distinguer si le pourvoi est fondé sur une violation de la loi ou un excès de pouvoir.— Quant aux conseils de révision pour le recrutement de l'armée, les jeunes conscrits dont ces conseils règlent le sort et le ministère public établi auprès d'eux sont admis à invoquer leur incompétence ou à se plaindre d'un excès de pouvoir; mais c'est au ministre de la guerre seul qu'il appartient de se pourvoir pour violation de la loi (1). — De même les préfets peuvent seuls attaquer certaines délibérations des conseils généraux pour violation de la loi ou d'un règlement d'administration publique; mais toute personne intéressée a le droit d'attaquer ces mêmes délibérations et toutes les autres pour incompétence ou excès de pouvoir. Parmi les personnes intéressées, il faut ranger le préfet lui-même, les membres du conseil général, ainsi que l'a reconnu avec raison le Conseil d'État (2), et les particuliers aux droits desquels la délibération intervenue porterait atteinte. A ces derniers cependant plusieurs arrêts du Conseil d'État ont dénié la qualité nécessaire pour former le recours, en se fondant sur les termes de l'art. 47 de la loi du 10 août 1871, interprété à tort comme établissant une restriction au point de vue des personnes admises à se prévaloir de l'incompétence ou de l'excès de pouvoir. Mais ce n'est pas sur ce point que porte la restriction qu'on peut déduire de l'article, c'est uniquement sur certaines conditions spéciales qu'il impose au préfet, et que nous n'imposerons ni aux particuliers, ni aux conseillers généraux, à l'égard desquels le droit commun doit recevoir sa pleine et entière application. La doctrine du Conseil d'État ne serait exacte, comme le fait remarquer M. Ducrocq, que s'il se bornait à baser le rejet du recours sur l'exécution de la décision attaquée, exécution à laquelle le plaignant aurait donné une adhésion au moins

(1) Loi du 27 juillet 1872, art. 30.
(2) Cons. d'État, 8 août 1872 (Laget); 16 juillet 1875 (Billot.)

tacite, en la laissant s'accomplir en vertu de la délibération
du conseil général, sans avoir régulièrement réclamé contre
elle (1).— A l'égard des décisions des commissions départementales, l'art. 88 de la loi du 10 août 1871 n'a pas soulevé
les mêmes doutes que l'art. 47. Il est en effet écrit en termes
généraux, et peut être invoqué (aussi bien dans le cas de violation de la loi ou d'un règlement d'administration publique,
que dans le cas d'excès de pouvoir) par le préfet, par les conseillers généraux, y compris ceux-là même qui font partie de
la commission départementale, et par toute personne ayant un
intérêt direct et personnel aux mesures prises par la commission (2).— Les parties intéressées peuvent se pourvoir par
mandataire, mais ce mandataire doit être muni d'une procu-
ration spéciale (3).

Pour qu'un pourvoi soit recevable, il faut en outre que
l'ayant droit qui le forme ait un intérêt à la cassation de la
décision qu'il attaque. Si cette décision ne lui fait point grief,
à quoi bon en effet en poursuivre l'annulation ! C'est en vertu
de ce principe que le Conseil d'État rejette les recours dirigés
contre des arrêtés préfectoraux qui ne font point obstacle à
ce que le plaignant puisse contester devant qui de droit, s'il
s'y croit fondé, la régularité des opérations qu'ils ordonnent (4) ; ou encore contre des décrets qui ne réservent pas le
droit à une indemnité due, mais n'apportent non plus aucun
empêchement à ce que le plaignant puisse l'obtenir des autorités compétentes (5), etc... C'est pour le même motif que les
recours pour excès de pouvoir ne sont pas admis contre les
simples lettres ou circulaires ministérielles, lesquelles, n'ayant
devant les tribunaux aucune force obligatoire, ne sauraient
causer de préjudice aux parties.— Il faut ajouter que *l'acquiescement* à une décision administrative rend la partie qui

(1) Ducrocq, *op. cit.*, n° 153.
(2) Conseil d'État, 5 décembre 1873 (Bouillon-Lagrange).
(3) Cfr. Conseil d'État, 19 juillet 1854, D. P., 1855, 5, 106.
(4) Cons. d'État, 13 fév. 1874 (Dussaussoy).
(5) Cons. d'État, 29 mars 1878, D. P. 1878, 3, 57 ; — 28 juin 1879, D. P.,
1879, 3, 57 ; — 30 juillet 1880, D. P., 1881, 3, 73.

l'a donné non recevable à former un recours ultérieur (1).
L'acquiescement peut s'induire de divers faits, notamment de
l'exécution volontaire de la décision qu'on prétend ensuite attaquer. Mais ce n'est pas là une conséquence forcée; car le
recours n'étant pas suspensif (*infrà n° 78*), l'exécution volontaire peut s'expliquer par le désir de la part du plaignant d'é-
viter une contrainte à laquelle il ne peut se soustraire (2).
L'autorité de la chose jugée, la consommation de l'acte qu'on
voulait empêcher, constituent encore des fins de non-recevoir (3).

75. — *Suite ; des pourvois ministériels dans l'intérêt de la loi.* —
Ces diverses fins de non-recevoir ne peuvent être opposées
aux ministres quand ils se pourvoient, non pas comme représentant l'État engagé dans le débat, mais dans l'intérêt de la loi. Ce recours dans l'intérêt de la loi dont
l'unique objet est de faire donner aux juridictions inférieures un enseignement doctrinal, sans porter atteinte
aux droits des parties, a toujours été reconnu aux ministres
par le Conseil d'État, malgré l'absence complète de textes.
En effet les seuls articles qui aient organisé un pourvoi de ce
genre, c'est-à-dire les art. 80 et 88 de la loi du 27 ventôse
an VIII, ne s'appliquent qu'aux jugements ou actes des tribunaux judiciaires. Le pourvoi en cassation dans l'intérêt de la
loi en matière administrative a donc été créé de toutes pièces
par la jurisprudence du Conseil d'État, jurisprudence fondée
sur ce que les ministres, ayant le devoir de veiller à l'exécution des lois, devaient aussi en avoir les moyens (4). Une
conséquence naturelle de cette idée fut de permettre le pourvoi
dans l'intérêt de la loi à tous les ministres, pour les matières

---

(1) Cfr. *supra*, n° 32 ; — et Dalloz, *Répert.*, v° Conseil d'État, n°° 186 et
suiv.

(2) Cons. d'État, 14 déc. 1853, D. P., 1854, 3, 76.

(3) Cons. d'État, 19 juillet 1878, D. P., 1879, 3, 17.

(4) Cfr. Duchesne, *op. cit.*, n° 139; — Cotelle, *Du droit de contrôle du
Conseil d'État*, dans la *Revue critique de législat.*, t. I (1851), p. 377 ;
— Aucoc, *Conférences sur l'administration et le droit adm.*, Paris, Dunod,
1869, in-8°, t. I, p. 508.

rentrant dans leurs attributions respectives, et non pas seulement, comme en matière civile et criminelle, au garde des sceaux (1). On peut citer, avant 1849, plusieurs exemples de pourvois formés par les ministres de l'intérieur, des finances, et des travaux publics (2).

Mais en 1849, la matière fut règlementée par la loi du 3 mars, qui introduisit plusieurs innovations. En premier lieu, le recours dans l'intérêt de la loi ne fut plus ouvert qu'au ministre de la justice ; l'art. 44 disait en effet : « Lorsqu'il aura été rendu par une juridiction administrative, une décision sujette à annulation et contre laquelle les parties n'auraient pas réclamé dans le délai déterminé, le ministre de la justice pourra en donner connaissance à la section du contentieux; la décision sera annulée sans que les parties puissent se prévaloir de l'annulation. » En second lieu le garde des sceaux acquérait un autre droit, ainsi formulé dans l'art. 43 : « Le ministre de la justice dénoncera à la section du contentieux les actes administratifs contraires à la loi, et la nullité pourra en être prononcée. » Cet article correspondait par sa rédaction à l'art. 80 de la loi de ventôse, de même que l'art. 44 correspondait à l'art. 88 ; c'est-à-dire que la loi de 1849 donnait au garde des sceaux, en matière administrative, à la fois le droit de se pourvoir en cassation dans l'intérêt de la loi, et le droit de se pourvoir en annulation pour excès de pouvoir, selon la terminologie que nous avons adoptée en traitant de la cassation civile (*suprà n° 34, in fine*) ; on sait que ces deux sortes de pourvois diffèrent tant au point de vue des conditions que des effets (3). Rappelons enfin qu'aux termes de l'art. 46, le garde des sceaux pouvait se pourvoir contre les décisions de la section du contentieux elle-même, et les déférer pour violation de la loi ou excès de pouvoir à l'assemblée générale du Conseil d'État, qui les annulait dans l'intérêt de la loi (4).

(1) Cfr. Dalloz, *Répert.*, vᵒ Conseil d'État, nᵉ 280.

(2) Cons. d'État, 23 avril 1823, 3 mai 1839 (Minist. de l'intér.); — 8 fév. 1838 (Min. des fin.); 19 mars 1823, 26 mai 1837, 27 fév. et 18 déc. 1840 (Min. des trav. publ.).

(3) Cfr. *supra*, nᵒˢ 34 et 57; — et Cotelle, *loc. cit.*, p. 380-381.

(4) Cfr. Dalloz, *op. cit.*, nᵉ 390.

Ces modifications devaient être éphémères. Après l'abrogation de la loi de 1849 par le décret du 25 janvier 1852, le Conseil d'État reprit ses premières traditions, et conforma sa nouvelle jurisprudence à l'ancienne (1). Aujourd'hui quelques textes législatifs sont venus confirmer cette jurisprudence sur des points particuliers. La loi du 27 juillet 1872 par exemple donne expressément au ministre de la guerre le droit de se pourvoir, dans l'intérêt de la loi, contre les décisions des conseils de révision pour le recrutement de l'armée (art. 30). — La pratique des pourvois ministériels, n'étant limitée par aucun texte, a pu être développée de la façon la plus large par le Conseil d'État. Elle est admise à l'encontre de tout acte administratif, contentieux ou non, et pour une cause quelconque : excès de pouvoir ou incompétence, violation des formes ou de la loi. Mais il faut, bien entendu, que le ministre poursuive par ce moyen le redressement d'une erreur de droit, et non d'une simple erreur de fait (2). En outre les ministres, comme nous le verrons, ne sont recevables à présenter des pourvois dans l'intérêt de la loi qu'après l'expiration du délai accordé aux parties pour se pourvoir elles-mêmes, et dans les cas où elles n'auraient pas usé de leur droit (3).

76. — *Des délais et des formes du pourvoi.* — A peine d'une déchéance qui peut être prononcée d'office (4), le pourvoi au Conseil d'État doit être formé dans le *délai de trois mois* à partir de la notification de la décision attaquée. Cette règle, applicable au cas d'excès de pouvoir comme au cas de violation de la loi (5), se trouve énoncée dans l'art. 11 du décret du 22 juillet 1806, auquel renvoie formellement la loi du 24 mai 1872 sur le Conseil d'État (art. 24). Elle n'a jamais varié et

---

(1) Cfr. Dufour, *op. cit.*, n° 352.

(2) Cons. d'État, 13 avril 1850 (Minist. des tr. publics); — 13 déc. 1878 et 28 fév. 1879, D. P., 1879, 3, 44.

(3) Sur cette question de délai, cfr. *infrà* n° 76.

(4) Cfr. Dalloz, *Répert.*, v° Conseil d'État, n°° 175-185 ; — Cons. d'État, 13 août 1351, D. P., 1852, 3, 9.

(5) Cons. d'État, 20 mars et 5 juin 1862, **D. P.**, 1865, 3, 65-66.

s'étend à toutes les juridictions administratives, ainsi qu'à la Cour des comptes (1). Elle souffre cependant quelques exceptions : — La première concerne les pourvois pour excès de pouvoir ou violation de la loi, autorisés par l'art. 88 de la loi du 10 août 1871 contre certaines décisions des commissions départementales ; le pourvoi doit être formé dans les *deux* mois de la notification (2). C'est là une de ces exceptions qui expliquent l'introduction de ce texte dans la loi, d'une façon beaucoup plus rationnelle que celle qui consiste à dire qu'on a voulu exclure le recours contre les autres décisions des commissions départementales ; à l'égard de ces dernières, le délai sera de trois mois suivant le droit commun (3). — L'art. 47 de la même loi déclare exécutoires les délibérations définitives des conseils généraux, si le préfet n'en a pas demandé l'annulation « dans le délai de *vingt* jours à partir de la clôture de la session. » — Le décret du 17 mars 1880 n'accorde que *quinze* jours pour se pourvoir contre les décisions du ministre de l'instruction publique en matière d'élections au Conseil supérieur de l'instruction publique et aux conseils académiques (art. 12-13). — En sens inverse un délai plus long est accordé aux habitants des colonies (4) et aux personnes absentes du territoire pour un service public, conformément aux dispositions des art. 445 et 446 du Code de procédure civile, convenablement interprétés. — Enfin les pourvois ministériels dans l'intérêt de la loi ne sont assujettis à aucun délai ; mais le Conseil d'État a toujours posé en principe qu'ils ne peuvent être formés tant que les parties intéressées sont encore dans les délais pour se pourvoir elles-mêmes, et qu'ils ne sont recevables que si les parties n'ont pas usé de leur droit de recours, ou ne peuvent plus en user (5). Le Conseil

---

(1) Loi du 16 sept. 1807, art. 17.

(2) Cons. d'État, 6 février 1873, (commune de Confracourt).

(3) Cfr. Ducrocq, *op. cit.*, n° 173.

(4) A l'égard des colonies de la Martinique, de la Guadeloupe et de la Réunion, cfr. décret des 5-10 août 1881, art. 86-93.

(5) Cons. d'État, 8 avril 1843 et 2 août 1854 (Min. de l'intérieur) ; — 18 fév. 1864, et 14 août 1867 (Min. des trav. publics) ; — 29 avril 1872 (Coulonges). — Cfr. Duchesne, *op. cit.*, n° 139 ; — Aucoc, *op. cit.*, p. 508 ; — Batbie, *op. cit.*, p. 190, note 1.

d'État ne fait qu'appliquer ici aux ministres la règle imposée par les art. 88 de la loi de ventôse an VIII et 442 du Code d'instruction criminelle aux pourvois présentés d'office par le procureur général près la Cour de cassation (*supra* n° 35).

Si le décret de 1806 a fixé d'une façon précise la durée du délai normal, il est moins net en ce qui concerne le point de départ. En principe, le délai commence à courir du jour où a été notifiée au plaignant la décision qu'il attaque; ce sont les termes mêmes du décret de 1806, et la règle générale du droit commun. Tant que la notification n'est pas faite, la déchéance résultant de l'expiration du délai ne peut être encourue, et le recours est toujours recevable. Ce point n'a jamais fait doute (1); mais la question de savoir dans quelle forme devait être faite la notification a été différemment résolue en pratique, et très discutée en doctrine. La jurisprudence du Conseil d'État, se fondant sur ce que l'art. 11 du décret de 1806 ne parlait que d'une simple *notification*, et non d'une signification par huissier, allait autrefois jusqu'à décider que le délai courait du jour où la partie avait eu, par un moyen quelconque, connaissance pleine et entière de la décision attaquée. Cette interprétation, imaginée en 1839, dépassait par trop les termes du texte pour n'être pas abandonnée (2). Elle ne le fut tout d'abord qu'en partie. Il y a une trentaine d'années environ, le Conseil d'État commença à distinguer suivant que l'administration était ou non intéressée dans l'affaire. Dans le premier cas, une simple notification administrative faite par un agent de l'administration, tel qu'un commissaire de police ou un garde champêtre, était considérée comme suffisante pour faire courir le délai. Une lettre missive elle-même, envoyée par la poste et contenant copie de la décision produisait le même effet; mais ce dernier mode de notification ne laissait pas que d'être fort dangereux pour celui qui l'employait. Si son adversaire en effet niait avoir reçu la lettre, il n'avait aucun moyen de prouver le contraire. A plus forte raison, en était-il ainsi de la simple délivrance d'une

---

(1) Cfr. Dalloz, *Répert.*, v° Conseil d'État, n° 204.
(2) Cfr. Serrigny, *op. cit.*, n°ˢ 297-300.

expédition faite à la |partie intéressée. Plusieurs systèmes furent imaginés pour résoudre cette délicate question de preuve; mais aucun ne triompha dans la jurisprudence, qui fut toujours sur ce point très incertaine. Entre particuliers au contraire, le Conseil d'État exigeait une signification par huissier, conformément au droit commun, mais avec quelques tempéraments toutefois (1).

Aujourd'hui cette jurisprudence se généralise de plus en plus, et la distinction tend à disparaître. Plusieurs arrêts en effet ont exigé la notification régulière aussi bien entre les particuliers et l'administration (2) qu'entre les particuliers seuls (3). Par exception, dans l'hypothèse de l'art. 88 de la loi du 10 août 1871, une simple « communication » doit être regardée comme suffisante (4). — Le jour de la notification n'est pas compris dans le délai ; mais le *dies ad quem*, ou jour de l'échéance, en fait partie. Cette dernière solution, contraire à l'art. 1033 du Code de procédure civile, est imposée par la rédaction de l'art. 11 du décret de 1806. — Lorsqu'un acte n'est pas susceptible de notification individuelle, le Conseil d'État admet comme point de départ du délai de recours l'insertion de cet acte au *Bulletin des lois*, ou encore l'exécution qu'il a pu recevoir à l'égard du requérant (5). C'est ainsi notamment que le délai pour attaquer un règlement de police court du jour où il a été publié et mis à exécution (6).

Arrivons aux conditions de *formes* du pourvoi, indiquées dans le décret du 22 juillet 1806, qui n'a fait que reproduire à

---

(1) Cfr. Dalloz, *op. cit.*, n°˙ 225-226 ; — et Dareste, *op. cit.*, p. 658-659.

(2) Cons. d'État, 9 janvier 1874 (mines de Blanzy); — 8 février 1875 (Labarbe); — 12 janv. 1877 (W...); — 2 février 1877 (Lefèvre-Deumier).

(3) Cons. d'État, 19 déc. 1873, etc... Cfr. Batbie, *op. cit.*, p. 188; — et Ducrocq, *op. cit.*, n° 279.

(4) Cons. d'État, 21 nov. 1873 (Baudoin).

(5) Cons. d'État, 3 avril 1880, D. P., 1881, 3, 26, avec la note ; — 30 juillet 1880, *ibid.*, 73.

(6) Cons. d'État, 24 janv. 1879, D. P., 1879, 3, 60.

cet égard les dispositions du règlement de 1738 (*suprà n° 17*),
— Le recours est formé par une requête introductive d'instance, qui doit être signée par un avocat au Conseil d'État et à la Cour de cassation, s'il s'agit d'une demande en cassation pour violation de la loi, ou par la partie seulement, s'il s'agit d'une demande en annulation pour incompétence ou excès de pouvoir. Dans ce dernier cas en effet, les parties sont dispensées de constituer avocat, depuis un décret du 2 novembre 1864 (art. 1), à la charge par elles de se conformer, comme y sont tenus les avocats eux-mêmes, aux dispositions du décret de 1806 (1). La même règle doit être appliquée aux pourvois prévus par l'art. 88 de la loi du 10 août 1871 (2). Quant aux recours présentés par les représentants de l'administration, c'est-à-dire le plus souvent les ministres agissant en cette qualité, ils sont toujours formés sans le concours d'un avocat (3). Les pourvois ministériels résultent notamment de l'envoi au président du Conseil d'Etat d'un simple *rapport* sur l'affaire.

Les requêtes introductives sont déposées au secrétariat de la section du contentieux. Elles doivent toujours « contenir l'exposé sommaire des faits et des moyens, les conclusions, les noms et demeures des parties, et l'énonciation des pièces dont on entend se servir, et qui y seront jointes » (4). Comme les parties ne se décident souvent à se pourvoir qu'au dernier moment, et qu'il serait difficile, dans le peu de temps qui leur reste, de réunir tous les éléments d'une discussion complète, il leur est permis de déposer une requête *sommaire* qui arrête la déchéance. Cette requête sommaire est ensuite complétée par une requête *ampliative* (5). La loi n'ayant fixé aucun délai pour la production de ce mémoire ampliatif, il est recevable

---

(1) Sur l'influence du décret de 1864, cfr. E. Laferrière, *loc. cit.*, p. 327.

(2) « Ils peuvent être formés sans frais », dit l'article *in fine.*

(3) Il résulte de ces diverses exceptions que le ministère des avocats n'est obligatoire aujourd'hui qu'en un seul cas : le cas où un arrêt de la Cour des comptes est attaqué pour violation des formes ou de la loi. La règle est en somme devenue l'exception.

(4) Décret du 22 juillet 1806, art. 1.

(5) Cfr. Batbie, *op. cit.*, p. 190-191.

même après le dépôt des défenses (1). Mais le défaut de production peut entraîner le rejet du pourvoi, si la requête sommaire ne satisfait pas aux conditions de l'art. 1 du décret de
1806, par exemple ne contient pas une indication suffisante
des faits ou le développement des moyens (2). Les conclusions
surtout sont tout à fait indispensables ; car ce sont ces conclusions qui servent à déterminer le cercle dans lequel le
Conseil d'État peut se mouvoir (3).

77. — *Des diverses causes d'annulation et de cassation.* — Une
fois le recours admis comme étant régulier en la forme, le
Conseil d'État doit l'examiner au *fond*, c'est-à-dire rechercher
si les moyens indiqués sont de nature à entraîner l'annulation.

La principale cause d'annulation, la plus générale, c'est,
nous le savons, l'incompétence et l'excès de pouvoir. On la
fondait avant 1872 sur ce décret du 7 octobre 1790, rendu par
la Constituante en matière de grande voirie, et qui a servi
de base à toute la théorie de la séparation des pouvoirs. Le
décret de 1790 cependant ne parlait que des réclamations
d'incompétence, et les mots *excès de pouvoir* n'étaient nulle
part prononcés. Sans doute tout excès de pouvoir peut être
qualifié d'incompétence, de même que toute incompétence est
un excès de pouvoir ; mais nous avons vu précédemment (*suprà n°* 45) que si la grammaire n'impose point de distinction
bien nette entre ces deux expressions, certains textes législatifs nous forçaient d'en établir une, au point de vue du droit
civil. Devait-on admettre la même distinction en droit administratif ? Le Conseil d'Etat ne l'a point pensé, et le recours
pour excès de pouvoir a toujours été considéré comme rentrant
dans les mots *réclamations d'incompétence*, employés par le
décret de 1790 (4). Depuis, plusieurs lois sont venues confirmer sur divers points l'interprétation du Conseil d'État. Ainsi

----

(1) Cons. d'État, 22 juin 1854, D. P., 1855, 3, 9.
(2) Cons. d'État, 23 juin 1853, *ibid.*
(3) Cfr. Duchesne, *op. cit.*, n° 123.
(4) Cfr. Dufour, *op. cit.*, n° 266 ; — E. Laferrière, *loc. cit.*, p. 312.

l'art. 30 de la loi du 13 juin 1851, aujourd'hui abrogée, et le décret du 2 novembre 1864 mentionnent comme cause de cassation « l'incompétence et l'excès de pouvoir ». Les art. 47 et 88 de loi du 10 août 1871 sur les conseils généraux, et l'art. 9 de la loi du 24 mai 1872 sur le Conseil d'État (article qui pose le principe) parlent également de l'excès de pouvoir. Enfin l'art. 30 de la loi du 27 juillet 1872 sur le recrutement de l'armée vise à la fois « l'incompétence et l'excès de pouvoir ». — En présence de cette jurisprudence et de ces textes, il est tout à fait inutile d'essayer d'établir une différence entre les deux expressions. Une telle tentative pourrait avoir un intérêt théorique ; au point de vue pratique elle ne servirait absolument à rien, le Conseil d'État pouvant dans un cas comme dans l'autre prononcer l'annulation (1). Aussi les distinctions d'abord proposées par quelques auteurs ont-elles été supprimées dans les éditions plus récentes de leurs ouvrages (2).

Mais, s'il n'y a pas lieu de chercher à distinguer entre l'incompétence et l'excès de pouvoir en matière administrative, il serait bon tout au moins d'établir une définition, afin de ne pas s'exposer à faire rentrer sous ces dénominations des contraventions à la loi, qui logiquement, et en raisonnant au seul point de vue des textes, doivent rester en dehors. C'est ainsi que le Conseil d'État, élargissant la notion de l'excès de pouvoir, y comprend la violation des *formes substantielles* (3). Cette doctrine, approuvée cependant par les auteurs (4), nous paraît dépasser les termes de la loi. Il n'y a pour nous d'incompétence ou d'excès de pouvoir, que lorsqu'une autorité administrative connaît d'une affaire dont elle ne doit pas connaître, use des pouvoirs que la loi lui accorde pour des cas ou des motifs autres que ceux qu'elle a eus en vue, ou enfin s'arroge des droits qui n'appartiennent à aucune autre

---

(1) Le Conseil d'État vise indifféremment dans ses arrêts le décret de 1790 et la loi du 24 mai 1872 (art. 9).

(2) Cfr. not. Serrigny, *op. cit.*, n° 228.

(3) Cons. d'État, 6 mars 1856 (Baril) ; — 12 juin 1874, D. P., 1875, 3, 66.

(4) Cfr. Serrigny, *ibid.*, — Ducrocq, *op. cit.*, n° 252.

juridiction. Par suite il n'y a pas d'excès de pouvoir lorsque, agissant dans les limites de ses attributions, elle viole seulement des formes qu'elle aurait dû observer, c'est-à-dire use de ses pouvoirs autrement que la loi ne l'exige. Sans doute cette inobservation des formes constitue une contravention à la loi, et dans un sens vague on peut dire que l'autorité administrative a excédé ses pouvoirs ; mais ce sens vague n'est certainement pas le sens juridique, nécessairement plus précis et plus étroit. Si l'on entrait dans cette voie, il faudrait pour être logique comprendre dans l'excès de pouvoir une violation quelconque de la loi, car on excède toujours ses pouvoirs quand on viole la loi ! Quelques rares auteurs seulement ont osé aller jusque-là (1), et déclarer que la violation des formes ou de la loi quant au fond, devait en matière administrative, ainsi qu'en matière civile, être considérée comme une ouverture générale de cassation. Sous prétexte d'interpréter·la loi, cette doctrine conduit en réalité à la refaire ; aussi le Conseil d'État ne pouvait l'admettre. Il se contente d'annuler pour inobservation des formalités substantielles, et ne casse pour violation de la loi que lorsqu'un texte formel l'y autorise. — Cette jurisprudence est assurément illogique ; mais nous aurions mauvaise grâce à insister sur des critiques que nous ne faisons guère que pour l'honneur des principes. Il ne nous déplaît pas en effet de voir le contrôle du Conseil d'État s'étendre jusqu'aux formes des actes administratifs. S'il en était autrement, il serait à craindre que les agents et les tribunaux administratifs n'en vinssent trop souvent, sous prétexte de célérité, à négliger des formalités importantes, qui sont en somme la garantie des administrés. La loi à cet égard renfermait une véritable lacune. Il faut savoir gré à la jurisprudence du Conseil d'État de l'avoir comblée, au moins en partie. Mais il faut souhaiter aussi qu'une loi formelle vienne imprimer à cette jurisprudence le caractère obligatoire qui lui manque, fixer par une formule ses limites forcément indécises, et l'étendre en

____

(1) Not. Chauveau, *Princ. de comp. de jurid. adm.*, 1841-44, in-8°, t. II, n° 280 ; t. III, n° 1020.

outre à toutes les violations de la loi, sauf les exceptions que
pourraient imposer dans tel ou tel cas des motifs particuliers,
par exemple le peu d'importance des litiges (1).

En attendant la réalisation de ce vœu, la cassation pour
violation de la loi n'est actuellement, en matière administrative, que l'exception. Il faut des textes pour qu'elle puisse
être invoquée, et ces textes, nous l'avons vu (*suprà n° 72*),
sont très rares. Dans les cas où elle est admise, notamment
contre les arrêts de la Cour des comptes, elle est soumise aux
mêmes règles qu'en matière civile (*suprà n°* 47-51), c'est-à-dire
qu'il n'y a de cassation possible qu'à la triple condition : 1° qu'il
existe une loi que les juges devaient appliquer (2) ; 2° qu'il y
ait une contravention expresse à cette loi ; 3° que la cause ne
renferme aucun fait particulier faisant disparaître cette contravention. — Quant à l'inobservation des *formes*, elle n'est
mentionnée dans les textes qu'à propos des arrêts de la Cour
des comptes. Ce sera donc le seul cas où elle pourra être invoquée comme cause de cassation, réserve faite de la théorie
que nous venons d'exposer relativement aux formes substantielles, dont la violation constitue un excès de pouvoir aux
yeux du Conseil d'État.

Enfin que dire des *contrariétés de jugements* émanés de deux
juridictions administratives différentes ? Le cas était prévu
par la loi du 13 juin 1851 pour les décisions « rendues en dernier ressort relativement à la même personne par des conseils
de recensement ou des jurys de révision différents », et le
recours était formellement admis dans cette hypothèse. Ce
texte, bien qu'abrogé, suffit à établir le principe, dont il
n'était qu'une application. En matière administrative comme
en matière ordinaire, la contrariété des jugements est une
cause de pourvoi. Les textes manquent, il est vrai ; mais le
fait par le second tribunal d'avoir méconnu l'autorité de la

____

(1) Cfr. ce qui est dit *supra* n° 31, à l'égard des juges de paix.

(2) Parmi les divers textes ayant force législative, qui peuvent être
rangés sous le mot *loi*, et qui sont indiqués *suprà*, n° 47, se trouvent
évidemment les règlements d'administration publique. Les art. 47 et
88 de la loi du 10 août 1871 fournissent deux applications expresses de
cette remarque.

chose jugée est un véritable excès de pouvoir; et par suite, le recours, qui s'impose ici par la force des choses, doit être admis avec la plus grande largeur. Il résulte de là que si par exemple deux conseils de révision pour le recrutement de l'armée (le fait s'est présenté plusieurs fois) ont rendu des jugements contradictoires, il ne saurait appartenir au ministre de la guerre de déclarer l'un de ces jugements non avenus ; il n'a que le droit d'en demander l'annulation au Conseil d'État. C'est ce qu'a décidé un arrêt du Conseil d'État du 12 décembre 1873, dont le dernier considérant, confirmant entièrement notre manière de voir, «déclare qu'en présence de la contrariété entre les deux décisions des conseils de révision du Cantal et des Bouches-du-Rhône, il n'aurait appartenu au ministre que de se pourvoir devant le Conseil d'État, *pour excès de pouvoir*, par application de la loi des 7-14 octobre 1790 (1). »

Telles sont les diverses causes, d'importance très inégale, qui peuvent faire annuler les actes administratifs. Il ne nous reste plus qu'à indiquer brièvement les effets de l'annulation.

§ III. — Effets

78.— *Des effets immédiats de l'arrêt de cassation, et de l'effet non suspensif du pourvoi.* — Le Conseil d'État, en présence d'un recours de cassation qui lui est déféré, ne doit pas examiner le *fond* de l'affaire comme il en aurait le droit, s'il s'agissait d'un appel (2). Il n'a qu'à rechercher s'il y a eu excès de pouvoir, incompétence, ou violation de la loi, sans s'ingérer dans la connaissance des faits, plus qu'il ne lui est nécessaire pour vérifier si l'excès de pouvoir ou la violation de la loi existe réellement (3). S'il conclut à la négative, il rejette le recours,

____

(1) Cons. d'État, 12 déc. 1873, D. P., 1874, 3, 67. — *Adde* 5 fév. 1875, D. P., 1875, 3, 103.

(2) Cfr. Dalloz, *Répert.*, v° Conseil d'État, n° 150.

(3) Cfr. Serrigny, *op. cit.*, n° 227.

et condamne le demandeur aux dépens de l'instance. S'il conclut à l'affirmative, il casse la décision attaquée, et met les dépens à la charge du défendeur, sauf dans les deux cas à compenser ces dépens, en tout ou en partie, s'il le juge à propos. Cette règle des dépens, toujours applicable aux particuliers, a été étendue à l'administration par le décret du 2 novembre 1864, mais pour certaines hypothèses seulement. Ce sont, aux termes du décret, « les contestations où l'administration agit comme représentant le domaine de l'État, et celles qui sont relatives soit aux marchés de fournitures, soit à l'exécution des travaux publics, aux cas prévus par l'art. 4 de la loi du 28 pluviôse an VIII (1). » Dans les autres cas, où l'administration agit, non comme un particulier, mais comme dépositaire de la puissance publique, la condamnation aux dépens ne saurait l'atteindre.

Lorsque le Conseil d'État annule une décision administrative, il doit comme la Cour de cassation «casser le moins possible », c'est-à-dire limiter l'annulation aux parties de la décision qui renferment l'excès de pouvoir ou la violation de la loi, et ne pas l'étendre à celles qui ne seraient pas liées aux premières d'une manière intime. Mais, bien entendu, il ne faut pas conclure de là que la cassation, totale ou partielle, doive se restreindre au jugement ou à la partie de jugement qu'elle frappe directement. Tout au contraire, à côté de ses effets immédiats, elle aura fréquemment un effet détourné. Tout acte de procédure, tout jugement même, qui n'a été que l'accessoire ou la conséquence de la décision cassée, se trouvera atteint virtuellement par l'annulation prononcée; c'est là un principe général en matière de cassation (*suprà* n° 55). C'est ainsi par exemple que tout ce qui aura été fait en vertu de la décision annulée elle-même doit être défait ; tous les actes d'exécution, commencés ou consommés, doivent être frappés d'inefficacité.

____

(1) Cfr. décret du 2 nov. 1864, art. 2 ; — et art. 130, 131, Code de proc. civ. — Les dépens sont liquidés à la section du contentieux par un maître des requêtes, sauf révision par le président, conformément au tarif fixé par une ordonnance du 18 janvier 1826.

Cette dernière règle est susceptible d'une application fré:
quente, les recours au Conseil d'État n'étant pas, sauf exception, *suspensifs*. Il en était déjà ainsi dans l'ancien droit, et il
en est encore ainsi en matière civile (1). A plus forte raison
en matière administrative, où l'on cherche à rendre les procédures rapides, cette disposition défectueuse devait-elle être
conservée. Écrite dans l'art. 3 du décret du 22 juillet 1806, elle
a été reproduite dans l'art. 24 de la loi du 24 mai 1872. Toutefois les graves inconvénients qui peuvent résulter de son application, sont ici atténués par la faculté laissée au Conseil
d'État d'ordonner des *sursis* d'exécution. Ces sursis sont tout
à fait analogues aux *surséances* que le règlement de 1738 permettait au roi d'accorder pour des causes graves (*suprà*
n° 24). C'est en effet pour des causes graves seulement
que les sursis peuvent être demandés, par exemple si de l'exécution de la décision attaquée il doit résulter pour le plaignant un dommage irréparable. La demande est formée devant la section du contentieux, et c'est à elle qu'il appartient
de rendre, s'il y a lieu, un arrêt ordonnant la suspension avant
dire droit. Cet arrêt est nécessaire pour empêcher l'exécution;
car un pourvoi ne devient pas suspensif par cela seul qu'il
est accompagné de conclusions tendant à obtenir un sursis (2).
— En pratique, à moins d'urgence, quand une décision administrative est frappée d'un pourvoi, il sera toujours bon d'attendre, pour procéder à l'exécution, que le Conseil d'État ait
statué. Si l'exécution en effet peut être poursuivie par la
partie à qui la décision est favorable, elle ne peut l'être
qu'à ses risques et périls. Si plus tard elle succombe devant
le Conseil d'État, elle pourra être condamnée sur la réclamation du demandeur, par exemple à lui tenir compte des
intérêts des sommes dont le remboursement est ordonné à
son profit, et ce, à dater du jour de l'indue réception (3).

Par exception, le pourvoi au Conseil d'État est suspensif

---

(1) Cfr. *suprà*, n°° 24 et 56-I.
(2) Ch. cr., 8 janv. 1858, D. P., 1858, 1, 138.
(3) Cons. d'État, 11 janv. 1855, D. P., 1855, 3, 47; — 29 mars 1860,
D. P., 1860, 3, 33.

dans les hypothèses prévues par ces art. 88 et 47 de la loi du 10 août 1871, où nous avons déjà rencontré plusieurs fois des dérogations au droit commun de notre matière. Dans le cas de l'art. 88, le recours est entièrement suspensif, et la délibération contre laquelle il est dirigé ne peut être mise à exécution qu'après l'arrêt de rejet rendu par le Conseil d'État. Dans le cas de l'art. 47 au contraire, le pourvoi formé par le préfet, et notifié par lui au président du conseil général et au au président de la commission départementale, ne met obstacle à l'exécution que pendant un délai de deux mois, à dater de cette notification. Passé ce délai, la délibération attaquée devient exécutoire, si elle n'a pas été annulée. L'annulation (c'est encore une exception) ne peut être prononcée que par un décret rendu en la forme des règlements d'administration publique, c'est-à-dire après avoir été délibérée par l'assemblée générale du Conseil d'État.

79. — *Des effets de l'annulation dans l'intérêt de la loi.* — Une fois l'annulation intervenue, tout ce qui s'est fait en vertu de la décision cassée doit être, comme nous l'avons dit, mis à néant. Il faut excepter le cas où la cassation n'a été prononcée que dans l'intérêt de la loi. Les parties, qui ne sont pas mises en cause, et qui d'ailleurs ont pu attaquer elles-mêmes la décision qui leur fait grief, ne sauraient se prévaloir d'une annulation qui n'a pas été poursuivie dans leur intérêt (1). Mais si cette solution est vraie en principe, nous croyons qu'elle comporte une importante restriction. Lorsque les parties en effet n'ont pas le droit de se pourvoir, ce qui est la règle générale, lorsque la décision dont elles ont à se plaindre ne contient qu'une simple violation de la loi, et non un excès de pouvoir, on ne peut prendre texte de leur silence pour leur refuser le bénéfice de l'annulation provoquée par le pourvoi d'un ministre. Quand ce silence est volontaire, il équivaut à un acquiescement. L'on comprend alors que la cassation n'ait pas d'effets pratiques, et l'on ne peut qu'ap-

____

(1) Cons. d'État, 26 nov. et 30 déc. 1841 (Min. des trav. publics); — cfr. Duchesne, *op. cit.*, n° 139.

prouver la jurisprudence du Conseil d'État, qui oblige les ministres à attendre l'expiration du délai donné aux parties pour se pourvoir. Mais quand le silence des parties est forcé, cette conclusion devient inadmissible; car il n'y a plus d'acquiescement tacite pouvant la justifier. Nous étendrons donc aux matières administratives la doctrine que nous avons déjà formulée en matière civile (*suprà n° 57, in fine*), à savoir que l'annulation dans l'intérêt de la loi a seulement un effet moral, toutes les fois que les parties avaient le droit d'obtenir une annulation efficace, mais qu'elle a un effet pratique au contraire, toutes les fois que le recours est fermé aux parties, pour une raison ou pour une autre. Nous trouvons une application de ce principe dans l'art. 30 de la loi du 27 juillet 1872 sur le recrutement de l'armée. Cet article en effet, après avoir donné au ministre de la guerre *seul* le droit de se pourvoir pour violation de la loi contre les jugements des conseils de révision, et ce, dans l'intérêt de la loi, ajoute : « Toutefois l'annulation profite aux parties lésées. » On doit raisonner de cet article par analogie et non a contrario, sous peine de lui imprimer un caractère exceptionnel qu'aucune considération rationnelle ne pourrait expliquer.

80. — *Du renvoi et de ses effets; conclusion.* — Quels que soient les effets qui doivent découler de ses arrêts d'annulation, il n'appartient pas au Conseil d'État de les déterminer. Tribunal de cassation, il n'a que le droit de casser les décisions qu'on lui défère, et s'il y a lieu, de renvoyer l'affaire pour être jugée à nouveau devant une juridiction administrative qu'il désignera. En dehors des annulations pour incompétence, auquel cas il est obligé de renvoyer devant l'autorité compétente, aucune règle n'est imposée au Conseil d'État pour cette désignation. Le plus habituellement, il renvoie les parties devant la juridiction même qui a statué, ce que la Cour de cassation n'a jamais le droit de faire, et ce qui n'est guère en harmonie avec la notion précise de la cassation (1).

(1) A titre de rapprochement simplement curieux, cfr. *suprà*, n° 3.

S'il s'agit d'un arrêt de la Cour des comptes, cette cour étant unique, le Conseil d'État ne peut faire plus que choisir une des chambres qui n'ont pas connu de l'affaire.

Très souvent d'ailleurs aucun renvoi n'est à prononcer. Lorsqu'il s'agit par exemple d'un simple acte administratif entaché d'excès de pouvoir, le Conseil d'État se bornera à l'annuler purement et simplement, sans avoir à prescrire les mesures qui peuvent être les conséquences de l'annulation prononcée; c'est une règle qu'il a maintes fois affirmée (1). Si l'excès de pouvoir portait sur un point secondaire, l'autorité dont la décision a été cassée pourra en prendre une nouvelle, en ayant soin de se renfermer cette fois dans les limites de ses attributions. Si, au contraire, l'excès de pouvoir qu'elle a commis résultait du fait même d'avoir pris la décision en question, elle devra s'abstenir de réitérer. — Citons encore, comme ne donnant lieu à aucun renvoi, les cassations qui emportent *ipso facto* jugement au fond, et les cassations par voie de retranchement (*suprà n° 58*).

En laissant de côté ces derniers cas, moins fréquents, on voit que ce sera seulement à l'égard des jugements tranchant un véritable procès qu'un renvoi sera nécessaire. Ce renvoi est soumis du reste à toutes les règles qui nous sont déjà connues (*suprà n° 60*). La juridiction désignée acquiert vis-à-vis de la cause tous les pouvoirs qui appartenaient aux premiers juges, dans la mesure bien entendu de l'annulation prononcée. Elle n'est pas liée notamment par l'arrêt de cassation, et peut rendre un jugement en tout conforme au premier, c'est-à-dire entaché aux yeux du Conseil d'État de la même violation de la loi ou du même excès de pouvoir. Si la partie qui avait obtenu l'annulation se pourvoit de nouveau, le Conseil d'État ou se déjugera, ou cassera une seconde fois. Mais pas plus cette seconde fois que la première, son arrêt n'a force obligatoire pour la juridiction de renvoi. Le conflit peut donc s'éterniser, faute par la loi d'avoir prévu l'hypothèse, à moins

(1) Cons. d'Etat, 16 janv. 1874, D. P., 1874, 3, 100 ; — 5 fév. 1875, D. P., 1875, 3, 103 ; — 13 juillet 1877, D. P., 1877, 3, 108 ; — 7 mai 1880, D. P., 1881, 3, 62 ; — 25 juin 1880, *ibid.*, 33.

que les parties ne cessent de se pourvoir, ou que le Conseil
d'État ne modifie sa manière de voir, ou qu'il ne trouve un
tribunal de renvoi disposé à l'admettre. C'est là sans doute
une grave lacune dans la législation ; il faut cependant reconnaître qu'elle est plus grave en apparence qu'en réalité. Un
long conflit ne se conçoit en effet que si l'annulation est prononcée pour une fausse application de la loi, car on ne peut
sans invraisemblance supposer qu'un excès de pouvoir puisse
être, malgré le Conseil d'État, indéfiniment réitéré. La fausse
application de la loi peut tenir au contraire à une divergence
d'interprétation, qui explique tout naturellement les résistances. Seulement, comme le recours en cassation pour
violation de la loi est exceptionnel en matière administrative,
ces conflits d'interprétation ne sont guère possibles qu'entre
le Conseil d'État et la Cour des comptes. Or les arrêts de
cette dernière Cour, à laquelle sa haute situation et son organisation spéciale donnent une grande autorité, sont rarement
attaqués. Néanmoins le conflit, étant possible, doit être prévu,
d'autant mieux que, grâce à cette autorité même le contrôle
du Conseil d'État ne paraissant pas suffisamment justifié,
on ne sait trop au premier abord à qui le dernier mot doit
légitimement appartenir. Nous le répétons, dans le silence de
la loi, il n'est aucun moyen légal de mettre fin au conflit ; car
la loi du 1er avril 1837, spéciale à la Cour de cassation, ne
peut recevoir ici son application.

Comme on le voit, il y aurait bien des choses à faire en
droit administratif pour arriver en matière de cassation à cette
harmonie qui existe dans la législation civile. Il faudrait d'a-
bord étendre au Conseil d'État la loi de 1837, puis soumettre
à des règles uniformes la cassation pour violation de la loi et
l'annulation pour excès de pouvoir. Mais à notre avis cela ne
suffirait pas. Il faudrait encore assimiler complètement la
cassation administrative à la cassation civile, c'est-à-dire
donner à la Cour de cassation le contrôle de tout ce qui est
juridiction, laissant bien entendu au Conseil d'État, pour
obéir au principe de la séparation des pouvoirs, cette fois
mieux respecté, le contrôle de tout ce qui est *administration*.
Et pour ce faire, il faudrait marcher dans la voie où la France

s'est laissé précéder par l'Espagne et l'Italie (1), et restituer au pouvoir judiciaire ce qu'on appelle, par une singulière alliance de mots, la justice administrative (2). C'est à cette condition seulement que l'uniformité dans l'application des lois deviendra entièrement possible, et que l'institution de la Cassation, ainsi généralisée, rendra enfin tous les services qu'elle est susceptible de fournir.

(1) Il faut y joindre le Danemarck et la Grèce. La constitution grecque des 16-28 nov. 1864 porte : « Les affaires du contentieux sont du ressort des tribunaux ordinaires qui les jugent d'urgence. La Cour de cassation prononce sur les conflits d'attribution. »

(2) Cfr. sur ce point : Ernest Dubois, *Étude sur la loi abolit. du cont. adm. en Italie*, notamment la conclusion (n° 48); — Dareste, *Étude sur l'org. adm. des divers États*; — et les observations auxquelles ces études ont donné lieu à la séance du 28 avril 1873 de la Société de législation comparée; dans le *Bulletin* de cette Société, Paris, Cotillon, in-8°, t. II, 1873, p. 211-260, 275-306. — *Adde* Glasson, *op. cit.*, p. 408 et suiv.

INDEX

DES OUVRAGES ET RECUEILS LE PLUS SOUVENT CITÉS

§ I : *Cassation en matière civile et criminelle.*

BOITARD (et COLMET-DAAGE), *Leçons de procéd. civ.*, 12ᵉ édit., Paris, Cotillon, 1876, in-8°, t. II, p. 130 à 150.

BOITARD (et FAUSTIN-HÉLIE), *Leçons de droit crim.*, 11ᵉ édit., Paris, Cotillon, 1876, in-8°, p. 756 à 771.

CARNOT, *De l'instruction criminelle*, 2ᵉ édit., Paris, Nève, 1830, in-4°, t. III, p. 83-230.

DALLOZ, *Répert. de législ., doctr. et jurispr.*, nouv. édit., Paris, in-4°, t. VII (1847), vᵉ *Cassation*, p. 1 à 510.

DALLOZ, *Recueil périodique de jurispr.*, Paris, in-4°, par abrév. D. P., *passim.*

DELANGLE, *Cour de cassation*, dans l'*Encyclopédie du droit de Sebire et Carleret*, Paris, Videcoq, gr. in-8°, t. VII (1846), p. 224-380.

DENIZART, *Collect. de décisions nouv.*, Paris, Desaint, 1786, in-4°, t. IV, vᵉ *Cassation*, p. 289-304.

DUVERGIER, *Coll. compl. des lois, décrets, etc.*, Paris, Guyot et Scribe, in-8°, *passim.*

FAUSTIN-HÉLIE, *Traité de l'instruct. crimin.*, Paris, Hingray, 1860, in-8°, notam. t. IX, p. 347 à 514.

FOURNIER (MARCEL), *Essai sur l'hist. de l'appel*, Versailles, Aubert, 1881, in-8°, p. 140-168.

HENRION DE PANSEY, *De l'autorité judic. en France*, Paris, Barrois, 1827, in-8°, t. II, p. 160 à 272.

HIVER, *Hist. crit. des instit. judic. de la France de 1789 à 1848*, Paris, Durand, 1851, in-8°, *passim.*

ISAMBERT, *Recueil général des anc. lois franç.*, Paris, Belin-Leprieur, 28 vol. in-8°, *passim.*

MERLIN, *Répert. de jurispr*, 5ᵉ édit., Bruxelles, Tarliér, 1825-1828, in-8°, *passim.*

MERLIN, *Questions de droit*, 4ᵉ édit., Bruxelles, Tarlier, 1828-1830, in-8°, *passim.*

Moniteur universel, années 1789, 1790, 1792, 1793, 1814.

TABLE DES MATIÈRES

PREMIÈRE PARTIE

DES ORIGINES DE LA CASSATION

CHAPITRE I

La Cassation dans l'ancien droit français

CHAPITRE II

La Cassation dans le droit intermédiaire

DEUXIEME PARTIE

DES CONDITIONS ET DES EFFETS DE LA CASSATION

CHAPITRE I

Des Conditions de la cassation

Section I. — Des conditions du pourvoi en cassation

Section II. — Des ouvertures de cassation

CHAPITRE II

Des Effets de la cassation

Section I. — De l'arrêt de cassation et de ses effets immédiats

Section II. — Du renvoi et de ses effets

APPENDICE

DE LA CASSATION EN MATIÈRE MILITAIRE ET ADMINISTRATIVE

CHAPITRE I

De la Cassation en matière militaire

CHAPITRE II

De la Cassation en matière administrative

5534. — Tours, imp. Rouillé-Ladevèze, rue Chaude, 6.

ERRATA